SINGULARITÉS
HISTORIQUES.

A L'ÉTRANGER, CHEZ LES CORRESPONDANS:

Londres, Dulau et Ce.;—*Bruxelles*, Baudouin frères;—*Francfort*, Jugel;
— *Manheim*, Artaria et Fontaine; — *Leipsig*, Léop. Woss;
—*Berlin*, Schlesinger;—*Genève*, Paschoud;
— *Aix-la-Chapelle*, La Ruelle;—*Liége*, Desoër.

DE L'IMPRIMERIE DE PLASSAN,
RUE DE VAUGIRARD, N° 15, DERRIÈRE L'ODÉON.

SINGULARITÉS HISTORIQUES,

CONTENANT

CE QUE L'HISTOIRE DE PARIS ET DE SES ENVIRONS
OFFRE DE PLUS PIQUANT ET DE PLUS EXTRAORDINAIRE;

PAR J. A. DULAURE.

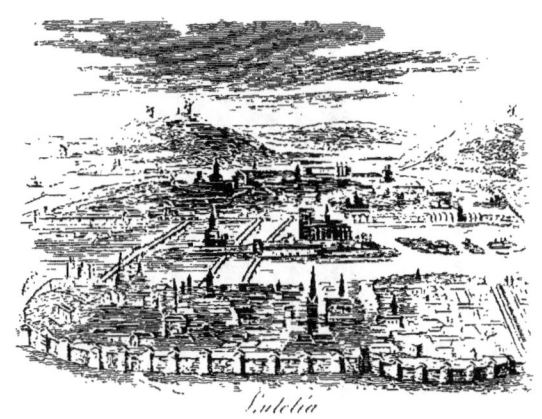

Lutetia

PARIS,
BAUDOUIN FRÈRES, LIBRAIRES,
RUE DE VAUGIRARD, N° 36.

1825.

INTRODUCTION.

En lisant l'histoire de France, on oublie aisément les événemens de vingt règnes, pour se rappeler le touchant épisode que présentent les amours d'Abailard et d'Héloïse. Ainsi l'intérêt qu'inspire le sort de deux amans, est bien plus vivement partagé que les intérêts de la politique.

Notre histoire, tout aride qu'elle est, offre encore quelques traits aussi curieux, qui peut-être intéressent moins le cœur, mais qui charment et exercent davantage l'esprit et le jugement : tels sont ceux qui se trouvent dans cet ouvrage. En présentant ce que l'histoire a de piquant, de singulier et d'agréable, je pourrai peut-être en inspirer le goût aux lecteurs qui ne l'ont point, et les déterminer, par curiosité, à une étude rebutante, mais nécessaire. Au moins, ils pourront, sans beaucoup de peine, connaître des mœurs, des faits et des hommes, sur lesquels l'opinion n'est pas encore, pour bien du monde, entièrement fixée, et recevoir l'instruction à la faveur de l'agrément.

Il est un âge où l'on réfléchit plus qu'on ne sent, où les illusions se dissipent, où les ouvrages d'imagination cessent de plaire, où enfin l'on est tourmenté par le besoin de connaître la vérité ; c'est alors qu'on lirait l'histoire avec fruit ; mais son attirail volumineux et scientifique rebute le lecteur ; il abandonne par dégoût ce qu'il avait entrepris par raison.

Ce dégoût, il faut l'attribuer à nos décourageantes histoires complètes, si remplies de faits indifférens et décousus, dont souvent l'esprit le plus attentif ne peut saisir la liaison ; que les auteurs, par faiblesse ou par intérêt, ont dépourvues de ces vérités qui réveillent l'âme et la disposent à la réflexion, de ces traits de caractère qui nous donnent une idée juste des mœurs et des hommes célèbres de chaque siècle ; enfin, il faut l'attribuer à ces compilations indigestes que les savans même ne lisent que pour les consulter, et à ces abrégés qui n'offrent de l'histoire que le squelette, c'est-à-dire qu'une nomenclature sèche de noms, de faits et de dates : il faut y être condamné pour lire ces ouvrages-là.

Pour connaître passablement l'histoire de

son pays, il ne suffit pas de la lire; il faudrait l'étudier dans mille volumes¹ : cette étude est pénible. Pour la rendre plus commode et moins compliquée, voici un système qui me semble aussi naturel que satisfaisant.

Je divise tous les monumens de notre histoire en trois classes différentes : l'histoire des hommes, l'histoire des lieux, et l'histoire des mœurs.

L'Histoire des hommes contiendrait les actions et les caractères de tous les hommes qui se sont rendus célèbres par leurs talens, leurs vertus, ou leurs crimes.

L'Histoire des lieux embrasserait tous les événemens remarquables, dont telles villes, tels bourgs, tels châteaux, ou leurs environs, auraient été le théâtre.

L'Histoire des mœurs comprendrait les usages, les opinions, non pas de chaque siècle, car le passage d'un siècle à un autre n'influe point sur les hommes, mais de chaque grand intervalle entre certaines époques de notre histoire : comme depuis Clovis jusqu'à Charlemagne; depuis le règne de cet empereur

---

¹ Les titres seulement des différentes histoires sur la France, composent six volumes *in-folio*.

jusqu'au temps des croisades; depuis ce temps jusqu'au règne de Charles VI, à la cour duquel le luxe, le goût des plaisirs et la licence firent des progrès considérables ; de ce règne désastreux à celui de Louis XI ; de Louis XI à François Ier, dont le règne eut une influence si puissante et si pernicieuse sur les mœurs et le bonheur des Français : il établit sur son peuple des impositions onéreuses, vendit le premier les charges de la magistrature, fit naître le goût des beaux-arts et de la littérature ; il afficha le libertinage, et attira à sa cour des évêques et des femmes. Sous son règne prirent encore naissance de nouvelles opinions religieuses. Depuis François Ier jusqu'à Louis XIV, l'intervalle est rempli par une foule d'événemens qui nous ont laissé des traits bien caractérisés des mœurs et des opinions ; enfin, depuis Louis XIV jusqu'à nos jours, le changement est considérable : la superstition a moins de partisans ; le fanatisme n'a plus de force, les connaissances se sont prodigieusement accrues et ont dissipé les antiques erreurs, etc., etc.

Ces différentes époques des mœurs françaises, exactement remplies, offriraient le tableau le plus vrai du cœur humain.

INTRODUCTION.

Ainsi divisée, l'histoire présenterait plusieurs avantages, non-seulement pour l'instruction, mais encore pour l'exactitude : on pourrait rectifier chacune de ces divisions en les rapprochant et les comparant entre elles. De plus, les faits que les écrivains des histoires générales ont laissé échapper, par ignorance ou par intérêt, ou qu'ils ont négligés, parce qu'ils ne pouvaient les classer d'une manière heureuse, trouveraient toujours dans l'une ou l'autre division une place convenable: rien ne serait perdu pour l'histoire.

Il me reste à prévenir les reproches qu'on pourrait me faire sur l'authenticité de quelques faits rapportés dans mon ouvrage. Je puis assurer que ceux qui paraîtront les plus extraordinaires, ne sont pas moins puisés dans des sources qui portent tous les caractères de la vérité. Si je n'ai pas toujours nommé mes autorités, c'est dans la crainte de refroidir le récit en accumulant les citations.

Les Mémoires du comte de *Rochefort*, d'où j'ai tiré quelques traits, seront peut-être un peu suspects aux yeux des personnes éclairées. *Des Courtilz*, dont la réputation n'est pas celle d'un homme bien véridique, en rédigeant ces Mémoires, a fait douter de la vérité des faits qu'ils contiennent. Mais si l'on réfléchit à la manière simple et négligée dont ils sont racontés, et si l'on se rappelle que *des Courtilz* était parent et contemporain de Rochefort, et qu'il a pu, par conséquent, connaître toutes les particularités de sa vie, on ne pourra s'empêcher de croire que ces Mémoires sont véritables. D'ailleurs, le fait le plus singulier qu'on y trouve, est regardé comme avéré par les personnes même peu disposées à croire cet écrivain sur sa parole.

On rapporte que Rochefort quitta ses habits de cour pour prendre ceux de capucin; qu'il fit une espèce de noviciat au couvent de la rue Saint-Honoré; que de là il fut à pied à Bruxelles, accompagné d'un véritable novice, et qu'il resta deux ans dans un monastère de cette ville, obligé de suivre la règle, pour tromper les moines et le public; pour faire le métier d'espion, et servir les intérêts du cardinal de Richelieu.

Qu'on s'imagine la contrainte que dut éprouver un militaire jeune et emporté, un courtisan vicieux, transformé tout-à-coup en capucin, et forcé d'en suivre rigoureusement la règle, et on jugera de la bassesse des gentilshommes qui étaient attachés au cardinal de

Richelieu, et des moyens artificieux que ce ministre mettait en usage.

Ce fait singulier est cependant attesté par plusieurs écrivains contemporains, notamment par l'auteur de la Vie du Père *Joseph*. On pourrait également prouver la vérité de plusieurs autres anecdotes contenues dans les Mémoires de Rochefort, et qui sont moins incroyables que celle-là.

Ce Recueil, imprimé en 1788, était devenu rare; je donne cette seconde édition avec quelques additions.

Assassinat de Henri III et supplice de J. Clément
Tiré du cabinet du Roi

SINGULARITÉS

HISTORIQUES

DE L'HISTOIRE DE PARIS

ET DE SES ENVIRONS.

CHAPITRE PREMIER.

CONDITION DES PARISIENS SOUS LA TYRANNIE DE CHILPÉRIC; VOYAGE DE RIGONTHE.

En août 584, des ambassadeurs du roi d'Espagne vinrent demander à Chilpéric sa fille Rigonthe en mariage. « Chilpéric, dit Grégoire de Tours, entra aussitôt dans Paris, et ordonna qu'un grand nombre de familles des maisons de son fisc seraient enlevées de leur demeure, et placées dans des charriots. La plupart de ces malheureux pleuraient et refusaient de se rendre aux ordres du roi; ils les fit traîner en prison, afin de pouvoir plus facilement les faire partir avec sa fille. On dit que quelques-uns, désespérés de se voir séparés de leurs familles, dans l'excès de leurs chagrins, se donnèrent la mort. Le fils était arraché des bras de son père, la fille de ceux de sa mère; leur séparation était accompagnée de gémissemens, de plaintes amères, et de malédictions contre le tyran. La désolation était si grande dans Paris, qu'on pouvait la comparer à celle de l'Égypte. » Plusieurs de ces malheureux, forcés de s'expatrier, étaient d'une naissance distinguée. Ils disposaient de leurs biens, les donnaient aux églises, et demandaient que leur testament fût ouvert dès qu'on aurait appris l'entrée de la jeune princesse en Espagne. Ils considéraient ce départ comme le terme de leur vie.

Toutes ces personnes enlevées pour satisfaire la vanité de Chilpéric et donner plus de pompe au cortége de sa fille, n'étaient point de condition serve. Mais Chilpéric, prince féroce, ne respectait rien. Sa formule d'usage était : *Si quelqu'un s'écarte de mes ordonnances, qu'on lui arrache les yeux.*

Tous les apprêts pour le départ de Rigonthe sont faits. Chilpéric lui avait donné des trésors immenses : sa femme Frédégonde, plus libérale encore, renchérit sur la générosité de son mari, en ajoutant à ces dons une quantité étonnante d'or, d'argent, de bijoux et de vêtemens précieux. Chilpéric et ses Leudes, ou

Nobles, présens à ces actes, semblèrent s'étonner de ce prodigieux amas de richesses. Frédégonde prévint leurs reproches en leur disant qu'elles ne provenaient point du trésor des anciens rois, mais qu'elles résultaient de son économie, de la bonne administration de ses biens ; qu'elles étaient le fruit de ses épargnes et des présens qu'elle avait reçus de son époux.

Cinquante voitures suffirent à peine pour charrier le riche bagage de la princesse Rigonthe. Son cortége se composait de plus de quatre mille hommes armés, à pied ou à cheval. Les ducs Domégisellus, Ansoalde, Bladaste, le maire du palais Wadon, étaient spécialement chargés de commander la brillante escorte, et de veiller à la sûreté de la princesse et de ses trésors.

Le cortége, formé dans la cité de Paris, se met en marche ; mais en sortant par la porte méridionale de cette ville, l'essieu d'une des voitures se rompt. Les assistans effrayés par cet accident en tirent un funeste présage, et s'écrient : *ô malheur !* (*mala hora !*)

Enfin le cortége quitte Paris. Après avoir parcouru un espace d'environ trois lieues, il s'arrête. On dresse des tentes pour y passer la nuit ; car il n'existait alors sur les routes, ni dans les lieux habités, aucun logement, aucune hôtellerie pour les voyageurs.

Ici commencent les malheurs du voyage de Rigonthe.

Pendant la nuit cinquante hommes de l'escorte se lèvent, s'emparent de cent des meilleurs chevaux, de leurs freins d'or, de deux grandes chaînes de ce précieux métal, et fuient avec ce butin dans les états du roi Childebert.

Tant que dura le voyage, les richesses de Rigonthe devinrent successivement la proie des personnes chargées de la protéger ; mais cette princesse ne fut pas la seule victime de l'avidité de sa garde.

« Pendant la route, dit encore Grégoire de Tours, ceux qui composaient le cortége se livrèrent à tant de pillages, s'enrichirent de tant de butin, qu'il serait impossible d'en rendre compte. Les moindres chaumières des pauvres ne purent échapper à la rapacité de ces brigands : ils détruisaient les vignes, et pour en avoir le fruit ils coupaient les ceps ; ils enlevaient les bestiaux. Tout fut ruiné sur leur passage où ils ne laissèrent rien à prendre. »

Cependant la princesse continuait sa route, et son cortége, qui ruinait toutes les campagnes, la ruinait aussi ; car à chaque station, il la dépouillait d'une partie de ses trésors. Arrivée à Poitiers, elle se vit abandonnée par plusieurs ducs de son escorte ; ceux qui restèrent auprès d'elle, l'accompagnèrent comme ils purent jusqu'à Toulouse où l'attendaient de nouveaux malheurs.

Elle reçut en chemin la nouvelle de la mort du roi son père, de Chilpéric, assassiné par les ordres de Frédégonde. Arrivée à Toulouse, on lui conseilla d'y séjourner pour laisser reposer son escorte fatiguée, et pour réparer les vêtemens et les voitures ; elle y consentit. Pendant qu'elle séjournait dans cette ville, le duc Désidérius, à la tête d'une troupe armée, vint sans autre formalité s'emparer de ce qui restait des trésors de Rigonthe.

Il fit transférer ces richesses dans un lieu fort, et les confia à la garde d'hommes qui lui étaient dévoués.

Les chefs du cortége, ces nobles Francs chargés de protéger la princesse et ses trésors, non-seulement n'opposèrent aucune résistance à l'attentat de Désidérius, mais, au contraire, le duc Bladaste et le maire du palais Wadon, s'unirent au spoliateur et devinrent sans honte ses complices. Rigonthe, délaissée, trahie, dépouillée, fut forcée de rester à Toulouse, et, faute de dot, de renoncer à son mariage. Cette princesse qui, quelques jours avant, possédait encore des richesses surabondantes, se trouva dans un tel état de dénuement, qu'elle put à peine se procurer les alimens nécessaires à sa propre existence. Sa vie même fut menacée, et pour la mettre en sûreté, elle fut réduite à se réfugier dans l'asile de Sainte-Marie de Toulouse d'où, abreuvée d'humiliations et d'outrages, elle ne fut retirée que l'année suivante.

Tels étaient le respect des nobles Francs pour les ordres de leur roi, leur fidélité, leur exactitude à remplir leurs engagemens.

CHAPITRE II.

TYRANNIE DES CHANOINES DE NOTRE-DAME DE PARIS.

Pendant le règne de la féodalité, une distance immense séparait l'homme de son semblable; le souverain pouvoir des seigneurs, l'esclavage absolu et l'entière dépendance des *serfs,* maintenaient en France, d'un côté, une honteuse dégradation, de l'autre, une tyrannie excessive. Les uns sacrifiaient à leurs passions, à leurs caprices, les droits de la nature, les travaux, la vie même de ceux qui leur étaient soumis. Les autres rabaissés à l'état des animaux domestiques, étaient vendus avec le fonds qu'ils cultivaient, n'avaient aucune existence civile, et leurs corps appartenaient sans restriction à leur maître qui pouvait en disposer à sa fantaisie [1].

Cette distinction barbare entre les sujets d'un même roi, cette excessive disproportion entre l'état du seigneur et celui du serf, quoique opposées à la raison, à la liberté, à la dignité de l'homme, à la charité évangélique, à cet esprit d'égalité, de confraternité, si recommandé par la religion chrétienne, loin d'être prohibées par les ecclésiastiques, étaient autorisées par leur exemple. Les chapitres, les monastères, les abbés, etc., possédaient des troupeaux d'hommes, de femmes et d'enfans, les vendaient, les troquaient, les maltraitaient à leur gré [2].

---

[1] Les seigneurs avaient droit de vie et de mort sur les *serfs attachés à la glèbe. Ils peuvent*, dit Beaumanoir, *les tenir en prison toutefois qu'il leur plaît, soit à tort, soit à droit; ils n'en sont tenus à répondre, fors à Dieu.*

[2] Les prêtres et les moines avaient tellement fasciné l'esprit du peuple, alors stupide et ignorant, que plusieurs particuliers venaient par dévotion *se donner aux*

Blanche de Castille, mère de Saint-Louis, et régente du royaume pendant le voyage de son fils dans la Terre-Sainte, indignée de voir l'oppression dans laquelle les ecclésiastiques tenaient la plupart des peuples, fit, pour les en délivrer, un coup d'éclat qui prouve son courage, et les mœurs des prêtres de ce temps-là.

Cette princesse fut avertie que les chanoines du chapitre de Notre-Dame de Paris tenaient enfermés dans leurs prisons des hommes-serfs du village de *Châtenai*, qui refusaient de payer une contribution excessive et nouvelle, et qu'une foule de ces malheureux, gênés dans la même prison, manquaient de tout, et mouraient insensiblement de faim et de misère.

Blanche, touchée de compassion pour ces infortunés, envoya dire aux chanoines qu'à sa considération ils voulussent bien relâcher ces prisonniers. La chronique latine marque en propres termes, que la reine *pria* les chanoines de les faire sortir de prison, les assurant qu'elle s'informerait de tout, et ferait justice.

saints et saintes, et vouer entre les mains des ecclésiastiques, leur liberté, leurs travaux et leurs corps. Ces prêtres se faisaient des titres de l'imbécillité de ces dévots, et exigeaient chaque année le fruit de leurs travaux avec une rigueur inflexible, le tout au nom des *saints et saintes*.

Les chanoines répondirent à la reine : *que personne n'avait rien à voir sur leurs sujets ; qu'ils pouvaient les faire mourir si bon leur semblait.* Ces prêtres joignirent à cette réponse insolente, une action audacieuse et cruelle. Pour braver la reine qui voulait sauver ces infortunés, et pour les punir de la protection que cette princesse leur accordait, ils envoyèrent au village de Châtenai prendre les femmes et les enfans de ces malheureux prisonniers, les firent entrer dans la même prison déjà trop étroite pour les contenir tous. Là, pressés l'un contre l'autre, assaillis par la faim, la soif, et la chaleur, s'empoisonnant réciproquement de leurs propres exhalaisons, ils languissaient, mouraient dans les tourmens et le désespoir. La reine, informée de ce nouveau trait d'inhumanité, ne put contenir plus long-temps son indignation ; elle se transporta elle-même à la porte de la prison, et voyant que la crainte des censures de l'église, fort communes alors, arrêtait ceux qui l'accompagnaient, elle donna elle-même l'exemple, et d'un bâton qu'elle tenait frappa le premier coup sur la porte. Ce coup détruisit le prestige religieux qui retenait les bras de ses serviteurs : ils secondèrent sur-le-champ sa juste colère, et la porte fut bientôt renversée.

On vit alors sortir une foule d'hommes, de femmes et d'enfans, avec des visages pâles et défigurés. Ces malheureux se jetèrent tous aux pieds de leur auguste bienfaitrice, et la supplièrent de vouloir bien les prendre sous sa protection sans laquelle ils craignaient de voir renouveler encore le supplice dont elle venait de les délivrer. La reine consentit à leur demande, et pour couronner cette bonne œuvre, elle fit saisir les biens du chapitre, jusqu'à ce qu'il eût rendu hommage à l'autorité royale, et ces malheureux furent affranchis pour une certaine somme annuelle.

CHAPITRE III.

DES RAPINES, VIOLENCES ET EXACTIONS DES SEIGNEURS ET LEURS SATELLITES AU XIIIe SIÈCLE.

Voici ce que Jacques de Vitry, évêque, cardinal, et légat du pape en France, écrivait au commencement du 13me siècle, dans son *Histoire occidentale*.

« Quoique le seigneur ait dit : *Celui qui donne*

» *est plus heureux que celui qui reçoit*, les hom-
» mes de notre temps, surtout ceux qui sont en
» possession de commander aux autres, ne se
» bornent pas à extorquer l'argent de leurs su-
» jets en exigeant d'eux des présens illicites,
» ou bien en remplissant leurs mains avares du
» produit de contributions et d'exactions dont
» ils les accablent injustement ; ils font pis en-
» core : les vols, les rapines et les violences
» qu'ils exercent, tantôt ouvertement, tantôt en
» secret, sur les malheureux qui sont sous leur
» dépendance, rendent insupportable leur cruel-
» le tyrannie ! Ces seigneurs, malgré les titres
» pompeux dont ils s'enorgueillissent, ne lais-
» sent pas *d'aller à la proie,* et de faire le métier
» de voleurs ; de faire aussi celui de brigands en
» ravageant des contrées entières par des incen-
» dies. Ils ne respectent rien, pas même les
» biens des monastères, des églises ; ils profa-
» nent jusqu'au sanctuaire, d'où ils enlèvent les
» objets consacrés au saint ministère.

» Lorsque, pour des causes légères, il s'élève
» quelques contestations entre les pauvres et les
» seigneurs. ceux-ci parviennent, par leurs sa-
» tellites, à faire vendre les biens de ces mal-
» heureux.

» Sur les chemins publics, vous les voyez

» couverts de fer, attaquer les passans, sans épar-
» gner les pélerins ni les religieux.

» Veulent-ils exercer quelques vengeances
» contre des personnes simples et innocentes,
» ils les font attaquer par leurs sicaires, scélé-
» rats qui remplissent les rues des villes et des
» bourgs, ou qui, cachés dans des lieux secrets,
» tendent des piéges à ces malheureux, pour
» les y attirer et répandre leur sang.

» Sur mer, ils font le métier de pirates; et
» sans craindre la colère de Dieu, ils pillent les
» passagers, les marchands, brûlent souvent
» leur navire, et noient dans les flots ceux qu'ils
» ont dépouillés.

» Des princes et des nobles sans foi sont les
» associés de ces voleurs; loin de protéger leurs
» sujets et de les maintenir en paix, ils les op-
» priment; loin de réprimer les scélérats, de les
» contenir par la crainte des châtimens, ils les
» favorisent, deviennent leurs patrons, et pour
» de l'argent qu'ils en reçoivent, ils favorisent
» leurs attentats. Les nobles sont semblables
» aux chiens immondes qui, toujours affamés,
» disputent aux corbeaux voraces la chair des
» cadavres. Les nobles, par le ministère de leurs
» prévôts, de leurs satellites, persécutent les
» pauvres, dépouillent les veuves et les orphe-

»lins, leur tendent des piéges, leur suscitent
» des querelles, leur supposent des crimes ima-
» ginaires afin de leur extorquer de l'argent.

» Ils font ordinairement mettre en prison et
» charger de chaînes des hommes qui n'ont
» commis aucun délit, et font endurer à ces in-
» nocens de cruelles tortures, pour en tirer quel-
» ques sommes d'argent. C'est pour fournir à
» leurs prodigalités, à leur luxe, à leurs super-
» fluités, à de folles dépenses, aux vanités du
» siècle; c'est pour paraître pompeusement dans
» un tournois, pour payer leurs usuriers, pour
» entretenir des mimes, des jongleurs, des pa-
» rasites, des histrions et des flatteurs, vrais
» chiens des cours, qu'ils dépouillent et tortu-
» rent les malheureux. »

Cette esquisse, tracée par un personnage grave, prouve la grandeur du mal, l'excès du désordre, la subversion de tous les principes, l'absence des lois et d'une force coercitive; prouve que les princes et les seigneurs considéraient encore les habitans de la France comme une propriété exploitable, comme des ennemis qu'ils pouvaient dépouiller et torturer à volonté.

Tels étaient les chevaliers des 12me et 13me siècles, dont la loyauté, tant exaltée dans les romans, dans les compositions poétiques et sur notre scène moderne, se trouve constamment démentie par l'histoire. Ces hommes, auxquels on attribue tant d'exploits glorieux, tant d'actions généreuses et honorables, n'étaient que des brigands impitoyables, des misérables qui figureraient aujourd'hui dans les bagnes ou les cachots de Bicêtre.

CHAPITRE IV.

TROUBLES A PARIS, SUSCITÉS PAR LA RÉVOLTE DES ÉCOLIERS.

En 1200, un gentilhomme allemand, étudiant à Paris, envoya son domestique dans un cabaret, pour y acheter du vin. Ce domestique y fut maltraité. Les écoliers allemands vinrent au secours de leur compatriote, et frappèrent si rudement le marchand de vin, qu'ils le laissèrent à demi mort. Les bourgeois vinrent à leur tour venger ce marchand. Ils accoururent en armes contre la maison du gentilhomme allemand et contre ses compatriotes étudians. Il y eut une grande émotion dans toute la ville. Le gentilhomme allemand et cinq écoliers de cette nation furent tués. Le prévôt de Paris, nommé Thomas, était à la tête des Parisiens, dans cette expédition. Les maîtres des écoles s'en plaignirent au roi Philippe, qui, sans autres informations, fit arrêter ce prévôt et plusieurs de ses adhérens, fit abattre leurs maisons, arracher leurs vignes, leurs arbres fruitiers, et craignant que les écoliers étrangers ne désertassent Paris, il rendit une ordonnance éminemment protectrice pour les écoles et ceux qui les fréquentaient. Thomas, pour n'avoir pu empêcher le désordre, fut condamné à une prison perpétuelle.

En 1221, les écoliers de l'université, forts des priviléges que Philippe-Auguste leur avait accordés, se livraient à tous les excès : ils enlevaient les femmes, commettaient des adultères, des meurtres, des vols. L'évêque Guillaume de Seignelay déclara excommuniés ceux qui marcheraient de nuit ou de jour avec des armes. Cette excommunication produisit peu d'effet; l'évêque alors fit emprisonner les plus séditieux, et chassa les autres de la ville; la tranquillité se rétablit.

En 1225, dit un écrivain contemporain, il s'éleva entre les écoliers et les habitans une querelle violente. *Trois cent vingt étudians fu-*

rent tués et jetés dans la Seine. Des professeurs se rendirent auprès du pape pour se plaindre d'une persécution aussi cruelle; quelques-uns se retirèrent avec leurs écoliers hors de la capitale. On interdit Paris; et ses écoles, si supérieures à celles des autres villes de France, restèrent vides d'écoliers, de professeurs, et furent fermées.

CHAPITRE V.

NAISSANCE, A PARIS, D'UNE NOUVELLE SECTE RELIGIEUSE; SORT QU'ELLE ÉPROUVA.

En 1208, la crédulité et le fanatisme marchaient de front avec l'anarchie. Il se manifesta, à Paris et ailleurs, une secte entièrement composée de prêtres. Ils niaient, disait-on, la présence réelle, croyaient inutiles la plupart des cérémonies de l'église, et ridicule le culte rendu aux saints et aux reliques. Les partisans de cette secte entraînèrent beaucoup de femmes, et les induisirent à la fornication, en leur persuadant que tout ce qu'on faisait par charité n'était pas péché.

Un ecclésiastique nommé *Amaury*, le chef

de cette secte, exposa sa doctrine au pape, qui la condamna. Amaury en mourut, dit-on, de chagrin, et fut enterré dans le cimetière de Saint-Nicolas-des-Champs. Il laissa des disciples presque tous ecclésiastiques ou professeurs en l'université de Paris. Un seul était orfèvre, et remplissait la fonction du prophète.

Pour les découvrir, on employa la ruse. Raoul de Nemours et un autre prêtre, furent chargés d'explorer Paris et ses environs. Ils feignirent de partager les opinions des sectaires, et les dénoncèrent ensuite; ceux-ci furent arrêtés et conduits sur la place des Champeaux. Là des évêques, des docteurs en théologie, les dégradèrent et les condamnèrent à être *brûlés vifs*. Quatorze de ces malheureux subirent cet affreux supplice, et le subirent avec courage. Quatre furent exceptés et condamnés seulement à une prison perpétuelle. Cette exécution eut lieu le 21 octobre 1210.

Les évêques et docteurs, assemblés en concile pour prononcer ce jugement, condamnèrent aussi au feu deux livres d'Aristote sur la métaphysique, et défendirent expressément à toutes personnes de les transcrire, de les lire, ou de retenir dans leur mémoire leur contenu, sous peine d'excommunication. Voilà bien la barbarie !

CHAPITRE VI.

DU LUXE SOUS PHILIPPE-AUGUSTE.

Le luxe était alors excessif; l'or, l'argent, les pierreries, se voyaient avec profusion sur les habits et les harnais des chevaux. Faute d'autre mérite, on se procurait celui-là, qui attirait beaucoup de considération; mais cette vaine démonstration de richesses n'était pas l'abondance. On vivait pauvrement à la cour; l'intérieur des palais ne différait guère de celui des chaumières. Il est certain qu'au lieu de parquets, de marbres, de riches tapis, on n'y trouvait que de la paille. C'est ce que prouve une lettre de Philippe-Auguste, qui porte une concession faite par ce roi à l'Hôtel-Dieu, de *toute la paille* qui se trouvait dans sa chambre et dans sa maison de Paris, lorsqu'il quittait cette ville pour aller coucher ailleurs.

Voici la pièce littéralement traduite :

« Pour le salut de notre âme et de celles de
» nos pères, et dans des vues de piété, nous ac-

» cordons pour l'usage des pauvres demeurant
» à la maison-Dieu de Paris, située devant
» la grande église de Notre-Dame, *toute la paille*
« *de notre chambre* et de notre maison de Paris,
» toutes les fois que nous quitterons cette ville
» pour aller coucher ailleurs. »

CHAPITRE VII.

DES FILLES PUBLIQUES SOUS PHILIPPE-AUGUSTE.

Ce roi, pour la sûreté de sa vie, menacée, dit-on, par les assassins du Vieux-de-la-Montagne, ou plutôt par une troupe de jeunes gens, que Richard, roi d'Angleterre, faisait élever dans l'art de braver la mort, en assassinant tous ceux que leur roi leur désignait, s'entoura d'hommes courageux, propres à défendre sa personne. Ces hommes furent nommés les *Ribauds*. Leur chef portait le titre de *Roi des ribauds;* il avait plusieurs emplois et prérogatives, au nombre desquelles *les filles publiques qui suivaient la cour*, étaient tenues de faire son lit pendant tout le mois de mai.

Ce *roi des ribauds* gardait les portes du palais, était bourreau, partageait avec le prévôt les dépouilles des condamnés, avait l'inspection et la police des jeux de hasard, des maisons de prostitution, ainsi que des femmes publiques qui suivaient ordinairement la cour.

La prostitution n'emportait point note d'infamie; c'était une profession reconnue, autorisée. C'était une corporation qui avait ses réglemens, ses coutumes et ses priviléges; celles qui suivaient la cour, sous la dépendance du roi des ribauds, étaient qualifiées de *prostituées royales* (*meretrices regias*). Sainte Madeleine était leur patronne. Ce fut Saint-Louis qui les obligea à porter certains habits pour les distinguer des honnêtes femmes. (*Voyez* Ducange.)

CHAPITRE VIII.

FABLE MERVEILLEUSE DE SAINT BRUNO.

On était persuadé, dans les monastères du 13me siècle, que pour illustrer un fondateur d'ordre on ne pouvait se dispenser d'orner l'histoire de sa vie de quelques fables merveilleuses. Cette façon d'écrire l'histoire était qualifiée de mensonges pieux, *pro pietate mentiri*. On inventa donc, pour embellir la vie de saint Bruno, fondateur des Chartreux, une fiction lugubre.

faite pour jeter l'effroi dans les esprits faibles, fiction digne de la sombre imagination des solitaires encloîtrés.

Bruno assistait, dans l'église Notre-Dame de Paris, à l'office des morts, célébré pour l'âme d'un chanoine, nommé Raimond Diocre, qu'on allait porter en terre. Le défunt avait une grande réputation de sainteté : mais on va voir qu'il ne la méritait guère. Lorsque le clergé en fut à ces paroles : *Responde mihi, quantas habes iniquitates ?* on voit aussitôt le mort lever la tête au-dessus de son cercueil et répondre à cette question : *Justo Dei judicio accusatus sum.* A ces mots, les assistans, saisis d'effroi, prennent la fuite, la cérémonie funèbre est remise au lendemain.

Le clergé entonne le même chant, et au même verset le mort, pour la seconde fois, lève la tête et dit : *Justo Dei judicio judicatus sum.* La peur fait de nouveau déserter l'église ; la cérémonie funèbre est encore remise au lendemain. Ce jour offre une scène pareille. Le défunt, qui avait ressuscité pour annoncer publiquement, d'abord qu'il était accusé, puis qu'il était jugé par la justice divine, déclara cette fois qu'il était condamné par elle : *Justo Dei judicio condamnatus sum.*

Saint Bruno, témoin, dit-on, de cette scène

effrayante, renonça au monde et résolut de faire pénitence. *Lesueur*, chargé de peindre dans le cloître des Chartreux les principales actions de ce fondateur, en reproduisant ce fait, a donné des preuves de la beauté de son talent, sans prouver la vérité du sujet.

CHAPITRE IX.

D'OÙ VIENT LE PROVERBE PAYER EN MONNAIE DE SINGE.

C'était au passage du Petit Châtelet que se percevaient du temps de Saint-Louis les péages et droits d'entrée. Un tarif cité par Saint-Foix porte qu'un marchand qui y fera entrer un singe pour le vendre, paiera 4 deniers; que si le singe appartient à un jongleur, cet homme en le faisant jouer et danser devant le péager, sera quitte du péage tant dudit singe que de tout ce qu'il aura apporté pour son usage. De là vient le proverbe *payer en monnaie de singe*. Les jongleurs seront aussi quittes du péage en chantant un couplet de chanson devant le péager.

CHAPITRE X.

SONGE AFFREUX DE LOUIS VII, DIT LE JEUNE.

Plusieurs écrivains du 12ᵉ siècle, et contemporains de ce roi, lui attribuent un songe qui, vrai ou supposé, est toujours propre à caractériser son règne si fécond en guerres civiles, en incendies, en massacres, etc.

En 1165, peu de temps avant la naissance de son fils, ce roi crut voir pendant le sommeil, ce fils tenant en main une coupe d'or remplie du sang de ses sujets, l'offrant aux princes de son royaume, et chacun, tour-à-tour, se désaltérant de cet horrible breuvage.

CHAPITRE XI.

CAUSE DE LA RÉFORMATION DE L'ABBAYE SAINTE-GENEVIÈVE.

Sous le même règne de Louis VII, dit le Jeune, le pape Eugène III, chassé de Rome, vint à Paris en 1145. Quelques jours après son arrivée, il voulut célébrer la messe à Sainte-Geneviève. Les chanoines, pour l'honorer, firent étendre devant l'autel un grand tapis de soie, sur lequel le pape s'agenouilla pour prier.

Ce pontife, après la messe, s'étant retiré dans la sacristie, ses domestiques, prêtres ou laïcs, s'emparèrent de ce tapis, prétendant qu'il leur appartenait, par cela seul que le pape s'en était servi. Les serviteurs des chanoines, d'un avis contraire, arrachèrent le tapis des mains des valets du pape. Le tapis, objet de la querelle, tiré d'un côté, tiré de l'autre avec violence, est bientôt mis en pièces. Aux injures succèdent des coups de poing, des coups de bâton. Le roi présent à ce tumulte, s'avance pour le faire cesser. Son autorité est impuissante contre le mouvement de fureur des combattans; il est même frappé dans la mêlée. La victoire resta aux familiers de Sainte-Geneviève. Ceux du pape vinrent les habits déchirés, le visage ensanglanté, se présenter à leur maître qui se plaignit au roi, et lui demanda justice d'une telle insulte. Le pape et le roi convinrent de réformer le monastère de Sainte-Geneviève.

Il fut d'abord résolu de renvoyer les chanoines de cette abbaye, et d'y substituer des moines de Clugny, mais on abandonna cette résolution pour adopter celle-ci: on nomma un nouvel abbé, et on introduisit douze chanoines nouveaux, tirés de l'abbaye Saint-Victor, lesquels furent solennellement installés dans l'abbaye de Sainte-Geneviève, au grand déplaisir des anciens chanoines qui mirent tout en œuvre pour se débarrasser de ces étrangers.

Ils employèrent contre eux la calomnie, les menaces, les mauvais traitemens. Dans l'excès de leur animosité, ils chargèrent leurs domestiques d'aller, pendant la nuit, enfoncer les portes de l'église, s'emparer de la place, et empêcher les nouveaux chanoines d'y chanter matines, en poussant des cris qui ne leur permettaient pas de s'entendre. Il fallut employer la force pour soumettre ces chanoines irrités.

Ils s'emparèrent, malgré les soins de l'abbé Suger, d'une grande partie de leur trésor, détachèrent de la châsse de sainte Geneviève des ornemens d'or qui pesaient 14 marcs, dans le dessein de former une somme assez forte pour l'envoyer au pape et l'engager à changer de résolution. On répandit même que ces chanoines furieux coupèrent la tête de sainte Geneviève et l'enlevèrent de sa châsse; pour détruire ce bruit alarmant, on fit solennellement ouvrir cette châsse, et on montra le corps de la sainte, muni de sa tête : puis on chanta le *Te Deum*.

CHAPITRE XII.

FAMINES SOUS LE RÈGNE FÉODAL.

L'abîme de maux où la barbarie des Francs et le régime féodal avaient plongé la France, ne put être comblé qu'avec les siècles.

A peine Hugues-Capet eut-il tenté d'envahir le trône de France, que d'horribles famines, résultats des guerres et du gouvernement, vinrent désoler la population.

En 987, il y eut une grande famine accompagnée de pestilence.

En 989, grande famine.

En 990 et 992, autre famine, suivie de la contagion des ardens, qui, en 993 et 994, fit périr plus de 40,000 personnes.

En 1001, grande famine.

Famine et mortalité qui commença en 1003 et ne se termina qu'à la fin de 1008. Elle fut suivie d'une maladie pestilentielle qui fit périr un si grand nombre de personnes que, disent les historiens de France, *on enterrait confusément les malades vivans avec les morts.*

Les ravages de ce double fléau s'accrurent.

Ils étaient excessifs à la cinquième année. « Les » hommes furent réduits, dit Raoul Glaber, à » se nourrir de reptiles, d'animaux immondes, et, » ce qui est plus horrible encore, à se nourrir de » la chair des hommes, des femmes et des en- » fans. De jeunes garçons dévorèrent leurs mè- » res, et les mères, étouffant tout sentiment » maternel, dévoraient leurs enfans. »

Elle se continua dans les années 1010, 1011, 1013, 1014, et fut accompagnée de contagions et d'une énorme mortalité.

Autre famine qui dura pendant 7 années, depuis 1021 jusques et y compris 1028. Elle fut accompagnée de maladies contagieuses et de mortalité. Presque tous les habitans de la Gaule, dit un contemporain, furent en danger de mourir de faim, et il en mourut une quantité innombrable.

Dans les années 1027, 1028, 1029, famine excessive, souillée *d'antropophagie.*

En 1031, famine atroce : les habitans dévoraient les chiens, les souris. On avait bien de la peine à empêcher les hommes de s'entretuer pour assouvir leur faim de leur propre chair. « Les hommes, dit un autre écrivain, forcés de » se nourrir de charognes, de cadavres, de ra- » cines des forêts, d'herbes des rivières, ne tar-

» dèrent pas à mourir. C'est avec horreur que je
» me détermine à le dire, des hommes assou-
» vissaient leur faim avec la chair des hommes !
» On arrêtait les voyageurs sur les routes, on les
» égorgeait, on se partageait leurs membres,
» que l'on faisait cuire, et on assouvissait sa faim
» par ces affreux repas. Les personnes qui, pour
» fuir la famine, s'expatriaient, étaient pendant
» la nuit, par ceux mêmes qui leur donnaient
» l'hospitalité, poignardées et dévorées. Plu-
» sieurs attiraient des enfans de leur voisinage
» par de petits présens, et si ces enfans se lais-
» saient prendre à ce piége, ils étaient tués, et
» leur corps servait de nourriture. La rage de la
» faim était arrivée à ce point, qu'on était plus en
» sûreté dans un désert, au milieu des bêtes fé-
» roces, que dans la société des hommes. On
» mit en vente, au marché de Tournus, de la
» chair humaine cuite. »

Le même écrivain cite ensuite des faits qui prouvent que la famine avait accoutumé quelques hommes à *l'antropophagie*, et termine ce tableau hideux par ces mots : « On ne voyait
» partout que des visages pâles, décharnés ou
» très-bouffis. La voix de ces malheureux était
» altérée, faible, et rappelait les cris des oi-
» seaux expirans. Les cadavres très-nombreux

» qu'on ne pouvait suffire à enterrer, devenaient
» la proie des loups. »

Après avoir duré 3 années consécutives, cette famine cessa pendant l'année 1034 qui fut abondante; mais en 1035, elle reparut escortée d'une maladie contagieuse appelée *la peste* dans les chroniques. Les villes, les bourgs, les villages, devinrent déserts, et n'offrirent que des ruines; à peine y trouvait-on quelques habitans; l'excès de la faim porta plusieurs personnes à tuer leurs semblables, afin de se nourrir de leur chair.

La maladie contagieuse atteignit les hommes et les animaux. Les chemins, les carrefours, les cimetières, les églises, étaient remplis de malheureux qui répandaient des exhalaisons insupportables, et qui, de toutes parts, venaient chercher des remèdes à leurs maux.

Un autre monument historique signale cette famine de 1035, et atteste que plusieurs personnes moururent de faim. Elle dura 7 années consécutives : on pourrait dire 8 et 9 années, car on la voit exercer ses ravages en 1042, où elle enleva une partie de la population; en 1043, où elle fit périr un nombre considérable d'individus, et fut accompagnée de la contagion ou maladie des *ardens;* elle durait encore en 1044, et fut suivie de la mortalité parmi les hommes et les bestiaux. Venait-on de rassasier un homme affamé, on le voyait un instant après dévoré par le même besoin, et s'il mangeait de nouveau, il mourait.

En 1045 et 1046, grande famine en France.

En 1053, nouvelle famine, accompagnée de maladie pestilentielle et de mortalité. Elle dura 5 ans. Des villages devinrent entièrement déserts ; on fit des processions, on exposa des reliques, *on ordonna des jeûnes.*

En 1059, nouvelle famine qui dura 7 ans. Elle est comparée à la famine d'Égypte, du temps de Joseph. Elle se fit sentir notamment à Paris.

Cette famine produisit une maladie contagieuse qui, pendant les années 1060, 1061 et 1062, fit périr un grand nombre de personnes. Elle se ralentit pendant l'an 1066.

Il résulte de cet exposé que, pendant les trois règnes de Huges-Capet, de Robert et de Henri Ier, qui comprennent un espace de 73 années, on compte 48 années de famine, dont au moins trois furent si violentes, que les hommes, poussés par la faim, devinrent antropophages, et que ces famines furent presque toutes accompagnées de grande mortalité et de cette contagion affreuse appelée *mal des ardens.*

CHAPITRE XIII.

ANECDOTE SUR LOUIS VII.

Les chroniques ont déjà cité de nombreuses preuves de l'orgueil, de l'opiniâtreté des prêtres à défendre jusque dans les occasions les plus indifférentes ce qu'ils appelaient leurs prérogatives, leurs droits, avec une dureté et surtout une grossièreté digne de ces temps ; voici un nouvel exemple de l'ardeur que mettaient les ecclésiastiques à la défense de leurs biens temporels.

Le roi Louis VII, se rendant à Paris, fut surpris par la nuit. Il soupa et coucha dans le village de Créteil, aux dépens des habitans. Ce village et ces habitans appartenaient au chapitre de Notre-Dame. Les chanoines irrités résolurent de se faire restituer cette dépense, et de se venger avec éclat de ce roi coupable d'avoir soupé à leurs dépens.

Le lendemain, étant à Paris, Louis VII, suivant son usage, se rendit à l'église Notre-Dame pour assister aux offices. A son arrivée, il vit avec surprise que les portes de cette église lui étaient fermées; il demanda la cause de cet affront, des chanoines lui firent cette réponse :

« Quoique tu sois roi, tu n'en es pas moins
» cet homme qui, contre les libertés et les cou-
» tumes sacrées de la sainte église, a eu l'au-
» dace de souper à Créteil, non à tes dépens,
» mais à ceux des habitans de ce village : voilà
» pourquoi l'église a suspendu les offices et t'a
» fermé sa porte. Tous les chanoines ont pris la
» résolution de se soustraire à ton autorité; et
» plutôt que de souffrir la moindre atteinte aux
» droits de leur église, ils sont prêts, s'il est né-
» cessaire, à endurer toutes sortes de tourmens. »

A ces mots, le roi, frappé de terreur, gémit, soupira, versa des larmes, et s'excusa en disant aussi humblement qu'il lui fut possible : « Je ne
» l'ai point fait exprès, la nuit m'a surpris en
» chemin, il était trop tard pour que je pusse
» continuer ma route et aller jusqu'à Paris. Les
» habitans de Créteil se sont empressés de four-
» nir à mes dépenses, je ne les ai point forcés,
» et je n'ai pas voulu repousser leur accueil obli-
» geant; qu'on fasse venir l'évêque Thibaud et
» le doyen Clément, tout le chapitre et même
» le chanoine, prévôt de ce village : si je suis dé-
» claré coupable, je ferai satisfaction, je m'en
» rapporte à leur décision sur mon innocence. »

Cependant Louis VII, resté à la porte de l'église, et récitant dévotement ses prières, attendait le résultat de sa demande. L'évêque faisait des démarches auprès des chanoines, les sollicitait en faveur du roi, et leur offrait d'être caution de ses promesses. Les chanoines intraitables ne se confièrent ni aux paroles du roi, ni à celles de leur évêque; ils ne cédèrent que lorsque ce prélat leur eut remis deux chandeliers d'argent pour gage de la promesse de ce prince, alors seulement ils lui ouvrirent les portes de leur église.

Louis VII, après avoir restitué les frais de son souper à Créteil, vint déposer solennellement sur l'autel de Notre-Dame, comme un monument éternel de son respect pour les biens des prêtres, une baguette sur laquelle était inscrit le récit succinct du délit et de sa réparation. (*Voyez* Annales de l'ordre de Saint-Benoît, tome VI, page 700.)

CHAPITRE XIV.

CORRUPTION DU CLERGÉ AU XIIIe SIÈCLE.

On peut avoir une idée de l'extrême corruption du clergé d'après le contenu d'une lettre que le pape Innocent III adresse, en 1203, à l'abbé et au couvent de Saint-Denis, près Paris.

« Il est, dit-il, dans votre ville, des prêtres » qui, abusant du privilége clérical, parcourent » les rues pendant la nuit, se portent vers les » maisons habitées par des femmes publiques, » en enfoncent les portes, s'y précipitent avec » violence, et se permettent les mêmes excès » envers les filles des bourgeois, ce qui fait naî- » tre des querelles et des séditions. Le prévôt et » les justiciers, respectant les libertés de l'ordre » clérical, n'osent point mettre la main sur eux; » et si vous, mon fils abbé, voulez arrêter ces » désordres, aussitôt les coupables ont recours » à l'appel, et en invoquant notre autorité, ils » déclinent votre juridiction, échappent au châ- » timent canonique, et continuent avec audace » à se livrer à leurs habitudes déréglées. » Le pape autorise l'abbé de Saint-Denis à exercer contre ces prêtres libertins la censure ecclésiastique, sans avoir égard à leur appel. (*Voyez Innocentii Papæ III epistol. editoribus* Brequigny et Laporte Dutheil, p. 1091.)

CHAPITRE XV.

JUIF BRULÉ VIF EN 1290, POUR UN CRIME SUPPOSÉ.

Les Juifs, depuis long-temps en horreur en France, par leurs usures, leur religion, leurs richesses, éprouvaient des persécutions continuelles qui faisaient le tourment de cette nation étrangère, et qui n'honoraient pas la nôtre. Au 12ᵉ siècle, avant de partir pour les croisades, les chevaliers étaient en usage de les massacrer. Les rois les chassaient pour les dépouiller de leurs biens, et les rappelaient moyennant des sommes considérables. Ces princes, par avarice, exerçaient contre les Juifs des actes d'iniquité que le fanatisme du peuple justifiait toujours, et pour autoriser des persécutions projetées, on leur supposait des crimes dont ils étaient innocens; en voici la preuve.

En 1290, une femme de Paris avait, pour la somme de trente sous, mis quelques vêtemens en gage chez un Juif nommé Jonathas. Elle vint lui demander ces vêtemens pour les porter au jour de Pâques, en lui promettant de les lui rendre ensuite. Le Juif alors lui répondit que si elle consentait à lui apporter le pain de l'eucharistie, il lui rendrait son gage sans argent; elle reçoit, le jour de Pâques, l'hostie consacrée, et la porte au Juif. Celui-ci, à coups de canif, perce cette hostie; il en voit sans effroi couler du sang en abondance, puis il prend un clou, l'enfonce à coups de marteau dans l'hostie; il la jette au feu, elle voltige autour des flammes; il la plonge dans une chaudière d'eau bouillante qu'elle rougit de son sang ; elle n'en reçoit aucun dommage. Ces prodiges n'épouvantaient pas Jonathas.

Le fils de ce Juif, témoin de ces actes étranges, voyant des chrétiens aller à la messe, leur dit : *C'est en vain que vous allez adorer votre Dieu, mon père l'a tué.* Une voisine, sous prétexte de demander du feu, pénètre dans la maison de Jonathas qui ne s'oppose point à ce qu'elle soit témoin de ses horribles sacriléges; il lui laisse sans difficulté recueillir l'hostie dans sa robe. Elle la place ensuite dans un vase de bois, et la porte au curé de Saint-Jean-en-Grève, auquel elle raconte ce qu'elle a vu. L'évêque de Paris fait arrêter Jonathas. Ce prélat veut le convertir; le Juif s'y refuse; il est brûlé vif.

Jonathas jouissait d'une fortune considérable : fut-il légalement convaincu? Pourquoi la femme qui livra l'hostie à Jonathas ne fut-elle pas traduite en jugement? Elle était plus criminelle que le Juif. Tout, dans cette procédure, fait soupçonner qu'une trame odieuse fut ourdie pour s'emparer de la fortune de l'Israélite.

CHAPITRE XVI.

SÉVÉRITÉ DE LOUIS X, CONTRE PLUSIEURS MEMBRES DE SA FAMILLE.

Ce roi, d'un naturel faible et facilement irritable, était bien intentionné, mais ne savait pas faire le bien ; il était trop passionné pour être juste. Marguerite de Bourgogne, son épouse, Blanche et Jeanne de Bourgogne, ses belles-sœurs, s'abandonnèrent à des galanteries désordonnées que Louis X punit avec une rigueur extrême. L'abbaye de Maubuisson, près Pontoise, était le théâtre de leur débauche ; deux frères, Philippe et Gauthier d'Aunay, figuraient comme les principaux acteurs ; ils en devinrent les déplorables victimes : tous deux furent mutilés, écorchés vifs, puis décapités, et suspendus sous les bras à une potence. On condamna au gibet l'huissier qui s'était prêté à ces galanteries. Un religieux Jacobin, qui favorisait les débauches de ces princesses et leur fournissait des remèdes contre la grossesse, périt dans les supplices. Plusieurs autres personnes furent appliquées à des tortures. La reine Marguerite, enfermée au château Gaillard avec sa belle-sœur Blanche, y fut étranglée en 1315. Jeanne fut détenue prisonnière au château de Dourdan. C'est cette même Jeanne de Bourgogne qui de sa tour de Nesle faisait jeter les écoliers dans la Seine, pour s'assurer mieux de leur discrétion.

CHAPITRE XVII.

RARETÉ DES LIVRES.

Avant la découverte de l'imprimerie en 1421, à Paris comme ailleurs, les livres manuscrits étaient si rares et si chers, que les étudians avaient beaucoup de peine à se procurer ceux qui étaient le plus nécessaires à leur enseignement.

Louis XI voulut emprunter de la faculté de médecine les œuvres de Rhasès, médecin arabe; cette faculté exigea de ce roi une quantité considérable d'argenterie, et de plus, pour caution, un seigneur qui s'engagea par acte authentique de rendre ce livre à la faculté. Ce fait prouve que le manuscrit était précieux, et que le roi n'inspirait aucune confiance.

CHAPITRE XVIII.

SUR LA MALADIE VÉNÉRIENNE.

Ce fut sous le règne de Charles VIII que se manifesta dans Paris la maladie vénérienne, nommée le *mal de Naples* et le *mal français*, maladie qui ne respecta aucun rang, et dont les ravages, quoique fort affaiblis, durent encore. Le parlement, de concert avec l'évêque de cette ville, pour diminuer les effets de cette maladie contagieuse, qui, depuis deux ans, suivant les registres du parlement, avait fait de grands progrès, ordonna, le 6 mars 1497, qu'on ferait sortir de Paris « ceux qui ont ga-

»gné ladite maladie hors de cette ville, et
» qu'on ferait enfermer, nourrir et traiter ceux
» qui l'ont gagnée au-dedans. »

CHAPITRE XIX.

FILLES PÉNITENTES.

Charles VIII, par lettres du 14 septembre 1496, confirma cet établissement, qui fut en dernier lieu transféré au monastère de Saint-Magloire, rue Saint-Denis.

Les filles, pour être admises dans ce couvent, étaient tenues de faire des preuves suffisantes de leur libertinage, d'affirmer par serment prêté sur les saints évangiles, en présence du confesseur et de six personnes, qu'elles avaient mené une vie dissolue. On était fort rigide sur cette preuve. Il arrivait que des filles se prostituaient exprès pour avoir droit d'entrer dans cette communauté. Lorsque ce fait était reconnu, on les chassait honteusement de la maison.

Il arrivait aussi que des filles, à la suggestion de leurs parens qui voulaient s'en débarrasser, se présentaient en protestant et jurant qu'elles avaient vécu dans la débauche, tandis qu'elles étaient encore vierges. Cette singulière tromperie détermina les religieuses à vérifier le fait et à ne point s'en rapporter au serment des aspirantes. Toutes les filles, alors en présence des mères, sous-mères et discrètes, et par des matrônes nommées exprès, furent soumises à une scrupuleuse visite.

« Vous savez, porte un article du réglement, » qu'aucunes sont venues à vous qui étaient » vierges et bonnes pucelles, et telles ont été » par vous trouvées, combien qu'à la suggestion » de leur père et mère, qui ne demandaient » qu'à s'en défaire, elles eussent affirmé être » corrompues. »

Ainsi, après la visite, si la postulante était trouvée vierge, on la renvoyait comme *indigne* d'entrer dans ce couvent.

CHAPITRE XX.

COCHONS PRIVILÉGIÉS.

Dans les rues de Paris on voyait autrefois errer un grand nombre de cochons. Un de ces animaux s'étant trouvé proche de Saint-Gervais embarrassé entre les jambes du cheval que montait Philippe, fils aîné de Louis-le-Gros, le cheval, effrayé, renversa son cavalier qui mourut de sa chute. Depuis cette époque il fut défendu aux habitans de Paris de laisser vaquer les cochons dans les rues. Ceux des religieux Saint-Antoine furent *honorablement* exceptés. Ils pouvaient, une sonnette au cou et au nombre de douze, parcourir impunément les rues de Paris. C'étaient de vrais cochons *privilégiés*.

CHAPITRE XXI.

FUNAMBULES ÉTONNANS.

Il parut, sous les règnes de Charles V et de Charles VI, des funambules étonnans. Christine de Pisan en parle avec admiration. Un d'eux voltigeait sur une corde tendue, depuis les tours de Notre-Dame jusqu'au palais. Il semblait, dit-elle, qu'il volât, aussi l'appelait-on *le voleur*. Un jour, à l'entrée de la reine Isabeau de Bavière à Paris, il tendit une corde fixée à la cime d'une tour de Notre-Dame, et à une maison du Pont-au-Change, descendit pendant la nuit sur cette corde, en dansant, et tenant un flambeau à la main, vint, au moment où cette reine passait sur ce pont, lui poser une couronne sur la tête, et remonta aussitôt d'où il était parti.

Sous Louis XII, un funambule, nommé Georges Menustre, faisait des tours pareils.

CHAPITRE XXII.

CONDUITE IMPARTIALE D'UN CURÉ DE SAINT-GERMAIN-L'AUXERROIS.

Un curé de cette église se distingua, en 1245. Pendant que les papes, et notamment Innocent IV, persécutaient à coups d'excommunication l'empereur Frédéric II, il monta en chaire, et dit :

« Écoutez tous, mes frères. Je suis chargé de
» prononcer un terrible anathème contre l'em-
» pereur Frédéric, au son des cloches et avec
» les cierges allumés. J'ignore les raisons qui
» servent de base à cet arrêt : seulement je con-
» nais la discorde et la haine qui existent entre
» le pape et l'empereur ; je sais aussi qu'ils se
» chargent mutuellement d'injures, c'est pour-
» quoi, autant qu'il est en mon pouvoir, j'excom-

» munie l'oppresseur, et j'absous celui qui souf-
» fre une persécution aussi pernicieuse à la reli-
» gion chrétienne. »

Le bruit de cette excommunication originale se répandit bientôt dans toute l'Europe. Le curé fut récompensé par l'empereur et puni par le pape.

CHAPITRE XXIII.

ANCIENS SPECTACLES DES PARISIENS.

On sait que les représentations des mystères de la religion étaient autrefois les spectacles les plus à la mode. Les jours de réjouissances publiques, lors de l'entrée de nos rois, on établissait, le long des rues, des échafauds sur lesquels on représentait des sujets tirés de l'Ancien ou du Nouveau Testament, ou de la Vie des saints. Les uns étaient en prose, d'autres en vers, et quelques-uns seulement en pantomime. Ces *beaux et piteux mystères*, fort admirés, n'étaient cependant pas les seuls spectacles qui, dans le même temps, amusaient les Parisiens.

En 1425, on vit des jeux qui caractérisent

assez les mœurs de cette époque pour en rapporter ici les détails.

Le jour de Saint-Leu et Saint-Gilles, les habitans de cette paroisse proposèrent de faire un *esbattement* nouveau; ils plantèrent, dans la rue aux Ours, en face de la rue Quincampoix, une perche de près de six toises de longueur; ils attachèrent à la cime un panier dans lequel était une oie grasse et six blancs de monnaie. Ensuite ils oignirent cette perche, qui était dressée perpendiculairement, et promirent l'oie, l'argent, le panier et la perche, à celui qui serait assez adroit pour grimper jusqu'en haut : cet exercice dura long-temps; les plus vigoureux ne purent atteindre le but. La graisse dont était frottée la perche formait le plus grand obstacle. Enfin, on adjugea l'oie à celui qui avait monté le plus haut; mais on ne lui donna point la perche, les six blancs ni le panier.

La même année, les Parisiens se procurèrent un spectacle bien plus singulier. Dans l'hôtel d'Armagnac [1], rue Saint-Honoré, ils formèrent une enceinte, y firent entrer un cochon et quatre aveugles, armés chacun d'un bâton.

[1] L'ancien emplacement de cet hôtel est représenté par la plus grande partie de celui du Palais-Royal.

On promit le cochon à celui des quatre qui parviendrait à le tuer à coups de bâton. L'enceinte était entourée de nombreux spectateurs, impatiens de voir le dénouement de cette comédie. Les aveugles se précipitaient tous vers l'endroit où ils entendaient courir l'animal, et se meurtrissaient réciproquement de coups de bâton en croyant le frapper; ce qui divertissait infiniment l'assemblée. Ils recommencèrent plusieurs fois l'attaque sans avoir un meilleur succès, et quoiqu'ils fussent armés de pied-en-cap, ils se lassèrent de recevoir de grands coups de bâton, et d'exciter le rire de tout le monde. C'est pourquoi ils aimèrent mieux abandonner l'espoir de posséder le cochon, que de continuer un jeu si déplaisant pour les acteurs.

CHAPITRE XXIV.

FÊTES DES SOUS-DIACRES.

Les peuples païens, accoutumés aux fêtes joyeuses des saturnales, ne purent, lorsqu'ils devinrent chrétiens, en abandonner l'usage. Aux anciennes cérémonies, ils se contentèrent d'en substituer de plus analogues à leur nou-

1. Talisman de Catherine de Médicis. — 2. Chariot des Fous.

velle religion, mais dont le fond était le même [1].

Dans les saturnales, les esclaves prenaient à table la place de leurs maîtres, leur reprochaient les défauts ou les vices qu'ils avaient remarqués en eux, et s'occupaient à chanter, à boire, et à faire des folies. Dans les fêtes que les chrétiens mirent à la place des saturnales, les jeunes clercs et les ministres subalternes des églises cathédrales, prenaient dans le chœur la place des chanoines et des dignitaires, se revêtissaient de titres et d'habits des supérieurs, officiaient publiquement avec solennité, et mêlaient à ces cérémonies religieuses, des folies et des indécences incroyables.

La *fête des Fous*, la *fête de l'Ane*, celles des *Innocens*, de l'*Abbé des Cornards*, des *Sous-dia-*

[1] Ce qui confirme cette opinion, c'est qu'*Hérodien* témoigne que de son temps, c'est-à-dire, dans le troisième siècle du christianisme, les calendes de janvier étaient solennisées à Rome, avec les cérémonies et les réjouissances des saturnales. Ces fêtes s'établirent avec beaucoup de succès chez les chrétiens grecs; dans le dixième siècle, elles furent introduites à Constantinople par le patriarche. Toutes les nations de l'Europe en furent bientôt infectées. La raison ne fait point de progrès si rapides.

cres, etc., furent les différens noms donnés à ces fêtes, suivant les différens temps et lieux où elles étaient célébrées [1].

A Paris, dans l'église de Notre-Dame, c'était un ancien usage de célébrer la fête des *Sous-diacres* ou des *Diacres souls*, ivres : cette fête, qui était aussi appelée la *fête des Fous*, commençait au jour de Noël, et se continuait jusqu'à celui des rois. C'était surtout au premier jour de l'an que la cérémonie avait le plus d'éclat.

On s'occupait d'abord à élire, parmi les sous-diacres de la cathédrale, un évêque, un archevêque, même un pape des fous; l'élu était sacré, et cette cérémonie consistait en des bouffonneries ridicules. On portait devant lui la mitre, la crosse et la croix archiépiscopale, ensuite on lui faisait donner solennellement sa bénédiction au peuple.

L'heure de la célébration arrivée, le clergé allait honorablement chercher l'*évêque des fous*, le conduisait à l'église, et son entrée était an-

---

[1] A Évreux, on célébrait la fête de l'*Abbé des Cornards*; à Rouen, la fête de l'*Ane*; à Dijon, celle de *la Mère folle*. *Le Prince des Sots*, *des Enfans sans Souci*; *le Roi de la Basoche*; *l'Abbé des Foux*, *l'Abbé de la Malgouverne*, etc., étaient les principaux personnages de ces farces exécutées dans différentes villes de France.

noncée au bruit des cloches, puis on faisait placer le prélat factice dans le siége épiscopal, et l'on commençait la grand'messe.

Tous les ecclésiastiques qui assistaient à cette messe, avaient le visage barbouillé de noir, ou couvert d'un masque hideux et ridicule; ils étaient vêtus en baladins ou en femmes, dansaient au milieu du chœur, et y chantaient des chansons obscènes.

Les diacres et les sous-diacres venaient sur l'autel manger des boudins et des saucisses devant le prêtre célébrant. Ils y jouaient aux cartes et aux dés, et ils mettaient dans l'encensoir quelques morceaux de vieux souliers, et lui en faisaient respirer la fumée.

Quand la messe était dite, ces sous-diacres, dans les transports de leur folie ou de leur ivresse, profanaient l'église d'une manière plus criminelle encore : ils y couraient, dansaient, sautaient comme des insensés, s'excitaient aux plus grandes extravagances, proféraient des blasphêmes, et chantaient les chansons les plus dissolues; les uns se dépouillaient entièrement de leurs habits, et d'autres se livraient aux indécences les plus honteuses.

Ils se faisaient ensuite traîner par la ville dans des tombereaux pleins d'ordure, d'où ils prenaient plaisir à jeter de cette ordure à la populace, qui s'empressait autour d'eux. Ils s'arrêtaient de distance en distance, pour monter sur des théâtres dressés exprès pour leurs folies. Là, ils renouvelaient leurs indécences en face du public. Les plus libertins d'entre les séculiers, se mêlaient parmi le clergé, et sous des habits de moines ou de religieuses, faisaient des mouvemens lascifs, prenaient des postures de la débauche la plus effrénée, et accompagnaient ce libertinage de chansons ordurières et impies.

L'église en corps, bien loin d'approuver ces infâmes pratiques, s'éleva souvent contre elles, et plusieurs conciles les condamnèrent; mais la routine, la débauche et l'ignorance des prêtres qui composaient le clergé des églises particulières, résistèrent toujours à ces condamnations.

Le cardinal *Pierre,* légat en France, défendit le premier, sous peine d'excommunication, de célébrer la fête des *Sous-diacres,* dans l'église de Paris. *Eudes de Sully,* évêque de cette capitale, rendit quelque temps après, en 1198 et 1199, deux ordonnances contre ces fêtes; *Pierre Cambius* et *Odon,* ses successeurs au siége épiscopal de Paris, renouvelèrent ces défenses, mais fort inutilement, car on célébrait encore ces fêtes en 1444, puisqu'on trouve une lettre écrite cette année-là, par la faculté de théologie, à tous les prélats et chapitres, pour les exhorter à abolir cet usage déshonorant pour la religion. Le concile de Sens, tenu l'an 1460, parle encore de ces fêtes, comme d'un abus qu'il fallait détruire : tant les préjugés et les habitudes populaires sont difficiles à déraciner!

CHAPITRE XXV.

AGNÈS SOREL A PARIS.

Les Parisiens, qui n'aimaient pas beaucoup le roi Charles VII, à cause des fortes impositions qu'il levait sur le peuple, furent bien loin d'applaudir aux tendres sentimens que lui inspirait sa belle maîtresse.

Cette belle arriva à Paris au mois d'avril 1448; les Parisiens furent également scandalisés de son luxe excessif, de son état de maîtresse déclarée du roi, et des bontés que la reine semblait lui témoigner.

Ce fut dans ce temps que le roi fit présent à *Agnès Sorel* du château de *Beauté*, situé dans le bois de Vincennes, *le plus bel chas-*

tel, et jolis et mieulx assis qui fut en toute l'Isle de France.

Bien loin de rendre des honneurs *à la belle Agnès,* les Parisiens murmuraient contre sa conduite et son indécente arrogance; Agnès Sorel fut vivement offensée de se voir si mal accueillie dans Paris; elle en partit au bout de douze jours, en disant que les Parisiens « n'é-
» taient que villains, et que ci elle eut cuidé (PENSÉ)
» que on ne lui eut fait plus grand honneur qu'on
» ne lui fist, elle n'y eust jà entré ne mis le pié. Ce
» qui eust été dommaige, mais il eust été petit,
» dit un contemporain [1]. »

CHAPITRE XXVI.

OPINION DES PARISIENS SUR JEANNE D'ARC, DITE LA PUCELLE.

Les Parisiens, qui préféraient le joug du roi d'Angleterre à celui du légitime héritier de la

---

[1] Plusieurs historiens croient que, par les avis de cette maîtresse, Charles VII sortit de sa léthargie, et forma le généreux dessein de chasser les Anglais de la France. Cette opinion durait encore sous François Ier; tout le monde sait le quatrain que ce roi fit à la louange d'Agnès Sorel.

CHAPITRE XXVI.

couronne de France, maudissaient tous ceux qui étaient du parti de Charles VII. Jeanne d'Arc qui, sous la foi d'inspirée, avait ranimé le courage abattu du parti de ce prince, fut en conséquence regardée par les habitans de Paris, comme une fille perdue de vices, dont les prophéties étaient autant d'impostures. Le Parisien qui écrivait tous les événemens de ce temps, et dont je retrace l'opinion, rapporte que c'était une *créature en forme de femme,* qu'on nommait *la Pucelle,* et qui l'était, *Dieu le scet.*

Le jour de la Nativité de Notre-Dame 1429, la Pucelle et les troupes du roi vinrent assiéger Paris. L'assaut commença sur les onze heures du matin, entre la porte Saint-Honoré et celle de Saint-Denis. La Pucelle s'avança, planta son étendard sur les bords du fossé, et adressa ces paroles aux Parisiens : *Rendez-vous de par Jésus à nous tost ; car se ne vous rendez avant qu'il soie la nuit, nous y entrerons par force, veuillez ou non, et tous serez mis à mort sans mercy.* — *Paillarde, ribaude,* lui cria un assiégé en lui décochant une flèche qui lui perça la jambe ; elle prit la fuite, et celui qui portait son étendard fut aussitôt blessé d'un trait au pied. Il s'arrête, lève la visière de son casque afin de retirer la flèche. On lui en tire une seconde qui le frappe entre les yeux au fond de la visière, et le tue. La prédiction de la Pucelle ne s'accomplit point en cette occasion, car la ville de Paris ne fut point prise.

Quelque temps après, on arrêta, à Corbeil, deux femmes, et on les conduisit dans les prisons de Paris. Leur crime était de croire et de dire à tout le monde que la Pucelle d'Orléans était envoyée de Dieu, que Jésus lui apparaissait souvent, et que la dernière fois qu'elle l'avait vu, il était vêtu d'une longue robe blanche, et par-dessous d'une *huque* de vermeil. Comme la plus âgée de ces femmes ne voulut jamais se rétracter, le dimanche, 3 septembre 1430, elle fut brûlée vive.

Quelque temps après que la Pucelle fut brûlée à Rouen, un jacobin inquisiteur de la foi, maître en théologie, prêcha à Paris dans l'église de Saint-Martin-des-Champs, et son sermon fut une satire violente contre cette courageuse fille ; il dit en chaire que depuis l'âge de quatorze ans elle s'était vêtue d'habits d'homme, que ses parens l'auraient tuée s'ils n'avaient pas craint de blesser leur conscience ; qu'elle quitta sa famille, accompagnée du diable, et devint homicide de chrétien, et que depuis ce temps-là, elle avait commis une infinité de meurtres; que dans sa prison elle se faisait servir comme une dame, et que les diables lui apparaissaient sous les formes de sainte Catherine, de sainte Marguerite et de saint Michel; il ajoutait que la peur lui ayant fait quitter ses habits d'homme pour prendre ceux de femme, le diable les lui fit reprendre; mais il ne la secourut point lors de son exécution, comme elle s'y attendait. Ce moine jacobin dit encore dans son sermon, qu'il y avait quatre Pucelles : savoir, les deux prises à Corbeil, dont l'une fut brûlée à Paris, *Jeanne d'Arc* brûlée à Rouen, et une quatrième appelée *Catherine de la Rochelle*, qui suivait l'armée de Charles VII, et qui avait aussi des visions comme Jeanne d'Arc.

Dix ans après l'exécution de *Jeanne d'Arc*, on vit paraître une autre Pucelle; le peuple crut d'abord fermement que c'était la même qui avait été brûlée à Rouen, et que par miracle elle était ressuscitée, ou bien qu'à l'exécution on en avait substitué une autre. Ce qui paraît singulier, et ce qui peut-être a donné lieu de soutenir dans notre siècle que Jeanne d'Arc n'avait pas été brûlée, et qu'elle avait même eu de la postérité, c'est que les habitans d'Orléans qui virent cette seconde Pucelle, la prirent pour Jeanne d'Arc, et en conséquence lui rendirent plusieurs honneurs.

L'université et le parlement de Paris, qui avaient condamné dix ans avant la véritable Pucelle, voulurent détromper le peuple ; ils firent conduire par force, à Paris, la fausse Pucelle. On la montra publiquement dans la grande cour du palais, on la fit monter exprès sur la table de marbre, et là, on prononça un discours sur sa vie, dans lequel on disait qu'elle n'était point pucelle, qu'elle avait été mariée à un chevalier dont elle avait eu deux fils; que dans un moment de colère contre une de ses voisines en voulant la frapper, elle frappa sa mère qui la retenait; qu'elle avait aussi frappé des prêtres ou clercs pour défendre son honneur, et que pour se faire absoudre de ses crimes, elle avait été à Rome, et afin de faire ce voyage en sûreté, s'était vêtue en homme, ensuite, qu'elle avait servi en qualité de soldat dans l'armée du pape, et commis dans cet état deux homicides. Ce discours et cette cérémonie étant achevés, la Pucelle partit de Paris et retourna à la guerre.

On voit que Jeanne d'Arc ne fut pas la seule pucelle de son temps, elle eut plusieurs imitatrices ; c'était une mode alors d'être pucelle.

CHAPITRE XXVII.

MALHEURS DES GUERRES CIVILES.

Les plus grands maux des guerres civiles proviennent, sans contredit, de ce que les troupes manquent de discipline et de paiement. Le besoin de vivres, la certitude de l'impunité, l'ardeur de s'enrichir, et surtout l'exemple des chefs, portent les soldats au vol et au brigandage, les accoutument à la cruauté, et, devenus absolument inaccessibles à la compassion, ils se font même un jeu de commettre les crimes les plus atroces.

Les troupes du roi Charles VII étaient livrées au plus affreux brigandage. Pendant les guerres contre les Anglais, les soldats pillaient, rançonnaient sans distinction leurs ennemis, et ceux qui étaient du parti du roi de France.

L'Ile de France, dit le *Journal de Paris, sous Charles VI, était toute peuplée de gens pires que fut onques Sarrasins.* Les soldats, pour tirer l'argent des villageois, arrachaient les enfans des bras de leurs mères, et les tuaient, si sur-le-champ on ne leur donnait la somme qu'ils demandaient, ou bien ils les renfermaient dans des coffres et les laissaient périr de faim, si les parens ne payaient leur rançon.

Lorsqu'un mari par malheur avait une jeune et jolie femme, il était taxé à une rançon beaucoup plus forte, et s'il ne pouvait la payer on l'enfermait dans un coffre, on couchait sans façon la femme sur le couvercle, et le brutal qui commettait cette violence, criait au mari : « *Villain, en dépit de toi, ta femme sera chevau-* » *chée en cet endroit,* et ainsi le faisaient; et » quand ils avaient fait leur manœuvre, ils lais- » saient le pauvre périr là-dedans, s'il ne payait » la rançon qu'ils lui demandaient. »

Des horreurs semblables furent renouvelées pendant les guerres de la ligue; on frissonne en lisant les détails que l'histoire nous a laissés de ces temps orageux; on est humilié d'être de la même espèce que ces êtres féroces qu'on appelait alors *Guerriers, Gentilshommes,* et quelquefois *Héros.*

Monsieur, frère du roi Henri III, partit de Mantes, le 12 juillet 1582, pour aller à Château-Thierry où était le rendez-vous de son armée. Les troupes qui l'accompagnaient dans cette marche laissèrent partout des traces de leur cruauté.

Un capitaine, logé chez un bon villageois dont la fille était jolie, la lui demande en mariage; le père, voyant bien que le capitaine cachait quelque mauvais dessein, lui représente doucement que sa fille était d'un rang trop inférieur au sien, et qu'il lui fallait plutôt une *demoiselle*. Le capitaine, irrité de ce refus, s'emporte contre le père, lui jette plats et assiettes au visage, et le force à prendre la fuite; alors croyant l'instant favorable pour accomplir son projet, il se saisit de la fille, la viole, et ajoute à cet affront des railleries insultantes. Cette fille, emportée par l'indignation, saisit le moment où celui qui l'a déshonorée parle à un soldat, et lui perce vigoureusement l'estomac d'un coup de couteau dont il mourut. Cette scène sanglante fut suivie d'une autre. Les soldats du capitaine s'emparent de cette belle et courageuse fille, l'attachent à un arbre, et la tuent à coups d'arquebuses.

Si les guerres de la fronde n'offrirent pas des exemples si fréquens de cruauté, le pillage et la disette se firent vivement sentir dans tous les lieux où passèrent les troupes du roi et des princes. Les campagnes étaient désolées, les fruits de la terre détruits, les bestiaux et les laboureurs mouraient de faim; ces derniers suivaient en foule l'armée du roi, pour implorer sa protection et ses charités. Mais dans ce temps-là, ce jeune prince ne pouvait leur donner aucune satisfaction [1], la famine était à son comble. *J'ai vu*, dit la Porte dans ses Mémoires, *sur le pont de Melun, trois enfans sur leur mère morte, l'un desquels la tétait encore.* Quand la reine entendit le récit de ces désastres, elle disait en soupirant que ceux qui en étaient la cause auraient un grand compte à rendre à Dieu; et elle-même avait occasioné tous ces maux.

CHAPITRE XXVIII.

SENTIMENT D'UN PARISIEN SUR LES MALHEURS DE LA GUERRE.

L'avant-dernier jour de juillet 1419, jour de la fête Saint-Eustache, les Parisiens se dispo-

---

[1] Louis XIV était fort jeune alors, et le cardinal Mazarin tout-puissant; ce ministre avait coutume de s'emparer de l'argent qu'on donnait au jeune roi pour exercer sa générosité pendant ses premières campagnes.

saient à aller jouer au Marais, comme c'était l'usage les jours de fêtes. Ils entendirent des cris vers la porte Saint-Denis : une trentaine de personnes effrayées, la mort peinte sur leurs visages, accablées de chaleur, de fatigue et de faim, pleuraient et demandaient à grands cris du secours. On les arrêta à la porte pour leur demander la cause de leur douleur : *Nous sommes de Pontoise*, s'écrièrent-ils en pleurant, *qui a été cette journée au matin prinse des Anglois pour certain*. Ils ajoutaient que les Anglais avaient tué et blessé tout ce qui s'était trouvé sur leur chemin, et qu'ils se regardaient comme fort heureux d'avoir échappé à la fureur de ces barbares. Pendant qu'ils parlaient, on vit accourir une foule d'hommes, de femmes et enfans, les uns mourant de faim et de chaleur, d'autres tout dépouillés, plusieurs baignés du sang des blessures qu'ils avaient reçues. Les pères et les mères portaient leurs enfans sur les bras ou dans des hottes. On vit des prêtres qui n'étaient vêtus que de leurs chemises et de leurs surplis; des femmes accouchèrent de fatigue et de douleur, et périrent avec leurs enfans. Les malheureux fugitifs, dont le nombre croissait à chaque instant, rassemblés proche la porte Saint-Denis, offraient un spectacle qui déchirait le cœur. On n'entendait que cris et lamentations; le souvenir de leurs parens, de leurs amis, de leurs enfans, qu'ils avaient laissés en proie aux fureurs des ennemis, ajoutait encore à leur peine. *Dieu, gardez-nous par votre grâce de désespoir*, disaient-ils, *car ce matin nous estions en nos maisons aisez et tranquils, et à midi en suivant, sommes comme gens en exil et querant notre pain.*

Les Parisiens ne purent leur être d'un grand secours, car ils étaient eux-mêmes dans la disette.

Le tableau que fait un contemporain de ces temps désastreux, nous présente d'une manière énergique l'état malheureux de la France et les mœurs de ce temps; nous allons en rapporter les traits les plus saillans.

« Je ne crois pas que jamais la France ait essuyé autant de maux comme elle en éprouve depuis douze ans. Les provinces, et surtout la Normandie, ont vu le laboureur, sa femme et ses enfans, les *marchands,* les *gens d'église, moines, nonains,* être chassés de leurs foyers, comme *bestes sauvages;* les fortunes ont été bouleversées; celui qui jadis faisait l'aumône est réduit à la demander; celui qui avait coutume d'être servi est forcé de servir les autres.

Par désespoir les uns sont devenus voleurs et meurtriers, les autres ont perdu tout sentiment d'honneur et de décence. Tant de *bonnes pucelles, bonnes prudes femmes, tant de moines, tant de prêtres, tant de dames de religion et d'autres gentilsfemmes,* n'ont mené dans la suite une vie licencieuse, que parce que la fureur insolente des militaires les avait mis sur le chemin du vice : *Dieu scet bien comment. Hélas! tant d'enfans mors nez par faulte d'ayde, tant de mors sans confession par tyrannie, tant de mariaiges qui ont esté delaissez à faire, tant d'églises* brûlées, *de chapelles, maladreries,* etc., où l'on n'a laissé que la place. *Tant de joyaux d'églises, de reliques et d'autres qui jamais bien ne feront.* Je crois qu'il est impossible à tout homme de calculer les maux sans nombre *qui se sont ensuivis depuis la très-malheureuse venue du comte d'Armagnac, connétable de France,* et sa faction formée contre celle des *Bourguignons.* Je crois en *ma conscience* que ce comte d'Armagnac fut un diable *en fourure d'homme,* et que ceux de son parti *ne tiennent point à la foy chrestienne.* Les violences qu'ils ont exercées sur ceux qu'ils avaient en leur pouvoir, n'appartiennent qu'à *gens qui auroient rénié leur créateur. Car j'ose bien dire* que le roi d'*Angleterre* n'eût été tant hardy de mettre le pié en *France* par guerre, si la dissention des Armagnacs et des Bourguignons n'eût pas existé; la Normandie serait encore province française; *le noble sang de France* n'aurait pas été répandu; les seigneurs du royaume ne seraient point en exil; tant de braves gens n'auraient pas été tués à la malheureuse bataille d'Azincourt où le roi perdit *ses bons et loyaulx amys*, sans *l'orgueil de ce malheureux nom* ARMINAZ. *Hélas! à faire ces malheureuses œuvres*, il ne leur en restera *que le péché*..... Hélas! je ne crois *pas que depuis Clovis, premier roi chrétien*, la France ait jamais été *aussi désolée et divisée comme elle est aujourd'huy. Car le Daulphin ne tend à autre chose jour et nuit, lui ou les siens, que de gaster tout le pays de son père à feu et à sang, et les Engloys d'autre costé qui font autant de mal que les Sarrazins; mais encore vaut-il trop mieulx estre prins des Engloys, que des gens du daulphin qui se dient Arminaz.* »

Une maladie épidémique enlevait une partie des habitans, un hiver rigoureux et une longue famine désolaient l'autre. On n'entendait jour et nuit dans les rues de Paris, que des cris et des lamentations : *Hélas! je meurs de faim. Hélas! je meurs de froid.*

La rigueur de la saison forçait les loups, dont la France était alors peuplée, à venir jusque dans les villes, dévorer ce qu'ils rencontraient. Plusieurs personnes, et surtout des enfans, étaient surpris dans les rues de Paris, par ces animaux affamés; ils pénétraient dans les cimetières et déterraient les corps fraîchement inhumés, les déchiraient et laissaient partout des traces de leur voracité. Un débordement affreux de la Seine vint encore épouvanter les Parisiens. Tous les fléaux de la nature s'étaient réunis à tous les ravages des guerres civiles pour accabler ce peuple. Dans le même temps, une ordonnance sur l'altération des monnaies acheva de ruiner la partie des habitans qui était la plus aisée. Plusieurs, n'écoutant que leur désespoir, sortirent de la ville, furent s'établir ailleurs, ou augmentèrent le nombre des brigands qui désolaient les campagnes. Les laboureurs sans défense ne pouvaient plus cultiver leurs terres, chaque jour de nouvelles troupes pillaient ou brûlaient leurs maisons, violaient leurs femmes et leurs filles, massacraient leurs enfans. Les seigneurs des villages étaient les premiers à autoriser ces brigandages, et se moquaient des malheureux qui venaient se plaindre à eux. Plusieurs, désespérés de tant de maux, abandonnèrent leur pays. *Que ferons-nous?* disaient-ils; *mettons-nous tous en la main du deable, ne nous chault que nous devenions, autant vault faire du pis que du mieulx. Mieulx nous voulsis* (vaudrait) *servir les Sarrazins que les chrestiens, et pour ce, faisons du pis que nous pourrons, aussi bien ne nous peut-on que tuer, ou que pendre; car par le faulx gouvernement des traistes gouverneurs, il nous faut renyer femmes et enffans, et fouir aux boys comme bestes égarées.*

CHAPITRE XXIX.

MASSACRE DES ARMAGNACS A PARIS.

Pendant le règne malheureux de Charles VI, les Anglais, les Bourguignons, la faction des Armagnacs pillaient et rançonnaient, massacraient tour-à-tour le peuple français. Les habitans des environs de Paris furent surtout les plus exposés aux violences des trois partis. Les marchands qui étaient successivement tombés dans les mains de ces trois ennemis, assuraient que les Anglais et les Bourguignons étaient moins cruels que ceux de la faction des *Armagnacs;* aussi les Parisiens favorisaient-ils les

Anglais et les Bourguignons au préjudice des Armagnacs, et lorsque ces derniers avaient commis quelques violences ou cruautés et que les maltraités venaient à s'en plaindre, on leur répondait : « Il faut que les troupes vivent; si c'é- » taient les Anglais ou les Bourguignons qui fus- » sent coupables vous ne vous en plaindriez pas.»

Les Armagnacs étaient distingués par une écharpe ou *bande*; de là ils furent nommés *les Bandés*. Ces Bandés, pendant qu'ils étaient tout-puissans à Paris, voulurent enrôler dans leur parti saint Eustache : ils furent dans l'église de ce nom, et décorèrent la statue du saint, de la bande qui distinguait les Armagnacs ou les Bandés.

Un jeune Parisien, qui n'aimait pas les Armagnacs, piqué de voir le bon saint Eustache au rang de ses ennemis, et entraîné par son enthousiasme, fut, le 13 octobre 1414, enlever l'écharpe dont on avait décoré la figure de ce saint, et la déchira.

Les Armagnacs se saisirent de l'enthousiaste, lui firent couper le poing, et le bannirent à perpétuité de la capitale.

Au mois de mai 1418, les Bourguignons entrèrent dans Paris. Les habitans qui leur avaient aidé dans cette entreprise, leur aidèrent encore à massacrer une partie des Armagnacs. Les femmes et les enfans qui n'avaient pas la force de tuer, criaient dans les rues : *Chiens traistres, vous êtes mieux que à vous n'appartient; plust à Dieu que tous fussent en tel état.* De tous côtés on voyait des morts entassés et des ruisseaux de sang.

Les gentilshommes, les grands seigneurs, les évêques, les abbés, enfin les riches, de qui on espérait une rançon, furent pris et mis dans les prisons de Paris.

Après tant de carnage, les Parisiens établirent à Saint-Eustache la confrérie de *Saint-André*. Les confrères, les mains encore teintes du sang des Armagnacs, se couronnèrent la tête de roses, et leur nombre fut si grand, que les fleurs faillirent en cette cérémonie. Dans l'espace de douze heures on fabriqua sept cent vingt couronnes; la quantité de roses qu'on avait rassemblées dans l'église de Saint-Eustache, était si considérable, que l'air en était embaumé.

Ces fleurs, symbole de la candeur et des plaisirs innocens, n'adoucirent point l'esprit de vengeance qui transportait les Parisiens; les roses de leurs fronts furent bientôt souillées de sang. Le dimanche suivant, trois jours après cette cérémonie, vers les 11 heures du soir, un esprit de vertige s'empare de tous les citoyens; ils s'ameutent, répandent l'alarme dans toutes les rues, enfoncent les portes des prisons en criant : *tuez, tuez, ces chiens traistres Arminaz.* Ils égorgent et dépouillent tout ce qu'ils rencontrent. Les prisons du palais, de Saint-Eloy, du petit et du grand Châtelet, du For-l'Évêque, de Saint-Magloire, de Saint-Martin-des-Champs, du Temple, remplies de prisonniers distingués, furent en proie à la fureur des Parisiens, et n'offrirent bientôt que du sang et des monceaux de cadavres.

Le prévôt de Paris voulut arrêter ce carnage; on lui répondit : *Malgré-bieu, sire, de votre justice, de votre pitié, de votre raison. Mauldit soit de Dieu qui aura jà pitié de ces faulx traistres Arminaz, Angloys !... si, ne nous en parlez plus, de par le diable, que pour nous n'en laisserons rien à faire, par le sang bieu!*

Ils furent assiéger le grand Châtelet dont les prisonniers s'étaient défendus; ils mirent le feu aux portes, ils jetèrent du haut de la tour plusieurs prisonniers dont les corps, tombant sur des pointes de piques, de javelots et d'autres armes placées exprès, étaient cruellement déchirés. Dans l'espace de douze heures, cinq cent dix-huit prisonniers furent égorgés, parmi lesquels une grande quantité de personnes distinguées, cinq évêques, plusieurs magistrats, le chancelier *de Marle*, le connétable d'*Armagnac*. Ces derniers furent traînés pendant trois jours dans les rues de Paris, puis jetés à la voirie. Comme le connétable d'Armagnac portait une bande en écharpe, on lui leva une bande de sa peau depuis l'épaule jusqu'aux genoux, et on lui en fit une écharpe.

CHAPITRE XXX.

DANSES DANS LES ÉGLISES.

En 1429, il se tint au collége des Bernardins un concile qui tendait à réformer plusieurs abus dans la discipline de l'église. Ces abus tiennent à l'histoire des mœurs, et méritent qu'on en conserve le souvenir.

Les prêtres de ce temps-là étaient fort adonnés aux jeux de hasard. Dans ce concile il fut fait défense à tous les ecclésiastiques de jouer aux dés, sous peine de payer l'amende d'une livre de cire, applicable à l'église, chaque fois qu'ils tomberaient dans cette faute.

Les moines autrefois exigeaient un paiement

des laïcs qui voulaient entrer dans leur monastère. Un article de ce concile, leur défend de recevoir cette vile rétribution sous quelque prétexte que ce soit.

Un usage plus singulier, proscrit dès le cinquième siècle, s'était conservé en France jusqu'au milieu du quinzième. Les premiers chrétiens, accoutumés aux fêtes joyeuses du paganisme, ne pouvaient facilement adopter les cérémonies lugubres de la religion chrétienne. Ils y mêlèrent leurs pratiques profanes, et les premiers évêques eurent souvent la prudence de ne point contrarier entièrement les anciens usages. Ainsi on dansait, on chantait des chansons mondaines dans les églises, aux fêtes des martyrs et des saints, tout comme aux fêtes de *Cybèle* et de *Bacchus* [1]. Le concile tenu dans la salle des Bernardins, défendit non-seulement les chansons et les danses dans les églises, mais encore les jeux et les ventes des marchandises.

[1] Dans un concile que fit assembler Clovis II, à Châlons-sur-Saône, il fut défendu aux femmes, les jours de fêtes, de danser dans l'enceinte de l'église, et dans le parvis, et d'y chanter des chansons malhonnêtes, au lieu d'écouter le clergé psalmodier.

CHAPITRE XXXI.

TOILES VOLÉES.

L'île de Saint-Louis servait autrefois à étendre les toiles que l'on blanchissait. Les différentes troupes de militaires qui dévastaient la France sous le règne de Charles VII, furent nommées *les Écorcheurs*, à cause de leurs brigandages et de leurs cruautés.

Quelques-uns de ces *Écorcheurs*, charmés de la beauté des toiles qui se blanchissaient dans l'île Saint-Louis, un beau jour vinrent l'après-dîné jouer dans cette île; quand il fut nuit, au lieu d'en sortir, ils se cachèrent, et à minuit, croyant endormis ceux qui gardaient ces toiles, ils se disposèrent à enlever les plus belles [1]; les gardes s'éveillèrent, mais ils n'empêchèrent pas ces Ecorcheurs de voler et d'emporter ces toiles à Corbeil; la résistance que firent alors les Parisiens, leur valut plusieurs blessures dangereuses.

[1] *Ils prindrent toutes les toiles de lin, sans prindre une seule de chanvre.*

CHAPITRE XXXII.

CRUAUTÉS ATROCES.

Il y avait autrefois proche la ville de Meaux, un grand orme appelé *l'arbre de Vauru;* ce nom lui venait de deux gentilshommes qui, pendant les guerres civiles du règne de Charles VI, commandaient dans cette ville pour le parti des Armagnacs. L'un se nommait le *bâtard de Vauru,* et l'autre *Denis de Vauru.* Ces deux *Vauru* se disaient cousins. On ne sait pas si le même sang coulait dans leurs veines, mais les mêmes sentimens de férocité les animaient et les rendirent célèbres. Ils se faisaient un jeu de traîner à la queue de leurs chevaux les laboureurs chez lesquels ils n'avaient rien trouvé à voler, et de les pendre eux-mêmes à leur arbre, lorsque le bourreau n'y était pas.

Le bâtard de Vauru arrêta dans les champs un jeune villageois qui travaillait la terre, le lia à la queue de son cheval, le traîna jusqu'à Meaux, et le mit si fort à la gêne que le jeune homme, pour faire cesser les tourmens qu'il endurait, promit de payer la somme qu'on lui demandait, quoiqu'elle fût exorbitante, et beaucoup au-dessus de sa fortune. Il manda à sa femme le danger où il était et l'argent qu'il lui fallait pour le sauver du supplice et de la mort.

Sa femme, jeune, belle et désespérée du malheur qui menaçait un homme qu'elle aimait et qu'elle n'avait épousé que depuis quelques mois, accourut vers les bourreaux de son mari, espérant les toucher par sa jeunesse, ses larmes et ses prières, ou au moins obtenir une diminution sur la somme excessive qu'ils exigeaient. Mais tant de moyens d'attendrir ne firent qu'irriter ces barbares. *Vauru* déclara à la jeune épouse que si elle n'apportait pas, au jour qu'il lui indiqua, la somme demandée, son mari serait pendu à son orme. Les deux époux se séparèrent en pleurant.

La jeune femme partit, et mit tout en œuvre pour se procurer de l'argent; mais malgré ses efforts, elle ne put compléter la somme exigée que huit jours après le terme qui lui était prescrit. Elle accourt porter la rançon, tourmentée par l'incertitude affreuse de savoir s'il était encore temps, et si son mari n'avait pas subi le sort dont on l'avait menacé. Elle arrive accablée d'inquiétudes et de fatigues, donne sa rançon aux tyrans, et leur demande en pleurant, son mari. Les Vauru prennent la somme, et disent à cette jeune femme qu'elle pouvait s'en aller, et que son mari, ainsi que plusieurs autres qui n'avaient pas payé au temps fixé, avaient été pendus.

La douleur d'avoir perdu un époux qu'elle aimait, le dépit de se voir enlever une somme qui comprenait plus que sa fortune, par les bourreaux de son mari, mirent cette malheureuse dans le plus grand désespoir; elle éclata contre les cruels qui lui avaient enlevé ses biens et tué son époux; elle leur reprocha dans les termes les plus vifs leur barbarie et leur scélératesse.

Vauru, blessé de ces reproches, la maltraite à coups de bâton, la fait conduire à l'orme où cette malheureuse est attachée, puis on lui arrache ses habits, et on la laisse exposée toute nue aux regards de la populace et aux injures de l'air. C'était au mois de mars 1420, que se passait cette scène d'horreur. Il faisait froid; cette femme était enceinte; mais ce qui rendait sa situation plus affreuse, c'est qu'à l'arbre où elle était attachée, pendaient une infinité de cadavres dont les extrémités agitées par le vent venaient frapper son visage.

La nuit qui approchait, augmentait encore le supplice de cette malheureuse victime. Ses cris et ses gémissemens étaient entendus jusque dans la ville; mais personne n'osait la secourir parce qu'on redoutait la cruauté des Vauru. *Mon Dieu, quant me cessera cette pesme doulour que je souffre,* s'écriait-elle : à cet état de souffrance se joignirent les douleurs de l'enfantement; la nuit termina ce supplice affreux, d'une manière plus affreuse encore. Des loups attirés par l'odeur des cadavres, tirèrent l'enfant des entrailles de la mère, dévorèrent l'un et l'autre, et ne laissèrent que des lambeaux et des ossemens ensanglantés.

L'année suivante, la ville de Meaux fut prise par les Anglais ; les deux Vauru furent pendus à l'orme qui portait leur nom. Le bâtard, comme le plus cruel, fut traîné par les rues de Meaux, et eut la tête coupée avant d'être pendu.

Ceux qui déclament si vivement contre les mœurs actuelles, et qui font, avec tant de complaisance, l'apologie du temps passé, prouvent qu'ils ignorent l'histoire ou qu'ils ne l'ont plutôt étudiée que dans des compilations complaisamment mensongères qu'on a données pour de l'histoire.

Le courage militaire diffère de la férocité, quoiqu'il en soit voisin : mais dans l'absence de toute civilisation, sous un régime anarchique, sous celui de la féodalité, le pire de tous les régimes, ce courage se montre rarement sans être accompagné de ce caractère impitoyable, de ces actes atroces, de ces crimes révoltans qui ravalent l'état de l'espèce humaine fort au-dessous de celui des bêtes féroces.

CHAPITRE XXXIII.

PORTEURS DE RELIQUES.

En 1464, on promenait dans les rues de Paris des reliques apportées par des étrangers qui levaient une imposition sur les dévots en leur vendant des pardons.

Les uns apportèrent *le prépuce de Notre-Seigneur*, et vendirent en même temps des lettres par lesquelles le pape accordait à ceux qui les achetaient, l'absolution des péchés à l'heure de la mort, pourvu toutefois qu'ils fussent bien confessés et repentans.

Ces lettres étaient fort chères. Les riches les payaient 40 sous, les gens de médiocre fortune 32 ou 20 sous, et les pauvres à proportion.

Ces porteurs du *prépuce de Notre-Seigneur*, disaient que l'évêque de Paris leur avait donné la permission de distribuer ces lettres dans l'étendue de son diocèse, afin que l'argent produit par cette vente fût employé à faire reconstruire l'église de Notre-Dame de Coulombs [1], qui avait été détruite par les guerres.

Quand un nombre suffisant de ces lettres fut débité, et que les vendeurs de pardons eurent emporté *le saint prépuce* et l'argent des dévots Parisiens, l'évêque fit publier dans toutes les paroisses de la ville, que tous ceux qui avaient acheté des lettres, à l'occasion du saint prépuce, eussent à les porter chez lui, sous peine d'excommunication.

Cette ordonnance causa beaucoup d'inquiétude aux Parisiens; ils craignaient d'un côté de perdre l'absolution promise par les lettres; de

---

[1] Les moines de Coulombs conservaient encore ce saint prépuce qui, par malheur pour son authenticité, n'est pas le seul. Dans l'abbaye de Charroux, diocèse de Poitiers, et à Hildesheim, en Allemagne, en plusieurs autres lieux sont encore des prépuces qu'on révère comme une relique de Notre-Seigneur.

l'autre, ils avaient peur de l'excommunication du prélat. Cette dernière crainte les détermina; ils portèrent tous chez l'évêque leurs lettres, qui furent pendues *à ung crochet en son estude*. Il promit de les examiner à loisir et de les rendre ensuite; mais il n'en voulut rien faire, ce qui causa beaucoup de chagrin à ceux qui avaient porté leurs lettres, et qui perdaient ainsi l'espoir d'une absolution qu'ils avaient achetée[1].

Quelque temps après, on apporta encore à Paris la châsse de saint Sébastien : ceux qui la promenaient proposaient aux dévots d'entrer dans la confrérie du grand saint Sébastien : tout Paris voulut en être, et tout Paris paya.

Quand les porteurs de la châsse de saint Sébastien eurent enrôlé les Parisiens dans leur

---

[1] L'évêque de Paris était alors *Denis Desmoulins*, patriarche d'Antioche, et en même temps archevêque de Toulouse. L'avarice de ce prélat, les moyens violens qu'il employait pour faire tester les mourans en sa faveur, les sommes exorbitantes qu'il exigeait pour les enterremens dans le cimetière des Innocens, qui resta fermé pendant quatre mois, à cause du prix qu'il y mettait, etc., peuvent faire croire que des motifs d'intérêt l'avaient déterminé à s'emparer de ces lettres d'absolution, dans la crainte qu'elles ne préjudiciassent aux droits qu'il avait coutume de percevoir sur les morts et les mourans.

confrérie, et emporté leur argent, il arriva d'autres prêtres qui abusèrent encore de leur robuste crédulité.

C'était la châsse de saint Quentin, que ces nouveaux charlatans promenaient d'église en église; ils portaient avec eux un fléau, espèce de grande balance. Les dévots et dévotes montaient sur un côté de cette balance; on leur faisait perdre terre, et en même temps on nommait sur eux plusieurs saints et saintes, et pour se dégager de cette balance, les dévots donnaient du blé, de l'argent ou autres choses. *Et moult firent grant cuillette d'argent à Paris, iceux questeurs de pardons, en celui temps.* On voit que depuis long-temps la capitale de la France est le domaine le plus fertile du charlatanisme.

CHAPITRE XXXIV.

ENTRÉE DE HENRI VI A PARIS.

En 1431, les Anglais, dont les forces commençaient à s'affaiblir en France, envoyèrent leur roi Henri VI, âgé de dix à douze ans, en France, et le firent sacrer à Notre-Dame de Paris, afin que la présence de ce jeune monarque ranimât le zèle et le courage de ceux qui tenaient au parti de l'Angleterre.

Il fit son entrée par la porte Saint-Denis. Un énorme écusson aux armes de France et d'Angleterre couvrait toute la maçonnerie du côté extérieur de cette porte. Le prévôt des marchands et les échevins, tous vêtus en robe rouge, le reçurent sous un dais dont le ciel était d'azur semé de fleurs de lis d'or. Quatre échevins portaient ce dais, dit un écrivain du temps, *en la forme et manière comme on fait à notre Seigneur à la Fête-Dieu, et plus ; car chascun criait* Nouel *par où il passait.*

Les *neuf preux*, et les neuf *preues Dames*, avec une multitude de chevaliers, marchaient devant. Au milieu d'eux était un imposteur que les Anglais avaient pris à la bataille de Beauvais; il faisait le métier de prophète, et les peuples, trompés par ses paroles et par des stigmates qu'il avait aux mains et aux pieds comme saint François, lui accordaient les honneurs dus à un saint. Dans cette entrée, il était conduit lié de cordes comme un voleur.

Vingt-cinq hérauts, vingt-cinq trompettes précédaient le roi entouré de quatre évêques et du cardinal de Wincestre.

Le cortége s'arrêta devant la fontaine du Ponceau, rue Saint-Denis, où se trouvait un spectacle que le jeune roi admira beaucoup; il était composé de trois jeunes filles représentant des syrènes; au milieu d'elles était un lis, qui par ses fleurs et ses boutons jetait du vin et du lait, et là, buvait qui voulait ou qui pouvait; au-dessus était représenté un petit bois où l'on voyait des hommes sauvages qui exécutaient différens jeux [1].

[1] Cinquante-quatre ans après, lorsque Louis XI fit son entrée à Paris, on exécuta à la même fontaine, le même spectacle. Dans les annales de Paris, par *Malingre,* on en voit le détail suivant : « A la fontaine du Ponceau, » étaient des hommes sauvages, et des satyres qui s'en- » trebattaient..... Là étaient encore plusieurs belles filles » accoutrées en sirènes nues, lesquelles, en montrant

Depuis la fontaine de la Trinité, qui est au coin des rues Saint-Denis et Grenetat, était un échafaud prolongé jusqu'un peu au-delà de l'église de Saint-Sauveur. Sur cet échafaud on jouait des mystères qui représentaient la vie de la vierge Marie, depuis sa conception jusqu'à sa fuite en Egypte.

Plus loin les mystères offraient la vie de saint Jean-Baptiste.

Dans le cimetière des Innocens on représenta une chasse au cerf; et on y avait exprès enfermé un cerf vivant. *Qui fut moult plaisant à veoir.*

Devant le Grand-Châtelet, on voyait un lit de justice. Un enfant, grand comme le roi, et de son âge, vêtu d'habits royaux et ayant deux couronnes sur la tête, faisait le roi; à droite étaient les princes de France, à gauche ceux d'Angleterre, qui tous, costumés suivant leurs personnages, avaient encore l'air de donner des conseils au jeune roi qui les écoutait avec

» leur beau sein, chantaient des petits motets et bergerettes,
» fort doux et charmans. Au-dessous, était un concert de
» musique, composé de plusieurs sortes d'instrumens et
» de voix ravissantes. De cette fontaine, par divers ca-
» naux et tuyaux, ruisselaient le lait et l'hypocras exposés
» à tous ceux qui avaient envie d'en boire.

bonté, *et étaient iceulx de bonnes gens* qui faisaient cette représentation.

Le cortége passa devant l'hôtel de Saint-Paul où demeurait la reine Isabeau de Bavière, veuve de Charles VI, et grand'mère du roi, objet de la cérémonie : elle était à sa fenêtre avec quelques dames. Le jeune Henri VI, étant vis-à-vis d'elle, ôta son chapeau et la salua. Aussitôt la princesse s'inclina très-humblement vers lui, et se retourna d'un autre côté pour donner un libre cours à ses larmes [1].

Le dimanche suivant, le roi fut en procession à Notre-Dame, où le cardinal de Wincestre le sacra; de là il vint au Palais dîner dans la grand'salle sur la table de marbre [2]. La suite

[1] Cette princesse ne jouissait plus, à Paris, d'aucune considération, et ne pouvait plus se mêler d'aucune affaire. Son goût pour les plaisirs, pour le luxe, sa jalousie, sa conduite peu régulière, donnèrent naissance aux troubles du royaume, qu'elle alimenta ensuite par ses cabales secrètes. Le malheur des peuples était alors à son comble; on ne peut, sans frémir, lire les détails de ces désastres toujours nouveaux. Si cette princesse passa les derniers temps de sa vie dans l'humiliation et le mépris, c'était une bien légère punition de sa méchanceté.

[2] Grande table ronde placée à une extrémité de la grand'salle où les rois donnaient des festins dans les grandes cérémonies. Elle fut détruite lors de l'incendie

nombreuse du roi, et toutes les personnes qualifiées, dînaient dans la même salle.

La foule fut si grande que l'université, le parlement, le prévôt des marchands ne purent monter l'escalier, pour prendre leur place; il leur fallut attendre long-temps; ils y arrivèrent enfin, et ils trouvèrent leurs places prises par des savetiers, des moutardiers et autres gens de cette classe; quand on en faisait lever un d'un côté, il s'en asseyait un d'un autre. Tout le monde fut mécontent de l'ordonnance de ce repas; l'assemblée était d'ailleurs composée de manière qu'il y eût peu de monde qui ne fût voleur ou volé. Les fêtes qui s'ensuivirent furent très-mesquines; les Parisiens, mécontens, disaient que plusieurs enfans de bourgeois ou de gens de métiers en faisaient davantage lorsqu'ils se mariaient.

arrivé en 1618; elle occupait presque toute la largeur de la salle; on n'avait jamais vu une tranche de marbre aussi grande.

CHAPITRE XXXV.

RÉVOLTE DES PRISONNIERS.

Charles VII n'avait pas encore soumis à son pouvoir légitime la capitale de la France : les Anglais étaient les maîtres de Paris. Plusieurs habitans qui tenaient en secret pour son parti, avaient déjà essayé de favoriser son entrée dans cette ville. Un carme même s'en était mêlé (de quoi ne se mêlaient pas les moines!); mais le projet fut découvert, et les auteurs rigoureusement punis.

Un gentilhomme du parti du roi, ayant été fait prisonnier et mis à la Bastille, paya sa rançon et obtint sa liberté. En allant un jour à ce château, voir quelques autres prisonniers, il trouva le guichetier qui dormait sur un banc; il lui saisit les clefs, délivra plusieurs de ses amis, revint avec eux tuer le dormeur et une partie de la garde. L'alarme fut bientôt à la Bastille. Celui qui en était capitaine, y accourut aussitôt : il renversa mort, d'un coup de hache, le premier qu'il rencontra; les autres révoltés ne purent fuir; ils furent pris, mis à mort, et traînés dans la rivière. Leur projet était de s'emparer de la Bastille pour la rendre à Charles VII, et faciliter par ce moyen son entrée dans Paris.

CHAPITRE XXXVI.

ENTRÉE DES TROUPES DU ROI CHARLES VII A PARIS.

Le parti des *Armagnacs*, qui était celui de Charles VII, était en horreur aux Parisiens; ils préféraient depuis long-temps à ce prince, les Bourguignons et les Anglais; mais la domination de ces derniers commençait à leur devenir insupportable, surtout depuis que trois évêques se mêlaient du gouvernement : l'évêque de Lisieux, celui de Paris, et celui de Térouane, qui était chancelier de France pour le roi d'Angleterre. La cruauté et les vexations de ces prélats les rendaient odieux au peuple dont les moindres murmures étaient sévèrement punis. Quelques-uns commencèrent à désirer de se soumettre à leur légitime souverain. Le comte de *Richemond*, instruit des dispositions des Parisiens, se ménagea des intelligences parmi quelques-uns, et se présenta le 3 avril 1436, avec les troupes de Charles VII, à la porte Saint-Jacques.

Ceux qui gardaient cette porte, effrayés des menaces et de la multitude de troupes qu'ils aperçurent au-delà des murs, consentirent à les laisser entrer dans la ville; mais ne pouvant leur ouvrir la porte, parce que les clefs étaient entre les mains de l'évêque de Térouane, ils descendirent une grande échelle par laquelle le seigneur de l'Isle-Adam monta le premier sur le mur, et planta au-dessus de la porte la bannière de France, en criant *Ville gagnée!*

Les habitans de Paris, apprenant cette nouvelle, oublièrent leur animosité contre le parti de Charles VII; ils se rangèrent de son côté, s'armèrent contre leurs tyrans, et prirent aussitôt la croix blanche de Saint-André pour se distinguer des Anglais.

L'évêque de Térouane, le prévôt et le capitaine de Paris se mirent promptement à la tête des troupes anglaises. Les Parisiens s'assemblèrent en même temps, au nombre de quatre mille pour garder la porte Saint-Denis : ils étaient commandés par *Michel Lalier*[1] qui avait

---

[1] On le récompensa en lui donnant la charge de prévôt des marchands.

le plus contribué à faire entrer les troupes de Charles VII.

Les Anglais avaient déjà formé trois divisions : l'une, commandée par *Jean Larcher*, lieutenant du prévôt de Paris, odieux par sa cruauté, s'avançait dans la rue Saint-Martin ; les soldats de cette troupe criaient : *Saint-Georges, Saint-Georges! traistres Français, vous tous morts !*

Du même côté, par la rue Saint-Denis, s'avançait l'évêque de Térouane avec sa division.

Le prévôt de Paris marchait de même du côté des halles avec la plus forte division. En chemin il rencontra un de ses amis, qui lui dit : *Monsieur, mon compère, ayez pitié de nous, car il convient à cette fois faire la paix, ou nous sommes tous détruits. — Comment, traistre, es-tu tourné?* répondit le prévôt en le frappant d'un coup d'épée au visage, et le faisant percer de mille coups par ses gens.

Les Parisiens cependant qui avaient tendu les chaînes dans les rues, s'apprêtaient à se battre, tandis que les femmes et les enfans, de leurs fenêtres, jetaient sur ceux du parti anglais des tables, des bûches, des pierres et de l'eau chaude.

Les Anglais furent bien étonnés de voir la

porte Saint-Denis défendue par une grande troupe d'habitans qui tiraient plusieurs coups de canon contre eux ; alors ils se réfugièrent le plus tôt qu'ils purent à la Bastille, où ils s'enfermèrent.

Du côté des Chartreux, les troupes du roi s'introduisaient insensiblement dans Paris; mais comme le moyen de l'escalade était trop lent, les Parisiens abattirent eux-mêmes la porte Saint-Jacques; alors ils entrèrent en plus grande quantité, en criant dans les rues, *Saint-Denis! vive le noble roi de France!*

La plupart des Parisiens, accoutumés depuis si long-temps au vol et aux massacres des vainqueurs, s'attendaient au moins à voir leurs maisons pillées et à subir le sort des villes prises d'assaut; d'ailleurs, la mauvaise opinion qu'ils avaient de ceux du parti du roi, les confirmaient dans cette crainte. Ils furent bien agréablement surpris, quand ils virent avec quelle modération se conduisirent les troupes royales. Toujours en butte aux violences du plus fort, ils ne purent croire qu'une conduite aussi paisible, aussi raisonnable, eût une cause naturelle ; ils l'attribuèrent à un miracle opéré tout-à-coup par saint Denis à la prière de plusieurs bons chrétiens.

CHAPITRE XXXVI.

Les capitaines des troupes du roi, qui furent témoins du zèle des Parisiens, pour leur faciliter l'entrée dans la ville, qui les virent abattre exprès la porte Saint-Jacques, ne purent s'empêcher de verser des larmes de joie et de pitié : *Mes bons amis*, dit le connétable aux habitans, *le bon roi Charles vous remercie cent mille fois, et moi de par lui, de ce que si doucement vous lui avez rendu sa maîtresse cité de son royaulme, et s'aucun, de quelque état qu'il soit à mesprins par devers monsieur le roi, soit absent ou autrement, il lui est tout pardonné.* Aussitôt il fit publier à son de trompe la défense à ses soldats, *sous peine d'être pendus par la gorge*, de loger dans les maisons bourgeoises, de ne faire aucun déplaisir ni reproche aux habitans, de ne commettre aucun pillage envers personne, excepté envers les Anglais, et cette ordonnance fut rigoureusement observée.

Les Anglais, qui s'étaient réfugiés dans la forteresse de la Bastille, étaient en si grand nombre, que les provisions leur faillirent bientôt : ils composèrent avec le connétable, donnèrent une forte rançon, et, par ce moyen, obtinrent de sortir de la place avec un sauf-conduit.

Pour éviter la fureur du peuple, les Anglais ne voulurent point sortir par la ville ; ils passèrent du côté de la campagne ; mais ils ne purent échapper aux sarcasmes des Parisiens qui étaient accourus sur leur chemin pour les voir s'en aller. L'évêque de Térouane, si odieux au peuple, ne fut point oublié; on lui criait : *Au renard, au renard !* et aux autres Anglais : *A la queue, à la queue !*

CHAPITRE XXXVII.

EXÉCUTIONS SINGULIÈRES.

Le 15 décembre 1427, fut pris, dans le château de l'Isle-Adam, un gentilhomme nommé *Sauvage de Fromonville ;* on le conduisit, pieds et mains garrottés, à Bagnolet, où était le régent du roi d'Angleterre, qui le condamna à être pendu dans la journée et le plus tôt possible. Celui qui présidait à cette exécution, était un nommé *Pierre Baille,* grand-trésorier du Maine, qui avait rempli successivement les places de valet, de cordonnier, de sergent à verge et de receveur de Paris.

Ce grand-trésorier du Maine refusa la permission de se confesser à ce gentilhomme qui l'avait demandée à plusieurs reprises : il aida lui-même à le monter sur l'échelle, vomit contre lui mille injures, et le frappa d'un grand coup de bâton ; il en donna aussi plusieurs coups à l'exécuteur qui avait demandé au patient s'il avait été confessé. Le bourreau, épouvanté par ce terrible homme, ne prit pas toutes les précautions nécessaires : la corde se dénoua, et il tomba à terre avec le patient ; mais ce pauvre gentilhomme n'en fut pas quitte, on le remonta, et on le rependit plus solidement.

Au commencement de l'année 1429, pendant que les Parisiens étaient sous la domination anglaise, la misère était si affreuse dans Paris, qu'une grande quantité d'habitans en sortirent sous le prétexte de se promener ; mais n'écoutant que leur désespoir, ils commirent dans les campagnes une infinité de vols et de meurtres ; on les poursuivit, et pour la première fois on en prit 98 : 12 furent pendus, et 11, conduits aux halles de Paris, eurent la tête tranchée.

Les dix premiers avaient subi leur condamnation ; le onzième allait être exécuté à son tour : c'était un beau jeune homme d'environ vingt-quatre ans ; on l'avait déjà dépouillé de ses habits, et l'on commençait à lui bander les yeux, lorsqu'une jeune fille fend la presse, pénètre jusqu'au lieu de l'exécution, et réclame à grands cris son amant : ses prières, sa beauté, ses larmes attendrirent les bourreaux, les juges et les spectateurs : le jeune homme fut ramené au Châtelet, et sa courageuse amante parvint à l'épouser.

Un gentilhomme poitevin, nommé le seigneur *de la Bottière*, ayant été averti que, pendant son absence, sa femme *n'avait cessé de paillarder* avec un gentilhomme voisin, voulut tirer vengeance d'un affront auquel il était fort sensible ; car c'était un mari peu civilisé, et ignorant absolument les usages.

Il arrive chez lui, dissimule d'abord son ressentiment, et invite à dîner le voisin, amant de sa femme. Après le repas, il propose d'aller se promener dans un bois ; là, il assassine la femme et le gentilhomme, afin de laver dans leur sang le déshonneur dont les deux coupables avaient terni son honneur.

Il fut bientôt arrêté, jugé et condamné à avoir la tête tranchée : quand on lui prononça son arrêt, il dit clairement à ses juges qu'ils portaient tous les cornes, et qu'on ne le faisait mourir que parce qu'il n'avait pas voulu en porter comme eux.

Lorsqu'il fut sur l'échafaud, il ne voulut point qu'on lui bandât les yeux, regardant cette formalité comme fort inutile; mais il prit l'épée du bourreau, et en essaya le tranchant sur son doigt, après quoi il lui dit : *Mon ami, dépêche-moi vîtement; il ne tiendra qu'à toi, car ton épée coupe bien.*

Un gentilhomme, convaincu de plusieurs crimes, et surtout d'être voleur, fut pris, condamné et exécuté à Paris, en place de Grève, le 25 février 1606. Lorsqu'il fut monté sur le lieu de la scène, il entra en fureur, s'empara du Cordelier qui le confessait, et le jeta du haut en bas de l'échafaud; puis il se saisit du bourreau, le mordit si vivement au cou, qu'il l'aurait étranglé, si l'on n'eût promptement arrêté les effets de sa rage : il fut roué vif.

CHAPITRE XXXVIII.

EXÉCUTIONS ET ENTERREMENT.

Dans la chapelle de Montmartre, dite des Martyrs, et depuis prieuré dépendant de l'abbaye, sont enterrés les têtes, et non pas les corps, comme le dit Sauval, de *Boniface la Mole,* et du comte de *Coconas*, deux gentilshommes qui, en 1574, eurent chacun la tête tranchée en place de Grève, à cause de quelques conspirations secrètes contre l'Etat, ou bien, suivant d'autres, pour avoir inspiré de la jalousie à quelques personnes puissantes.

La Mole, qu'on appelait le *Baladin de la Cour*, chéri des dames, surtout de la reine de Navarre, et détesté par le roi, était fort superstitieux, et croyait être damné s'il eût manqué un jour d'entendre la messe, persuadé que cet acte de religion expiait tous les péchés. Comme il en commettait beaucoup par jour, il entendait aussi plusieurs messes; c'est pourquoi Charles IX, qui connaissait sa dévotion et ses déréglemens, disait, que pour tenir registre des débauches de *la Mole*, on n'avait qu'à compter ses messes. Il tremblait si fort lorsqu'il fut au supplice, qu'il ne put tenir ni baiser la croix qu'on lui présentait. Ses dernières paroles furent : *Dieu ait merci de mon ame, et la benoîte Vierge, recommandez-moi bien aux bonnes grâces de la reine de Navarre et des dames.* Quand il fut mort, on trouva sur lui une chemise de Notre-Dame de Chartres, qu'il portait par dévotion.

Coconas, qui fut exécuté après *la Mole*, se

distinguait par un autre caractère : il n'était ni superstitieux ni dévot, mais courageux jusqu'à la férocité; il se vantait d'avoir, pendant les massacres de la Saint-Barthélemi, acheté du peuple jusqu'à trente huguenots, pour jouir du plaisir barbare de les faire mourir à sa fantaisie ; il commençait par leur faire renier leur religion, sous la promesse de leur sauver la vie, puis il les poignardait à petits coups, les faisait languir et souffrir mille morts.

Ces deux gentilshommes furent vivement regrettés des dames. La nuit qui suivit leur exécution, *Marguerite de Valois*, reine de Navarre, amante de *la Mole*, accompagnée de madame la duchesse de *Nevers*, amante de *Coconas*, firent enlever leurs têtes chéries, et les portèrent dans leurs carrosses pour les enterrer, de leurs propres mains, dans la chapelle des Martyrs à Montmartre.

CHAPITRE XXXIX.

MASSACRES DE LA SAINT-BARTHÉLEMI ; ÉVÉNEMENS QUI LES PRÉCÉDÈRENT.

Philippe II, roi d'Espagne, le pape Pie IV, et les Guises, notamment le cardinal de Lorraine, furent les auteurs des massacres de la Saint-Barthélemi ; Catherine de Médicis et son fils Charles IX, roi de France, n'étaient que les complices et les exécuteurs de ce projet atroce. Avant de décrire les principales circonstances de cette journée, il est indispensable de rapporter quelques-uns des événemens qui la précédèrent.

L'entrevue de Charles IX et de sa sœur Élisabeth, femme de Philippe II, avait réuni à Bayonne, en 1565, tout ce que la noblesse française avait de plus distingué : jamais la cour ne fut plus brillante en équipages et en habits ; les festins, les tournois, les bals, se succédaient chaque jour. Mais, dans cette assemblée, se trouvait un homme qui conseillait des massacres et méditait des assassinats ; c'était le trop

fameux duc d'Albe, digne confident de Philippe II. Catherine de Médicis avait de fréquentes conférences avec lui, et malgré le mystère dont ils s'enveloppaient, quelques paroles recueillies par le prince de Béarn, depuis Henri IV, dont l'extrême jeunesse éloignait toute méfiance, lui apprirent que ces entretiens roulaient sur la manière dont il fallait s'y prendre pour détruire les protestans. Ce prince s'empressa de faire part de ce complot à la reine de Navarre, sa mère; elle en donna avis au prince de Condé et à l'amiral de Coligny, chefs de ce parti, qui employèrent dès-lors tous leurs efforts pour détourner le coup dont on les menaçait.

En 1566, on crut devoir profiter de l'assemblée de Moulins, pour amener la réconciliation des maisons de Guise et de Châtillon[1], car l'exé-

---

[1] La mort funeste de Henri II, blessé dans un tournoi par Montgommeri, en 1559, fut le signal de trente années de guerres civiles. Ses rigueurs contre les protestans, et surtout la condamnation du conseiller Anne du Bourg, avaient considérablement accru le nombre des religionnaires. A l'avénement de Charles IX sur le trône, la France était divisée entre le parti catholique, à la tête duquel étaient François de Guise et le cardinal de Lor-

cution des projets que l'on méditait, dépendait de la sécurité qu'il fallait inspirer au parti calviniste dans la personne de l'amiral. Le raccommodement se fit, mais avec si peu de sincérité de la part des Guises, qu'après l'assemblée, Coligny fut instruit que les Lorrains voulaient le faire assassiner; il s'en plaignit au roi, et se tint plus que jamais sur ses gardes.

Cette défiance, que partageait tout le parti protestant, fit connaître à Catherine que pour frapper sûrement le dernier coup, il faudrait

raine, son frère; et le parti protestant, soutenu par le prince de Condé, Antoine, roi de Navarre, son frère, père de Henri IV, l'aîné des Châtillon, plus connu sous le nom d'amiral de Coligny, et son frère d'Andelot. De cette époque datait entre les maisons de Guise et de Châtillon, cette rivalité que les Lorrains changèrent bientôt en une haine implacable. L'assassinat du duc de Guise par Poltrot de Méré en fut le prétexte; ce misérable osa accuser l'amiral de complicité dans cet attentat. Quoique le caractère de Coligny dût le mettre à l'abri d'un pareil soupçon, les Guises le crurent ou feignirent de le croire coupable, malgré le désaveu qu'il en fit sous serment. Henri de Guise, fils aîné du défunt, qui assistait à cette assemblée de Moulins, trop jeune encore pour contredire, montra du moins, à son air froid, qu'il ne prenait aucune part à ces projets, mais on verra bientôt quelle part il prit à leur sanglante exécution.

en venir à quelque éclat; elle s'y détermina : la difficulté était de lever des troupes sans alarmer les calvinistes; une circonstance imprévue lui en fournit les moyens. L'armée que le roi d'Espagne envoyait dans les Pays-Bas, longeait les frontières de France; la reine feignit de craindre quelque entreprise étrangère, et leva 6000 Suisses qui, après le passage des Espagnols, se dirigèrent vers le centre du royaume. Tout semblait devoir réussir au gré de Catherine; mais un des principaux seigneurs de sa cour, ayant fait instruire les calvinistes du péril qui les menaçait, ils se réunirent chez l'amiral, à Châtillon-sur-Loing, et ils prirent à leur tour la résolution de s'emparer de la cour qui passait alors la belle saison à Monceau, en Brie, vivant sans aucune précaution pour sa sûreté, comme si elle n'avait rien à craindre de la vengeance d'une multitude d'hommes qu'elle poussait au désespoir. Le projet des protestans était de chasser les Guises, et de mettre le roi et la reine dans leur parti. Cette tentative échoua par la bonne contenance des Suisses qui repoussèrent l'attaque de d'Andelot et de La Rochefoucauld, et ramenèrent le roi de Meaux à Paris, au milieu d'un bataillon carré qu'ils avaient formé.

La guerre continua avec fureur jusqu'en 1568; elle fut terminée par un traité appelé *la Paix fourrée*, parce qu'elle fut conclue en hiver, saison pendant laquelle on porte des fourrures. *Ceux qui ne s'y fièrent pas, furent les plus habiles*, dit le Laboureur; en effet, on se quitta avec un silence sombre et farouche, et comme fâché de s'être épargné. Ce calme apparent n'était qu'un piége que l'on tendait aux calvinistes. On prenait tous les moyens de soulever le peuple contre eux. Les chaires retentissaient d'invectives contre les protestans, de réflexions séditieuses sur la paix, d'invitations à la rompre. On avançait la maxime abominable qu'on ne doit pas garder la foi aux hérétiques, et que c'est une action pieuse et utile de les tuer. Malheur à quiconque conservait ou avait eu des liaisons avec eux ; le poignard ou le poison délivrait des inquiétudes qu'ils pouvaient inspirer : 10,000 personnes périrent de cette manière. Une rupture ne pouvait tarder.

Au bout de six mois, la guerre recommence ; le 13 mars 1569, les deux armées se rencontrent sur les bords de la Charente, auprès de Jarnac, et les calvinistes, commandés par le prince de Condé, sont défaits par le maréchal de Tavanne. Condé venait de se rendre à Dargence, lorsque Montesquiou, capitaine des gardes du duc d'Anjou, ayant demandé qui c'était, lui tira un coup de pistolet dans la tête, en disant : *Tuez, tuez, mordieu.*

Par la mort de Condé, si lâchement assassiné, le prince de Béarn (depuis Henri IV) devint chef du parti protestant. Il s'était trouvé à la bataille de Jarnac, et fut reconnu en cette qualité. Coligny commanda sous lui. Après différentes alternatives de succès et de revers, lutte dans laquelle l'amiral se montra toujours supérieur aux coups du sort, les deux partis, également fatigués de la guerre, se rapprochèrent pour traiter de la paix. Elle fut conclue à Saint-Germain-en-Laye, le 2 août 1570, et nommée *la paix boiteuse et mal assise,* par allusion à Biron qui boitait, et au seigneur de Malassise, négociateurs de la cour.

Les grands avantages accordés aux protestans avaient pour but de détruire leurs soupçons, et de les porter à se fier à une paix qu'on était décidé à rompre de la manière la plus tragique. Ils y furent trompés : néanmoins, comme l'autorité que les Guises exerçaient sur le roi et la reine n'avait rien perdu de sa force, l'amiral conservait encore beaucoup de méfiances. Il résista long-temps aux sollicitations de la reine qui voulait l'attirer à la cour, et avec lui la reine de Navarre, le prince de Béarn, et les principaux chefs du parti. Elle y réussit enfin, en flattant l'amiral de le charger de la conduite d'une guerre que l'on disait projetée contre la Flandre, et en proposant à Jeanne d'Albret le mariage de son fils avec Marguerite de Valois, sœur de Charles IX : dès-lors la méfiance des chefs protestans s'évanouit.

Coligny se laissa prendre à ce piége, et la reine de Navarre l'imita ; ils se rendirent tous à la cour de France, qui se trouvait à Blois. *Je vous tiens*, dit Charles au vieux guerrier, *et vous ne nous quitterez pas quand vous voudrez.* On les combla de caresses et d'honneurs.

Tous les protestans ne partageaient cependant pas ce fatal aveuglement ; quelques-uns, réunissant plusieurs circonstances, conçurent de violens soupçons contre la sincérité de la cour.

La mort de la reine de Navarre, peu de jours après son arrivée à Paris, justifia ces soupçons ; ils attribuèrent, non sans fondement, cette mort au poison ; tout enfin semblait leur présager le sort funeste qui les attendait. Ils essayèrent vainement de faire partager leurs pressentimens à l'amiral qui séjournait alors à Châtillon où le roi lui avait permis de faire un voyage, et le conjurèrent de ne pas retourner à la cour. L'un d'eux, nommé Langoiran, lui demanda son congé : *Pourquoi donc ?* dit l'amiral étonné. *Parce qu'on vous fait trop de caresses,* répondit Langoiran, *et que j'aime mieux me sauver avec les fous, que de périr avec les sages.* Rien ne put détruire la sécurité de Coligny, et il revint à Paris se jeter dans les bras de ses assassins.

On préparait alors, pour la célébration du mariage du jeune roi de Navarre et de la sœur du roi de France, des fêtes, des ballets, des spectacles, et tous les plaisirs de la cour de ce temps. L'espérance et la joie semblaient remplir tous les cœurs. Cependant les ennemis des protestans poursuivaient toujours leurs sinistres projets, et, dans le mystère de leurs conciliabules, méditaient des crimes, discutaient sur le nombre de leurs victimes et sur la quantité de sang à verser. La mort de Coligny fut d'abord résolue. L'assassin fut trouvé, c'était un gentilhomme de la Brie, nommé Maurevel, et surnommé *le tueur du roi* ; il s'embusque dans une maison, rue des Fossés-Saint-Germain-l'Auxerrois, et, au moment où Coligny passait, en revenant du Louvre, pour aller dîner à son hôtel, rue Béthizi, il lui tire un coup d'arquebuse dont les balles lui font une grande blessure au bras gauche, et lui coupent l'index de la main droite. Sans montrer beaucoup d'émotion, Coligny indique la maison d'où le coup est parti; on s'y porte; l'assassin avait pris la fuite. Coligny, tout ensanglanté, appuyé sur ses domestiques, se retire à pied à son logis.

Le roi jouait à la paume quand il apprit cette nouvelle: *N'aurai-je jamais de repos?* s'écria-t-il en jetant sa raquette.

Les amis de l'amiral résolurent d'aller se plaindre au roi, et demander justice; le roi de Navarre et le prince de Condé se chargèrent de cette requête. Charles répondit, en jurant, qu'il en tirerait une vengeance éclatante; sa mère ajouta que ce crime attaquait le roi lui-même, et qu'il n'y aurait plus de sûreté pour lui s'il le laissait impuni.

Le jour même de sa blessure, Coligny reçut la visite du roi, accompagné de sa mère, du duc d'Anjou, et d'une suite brillante. Charles lui jura de nouveau, par le nom de Dieu, suivant sa coutume, qu'il tirerait de ce forfait une vengeance dont la mémoire ne s'effacerait jamais. L'amiral se plaignit de ce que les édits en faveur des calvinistes n'étaient point observés. *Mon père,* dit le roi, *comptez que je vous regarde toujours comme un fidèle sujet, et comme un des plus braves généraux de mon royaume. Reposez-vous sur moi du soin de faire exécuter mes édits, et de vous venger sitôt qu'on aura découvert les coupables. Ils ne sont pas difficiles à trouver*, reprit Coligny, *les indices sont assez clairs. Tranquillisez-vous*, répliqua le roi, *une plus longue émotion pourrait nuire à votre blessure.* Puis il alla du côté de la porte, demanda à voir les balles qu'on avait retirées du bras, et après quelques marques d'intérêt pour le malade, il sortit.

La fin de cette entrevue délivra la reine des appréhensions qu'elle en concevait, car si le roi se fût aperçu qu'il était joué, et que cet attentat était l'ouvrage de sa mère et des Guises, ils étaient perdus : rien n'aurait pu les soustraire à la fureur de Charles dont le premier mouvement était terrible.

De retour au Louvre, elle chercha à épouvanter le roi sur les menées sourdes et les projets qu'elle supposait à l'amiral, et finit par apprendre à son fils que tout s'était passé par ses ordres et ceux des ducs d'Anjou et de Guise.

Ces révélations ne produisirent dans l'esprit du roi qu'une explosion de fureur ; il dit qu'il ne suffisait pas de tuer l'amiral, qu'il fallait aussi frapper de mort tous les huguenots de France, afin qu'il n'en demeurât pas un qui pût la lui reprocher, et qu'on y donnât ordre promptement.

Cet exécrable arrêt prononcé, on ne songea qu'à en presser l'exécution. Dans un conciliabule tenu aux Tuileries, entre la reine, le duc d'Anjou, le duc de Nevers, le comte d'Angoulême, frère bâtard du roi, le garde-des-sceaux Birague, le maréchal de Tavanne et le comte de Retz, cette exécution fut fixée au dimanche 24 août 1572, jour de la fête de saint Barthélemi. On hésita si on comprendrait dans le massacre le roi de Navarre, le prince de Condé et les Montmorenci.

Tavanne fit venir Jean Charron, prévôt des marchands, et Marcel, son prédécesseur, et, en présence du roi, il leur ordonna de faire armer les compagnies bourgeoises, de les amener à minuit à l'Hôtel-de-Ville, et leur fit connaître le but de l'armement; ils promirent d'obéir.

JOURNÉE DE SAINT-BARTHÉLEMI, 1572.

La féroce impatience du duc de Guise, qui s'était chargé du meurtre de Coligny, ne lui permit pas d'attendre le signal convenu pour le massacre : il se rend à deux heures du matin au logis de l'amiral, dont les portes lui sont ouvertes au nom du roi. Cosseins, placé dans l'hôtel de Coligny pour commander la garde chargée de protéger la personne de cet amiral, le traître Cosseins favorise les assassins qui se précipitent dans la cour. Trois colonels des troupes françaises, Petrucci, Siennois ; Besme, Allemand ; un Picard nommé Attin ; Sarlaboux et quelques autres gentilshommes, montent l'escalier en criant : *A mort*. A ce bruit, Coligny, jugeant qu'on en voulait à sa vie, s'était levé, et appuyé contre la muraille, il faisait ses prières quand les assassins enfoncèrent sa porte. Besme s'avance vers lui. *Est-ce toi qui es Coligny ?* dit-il en lui mettant l'épée sur la gorge. *C'est moi*, répond celui-ci avec calme ; *Jeune homme, respecte mes cheveux blancs*. Besme lui plonge son épée dans le corps, la retire toute fumante, et l'en frappe plusieurs fois au visage. L'amiral tombe : Besme se met à la fenêtre, et crie aux seigneurs catholiques qui attendaient dans la cour : *C'est fait*. — *M. d'Angoulême ne le veut pas croire, qu'il ne le voye à ses pieds*, répond Guise. Sarlaboux et Besme saisissent le corps et le jetent dans la cour. Le duc d'Angoulême essuie le visage de l'amiral avec son mouchoir, Guise dit : *C'est bien lui*, et tous deux, après l'avoir foulé aux pieds avec une joie de cannibales, remontent à cheval en criant : *Courage, soldats, nous avons heureusement commencé : allons aux autres, le roi le commande.*

Ce forfait était à peine consommé, que la cloche de l'horloge du palais répondant à celle de Saint-Germain-l'Auxerrois, donna le signal du massacre; il devint général. Aux cris, aux hurlemens qui se font entendre, des calvinistes sortent de leurs maisons demi-nus et sans armes, ils sont égorgés par les troupes du duc de Guise qui lui-même parcourt les rues en criant: *Aux armes*, et en excitant le peuple au massacre[1]. *Saignez, saignez,* criait le féroce Tavanne, *les médecins disent que la saignée est aussi bonne en ce mois d'août comme en mai.*

On égorge tout sans distinction d'âge ni de sexe : l'air retentit des cris des assassins et des gémissemens des mourans. Le jour vint éclairer cette scène de carnage. On voyait les cadavres tomber des fenêtres, les portes et les rues rougies de sang; les morts et les mourans confondus étaient ensuite jetés dans la rivière.

La demeure des rois fut aussi, pendant cette nuit et ce jour d'horreur, souillée par les crimes

[1] Il fut assassiné lui-même à Blois, par ordre de Henri III, le 23 décembre 1588. Il avait été surnommé le *Balafré*.

et les massacres. Les gardes, ayant formé deux haies, tuaient à coups de hallebardes, les malheureux qu'on amenait désarmés et qu'on poussait au milieu d'eux. La plupart se laissaient percer sans jeter aucun cri ; d'autres mouraient en attestant la foi publique et la parole sacrée du roi. Pour mettre le comble à tant d'atrocités, on vit des femmes de la cour promener leurs regards impudiques sur les cadavres nus de ces malheureux, rechercher les signes de la prétendue impuissance de l'un d'eux[1], et prendre plaisir à cet affreux spectacle.

A la pointe du jour, le roi se mit à la fenêtre de sa chambre, et voyant quelques malheureux qui se sauvaient dans le faubourg Saint-Germain, en passant la rivière à la nage, il prit une arquebuse de chasse et tira sur eux, ne cessant de crier : *Tuez, tuez.*

Marsillac, comte de La Rochefoucauld, favori du roi, avait passé une partie de la nuit avec lui; Charles eut quelque envie de le sauver, et lui avait même dit de coucher dans le Louvre;

---

[1] Dupont-Quellenec, qui portait le nom de Soubise parce qu'il avait épousé l'héritière de cette maison. Il se défendit long-temps, et tomba percé de coups, sous les fenêtres de la reine. Sa femme lui avait intenté un procès pour cause d'impuissance.

mais enfin, il le laissa aller, et Marsillac fut poignardé en sortant.

Antoine de Clermont-Renel, se sauvant en chemise, fut massacré par le fils du baron des Adrets, et par son propre cousin, Bussy-d'Amboise. Le marquis de Pardaillan est tué à côté de Renel. Guerchy se défendant le bras enveloppé de son manteau, tua quelques meurtriers avant d'être accablé par le nombre; mais le marquis de Lavardin n'eut pas le temps de tirer l'épée.

Le comte de Téligni, marié depuis dix mois à la fille de l'amiral, avait un visage si agréable et si doux, qu'il attendrit les premiers qui vinrent pour le tuer; mais d'autres plus barbares le massacrèrent.

Taverny, homme de robe longue, secondé d'un seul valet, soutint dans sa maison un siége qui dura neuf heures, et ne succomba qu'après avoir épuisé tout moyen de résistance.

Plusieurs gentilshommes attachés au roi de Navarre (depuis Henri IV) furent assassinés dans son appartement. Ce prince, et Condé, son cousin, furent arrêtés; on les menaça de la mort, et Charles IX les força d'abjurer le calvinisme.

Quelques jours avant le massacre, Caumont

CHAPITRE XXXIX.

de Laforce avait acheté des chevaux d'un maquignon qui, ayant été témoin de l'assassinat de l'amiral de Coligny, courut aussitôt lui en donner avis. Ce seigneur et ses deux fils logeaient au faubourg Saint-Germain. Il n'y avait point encore de pont qui joignît ce faubourg à la ville. Ce maquignon passe la rivière à la nage, et va avertir Laforce de son danger. Sur cet avis, celui-ci était déjà sorti et aurait eu le temps de se sauver, mais ne voyant pas venir ses enfans, il retourne les chercher. A peine était-il rentré chez lui, que les assassins arrivent. Un nommé Martin, à leur tête, entre dans sa chambre, le désarme lui et ses deux fils, et leur déclare qu'il faut mourir. Laforce lui propose une rançon de deux mille écus, payable dans deux jours; le capitaine accepte, dit à Laforce et à ses enfans de mettre des morceaux de papier en croix sur leurs chapeaux, et leur fait retourner leur manche droite sur l'épaule; c'était là le signe de ralliement des meurtriers. En cet état, Martin leur fait passer la rivière devant le Louvre, et les mène dans sa maison, rue des Petits-Champs, fait jurer à Laforce que ni lui ni ses enfans ne sortiront point avant d'avoir payé les deux mille écus, et les laisse en garde à deux soldats suisses. L'un de ces deux soldats, touché de compassion, offrit aux prisonniers de les laisser sauver. Laforce refusa cet offre aimant mieux, dit-il, mourir que de manquer à sa parole. Une tante parvint à trouver les deux mille écus, et on allait les compter à Martin, lorsque le comte de Coconas (qui depuis eut la tête tranchée[1]) vint dire à Laforce que le duc d'Anjou demandait à lui parler. Aussitôt il fit descendre le père et les enfans nu-tête et sans manteau. Laforce vit bien qu'on le conduisait à la mort; il suivit Coconas en le priant d'épargner ses fils. Le plus jeune, âgé de 13 ans, qui s'appelait Jacques Nompar (et qui a écrit cette relation), éleva la voix, et reprocha à ces meurtriers leurs crimes, en leur disant qu'ils en seraient punis. Bientôt arrivés au bout de la rue des Petits-Champs, on frappe de plusieurs coups de poignard l'aîné, qui s'écrie : *Ah! mon père; ah! mon Dieu, je suis mort.* On en frappe le père qui tombe sur le corps de son fils. Le plus jeune, couvert de leur sang, grâce à l'inattention des bourreaux, échappe à la mort; il a la présence d'esprit de s'écrier aussi, *Je suis mort,*

[1] Voyez le chapitre précédent.

et de se laisser tomber entre son père et son frère, dont il reçut les derniers soupirs. Les meurtriers les croyant tous morts, se retirèrent en disant : *Les voilà bien tous trois.* Quelques malheureux vinrent les dépouiller. Il restait un bas de toile au jeune de Laforce : un marqueur du jeu de paume du Verdelet voulut s'en emparer. En le tirant, il considérait le corps de ce jeune enfant : *Hélas,* dit-il, *c'est bien dommage; celui-ci n'est qu'un enfant, que peut-il avoir fait?* Ces paroles de compassion engagèrent le jeune Laforce à lever doucement la tête, et à lui dire tout bas : *Je ne suis pas mort. Ne bougez pas, mon enfant,* répondit le marqueur attendri, *ayez patience.* Sur le soir, il le vint chercher, et lui mit un méchant manteau sur les épaules. Comme il le conduisait, quelqu'un des assassins lui demanda : *Qui est ce jeune garçon? C'est mon neveu,* lui dit-il, *qui s'est enivré; vous voyez comme il s'est accommodé; je m'en vais bien lui donner le fouet.* Enfin, le pauvre marqueur le mena chez lui, et lui demanda trente écus pour récompense. De cette maison, le jeune Laforce se fit conduire, déguisé en mendiant, jusqu'à l'Arsenal, chez le maréchal de Biron, son parent, grand-maître de l'artillerie; on le cacha quelque temps dans la chambre des filles, et sur le bruit que la cour le faisait chercher pour s'en défaire, on le fit sauver en habit de page, sous le nom de Beaupuy [1].

Parmi les scélérats qui se rendirent fameux dans cette circonstance, on cite particulièrement Jean Férier, avocat et capitaine de son quartier; René, parfumeur de la reine; Pezou, boucher, et le comte de Coconas; on vit un nommé Crucé, orfèvre, montrant son bras nu et ensanglanté, se vanter que ce bras avait égorgé plus de quatre cents personnes en un jour.

A Paris, le massacre dura pendant près d'un mois; il s'étendit dans les provinces; il fut horrible à Meaux, à Angers, à Bourges, à Orléans, à Toulouse, à Rouen, et à Lyon. Mandelot, gouverneur de cette dernière ville, ayant appris que quelques protestans avaient échappé à la vigilance des meurtriers, voulut contraindre le bourreau de les tuer, mais cet homme eut la vertu de répondre qu'il n'était pas un assassin, et qu'il n'exécutait que les ordres de la justice.

[1] Ce jeune homme, sauvé si miraculeusement, est devenu célèbre sous le nom de maréchal de Laforce; il mourut en 1653, à quatre-vingt-quatre ans.

Quatre mille citoyens furent à Lyon égorgés en un jour. Un boucher qui s'était signalé par le grand nombre de protestans qu'il avait assommés, en fut récompensé par l'invitation qu'il reçut de dîner à la table du légat, lorsqu'il passa par Lyon.

Plus de 60,000 personnes en France perdirent la vie.

Lorsque les rois donnent l'exemple du crime, ils ne sont que trop imités. On tuait par fanatisme, par opinion; les parens égorgeaient leurs parens pour en hériter, des amans leurs rivaux; on tuait les hommes en place pour leur succéder. Le roi et la reine ne rougirent pas de participer à ces brigandages, en acceptant les bijoux précieux qui leur étaient offerts par des mains encore teintes du sang de leurs sujets.

Le troisième jour, Charles IX se rendit au parlement où il déclara que tout s'était fait par son ordre, pour déjouer une conspiration dont il eut la lâcheté d'accuser l'amiral; et le parlement rendit contre le mort un arrêt par lequel il ordonna que son corps, après avoir été traîné sur une claie, serait pendu sur la place de Grève, ses enfans déclarés roturiers et incapables de posséder aucune charge; sa maison de Châtillon-sur-Loing rasée, les arbres coupés, etc., et que tous les ans on ferait une procession le jour de la Saint-Barthélemi, pour remercier Dieu de la découverte de cette conspiration à laquelle l'amiral n'avait jamais songé [1].

Le peuple s'empara du cadavre de Coligny, le traîna par les rues, et le pendit par les pieds avec une chaîne de fer, au gibet de Montfaucon, et le roi eut la cruauté d'aller lui-même, avec sa cour, à Montfaucon, jouir de cet horrible spectacle.

Un petit nombre de commandans de province, le comte de Tende, Gordes, Chabot-Charni, de la Guiche, le vicomte d'Orthe, Villars, se refusèrent à l'exécution de ces ordres sanguinaires : de pareils noms doivent aller à la postérité; mais ce qu'il faut dire aussi, c'est que la mort précipitée du vicomte d'Orthe et du comte de Tende, fit croire que leur humanité avait déplu à la cour : ces deux gouverneurs furent empoisonnés.

La nouvelle du massacre fut reçue à Rome avec les transports de la joie la plus vive. On tira le canon, on alluma des feux, et Grégoire XIII assista avec éclat à une messe solennelle qui

---

[1] Malgré cet arrêt, la fille de l'amiral, veuve de Téligni, épousa, peu de temps après, le prince d'Orange.

fut chantée en action de grâces. Pour perpétuer le souvenir de cet événement, on frappa même une médaille ayant pour exergue : *Hugonotorum strages*, 1572.

Il n'y eut qu'un cri en Europe sur la barbarie exercée contre les protestans. La cour ne recueillit aucun fruit de ce crime. Loin d'étouffer les troubles, tant de sang versé ne servit qu'à faire renaître la guerre civile. Les protestans ne pensant plus qu'à vendre chèrement leur vie, trouvèrent dans leur courage les moyens de réparer leurs pertes. Après un grand nombre d'avantages qu'ils remportèrent, la reine se trouva heureuse d'en obtenir une trêve dont les conditions furent toutes en leur faveur.

Les deux années que Charles IX vécut après la Saint-Barthélemi, ne furent pour lui qu'une suite d'alarmes et de terreurs. Il croyait voir des spectres menaçans; son sommeil était troublé par des songes sinistres, et son imagination frappée lui présentait de toutes parts des monceaux de cadavres, et des ruisseaux de sang. Enfin, indifférent à ses proches, exposé aux complots de sa cour, en horreur à ses peuples, il se vit périr à la fleur de l'âge, baigné dans le sang qui lui sortait par tous les pores. Juste châtiment d'un forfait aussi détestable, qu'un écrivain du 19ᵉ siècle n'a pas craint de qualifier de *rigueur salutaire.*

SUITE DE LA SAINT-BARTHÉLEMY.

Du temps du massacre de la Saint-Barthélemy, le château de Courance[1] servit de prison à quelques fugitifs échappés au poignard des meurtriers. Comme ces malheureux traversaient ce bourg, ils furent arrêtés par le chevalier d'*Achon* qui les fit prisonniers. Un inquisiteur nommé *Démochares* [2], s'empara d'eux pour leur faire abandonner leur religion.

Parmi ces prisonniers étaient, le jeune d'*Aubigné*, enfant de neuf à dix ans, qui devint célèbre dans la suite par sa valeur, sa fermeté, son esprit et ses ouvrages; son précepteur, nommé *Matthieu Beroalde*, savant estimé, et neveu du fameux *Vatable;* des parens de ce dernier, et des domestiques. Ils furent tous jetés dans un cachot et tourmentés par l'inquisiteur. Le

---

[1] Il est parlé du château et du parc de Courance dans la description des environs de Paris.

[2] Inquisiteur de la foi en France, docteur en Sorbonne, espion contre les calvinistes; il s'appelait plus communément *Mouchi*, et c'est de ce nom qu'on a fait *mouches, mouchards*, pour exprimer ceux qui font le métier de délateur.

jeune d'*Aubigné* pleura, non de perdre sa liberté, mais de se voir enlever sa petite épée et une ceinture garnie en argent. Son habit de satin blanc et ses manières gentilles l'avaient fait remarquer par quelques officiers; ils le conduisirent dans la chambre du chevalier d'*Achon*. Ce fut là qu'on dit à cet enfant que lui et ceux de sa compagnie allaient être condamnés au feu s'ils ne changeaient de sentimens. Le jeune d'*Aubigné* répondit avec fermeté, que l'horreur qu'il avait pour une autre religion que la sienne, diminuait l'horreur de son supplice.

Dans cette chambre, où l'on décidait de faire périr dans les flammes cet enfant et sa suite, se trouvaient deux violons qui faisaient danser la compagnie du château. Le chevalier d'*Achon* ordonna au jeune prisonnier de danser *une gaillarde*; il obéit, et dansa avec tant de grâces, qu'il fut applaudi et caressé par la compagnie. Mais le bourreau l'attendait dans la prison pour lui montrer les appareils du supplice; on l'y conduisit sur-le-champ; il trouva son précepteur et toute la troupe disposés à souffrir courageusement la mort.

Deux heures après que la prison fut fermée, ses portes s'ouvrirent. C'était un officier de la troupe d'*Achon*, chargé de la garde des prisonniers. La gentillesse et l'air de candeur du jeune d'*Aubigné* l'avaient intéressé ; il s'approche de lui, il l'embrasse ; puis se tournant vers son précepteur : *Béroalde*, dit-il, *il faut que je meure, ou que je vous sauve tous pour l'amour de cet enfant ; tenez-vous prêts pour sortir quand je vous le dirai ; cependant donnez-moi soixante écus pour corrompre deux hommes sans lesquels je ne puis rien faire.* On ne tarda pas à trouver cette somme dans des souliers où ces malheureux avaient caché leur argent.

A minuit, les portes de la prison s'ouvrent encore, l'officier entre accompagné de deux hommes, et s'adressant à *Béroalde* : *Vous m'avez dit que le père du petit garçon avait commandement à Orléans ; promettez-moi de me bien faire recevoir dans sa compagnie.* On le lui promit, et, en outre, une bonne récompense : alors il dit aux prisonniers de se prendre tous par la main ; il prit celle de d'Aubigné, et il les conduisit tous secrètement auprès d'un corps-de-garde, de là dans une grange où ils se cachèrent par-dessous leur voiture, puis ils passèrent dans les blés, jusqu'au grand chemin de Montargis où toute la troupe arriva saine et sauve.

La duchesse de Ferrare, fille de Louis XII, reçut ces malheureux avec beaucoup d'humanité ; elle fit asseoir auprès d'elle, sur un carreau, le jeune d'Aubigné, et prit plaisir pendant trois heures à faire discourir cet enfant sur le mépris de la mort. Cette princesse fit conduire cette troupe à Gien où ils séjournèrent un mois ; puis, ils arrivèrent enfin à Orléans, où le père d'Aubigné fut enchanté de revoir son fils échappé à tant de périls.

CHAPITRE XL.

AVARICE DES ANCIENS ÉVÊQUES DE PARIS.

Cimetière des Innocens.

En 1440, le cimetière des Innocens fut fermé pendant quatre mois, et par l'avarice de l'évêque de Paris, qui exigeait du peuple des sommes trop considérables, on n'y fit ni procession, ni recommandations accoutumées. Ce prélat était intraitable pour tous ceux qui ne lui donnaient pas l'argent ou les présens qu'il demandait. On ne pouvait rien obtenir de lui sans procès, et il en avait plus de cinquante au parlement.

Cet évêque poussait si loin son avarice, qu'il

envoyait dans les rues de Paris, des gens pour s'informer des morts et des testamens, et savoir si les héritiers avaient accompli les legs que les mourans étaient en usage de faire en faveur des ecclésiastiques. Quand les agens de cet évêque trouvaient une maison fermée, ils demandaient aux voisins s'il y avait un maître; si on leur répondait qu'il était mort, ils les questionnaient sur le nom et la demeure des héritiers, et forçaient ces derniers à leur montrer le testament du défunt. Soit que le legs fût accompli ou non, ils leur tiraient toujours de l'argent par des chicanes. *Si bien coustoit-il argent, par leur subtille cautelle.* Il se passa, quelque temps avant, une aventure dans l'église des Saints-Innocens, qui donne une nouvelle preuve de l'avidité des évêques de ce temps-là.

A la fin de juin 1437, un pauvre homme frappa l'enfant d'une pauvre femme dans cette église: cette femme leva aussitôt sa quenouille, pour en donner un coup à la tête de cet homme; celui-ci se recula, et ne reçut qu'une légère égratignure au visage. Quelques gouttes de sang répandues suffirent pour faire regarder l'église comme profanée, et on n'y pouvait faire aucune célébration qu'auparavant l'évêque de Paris ne l'eût consacrée de nouveau. Ce prélat aurait pu sur-le-champ réparer ce mal imaginaire; mais il exigea une somme si considérable de ceux qui avaient causé la profanation, qu'ils ne purent la payer. Les pauvres gens restèrent vingt-deux jours en prison, et pendant ce temps, on ne célébra ni messes, ni vêpres, on n'enterra point dans le cimetière, les services des confréries furent suspendus, et sous le prétexte de quelques gouttes de sang, l'avidité de l'évêque de Paris causa pendant vingt-deux jours un grand dérangement dans une paroisse considérable dont les habitans furent obligés d'aller à la chapelle de Saint-Josse, rue Aubry-le-Boucher, pour y remplir les devoirs de la religion; ainsi un prélat, commis pour prêcher la charité chrétienne, pour inspirer l'amour de la prière, et l'exactitude du service divin, est le premier à porter dans l'église le désordre et le scandale, et à contrarier par avarice la dévotion des fidèles.

Le lendemain de la Saint-Barthélemi, les massacres duraient encore, et pour persuader au peuple que le ciel approuvait tant de crimes, on fit paraître un miracle; c'était une aubépine fleurie à la fin du mois d'août, dans le cimetière des Saints-Innocens; les prêtres et les moines publièrent avec emphase ce prétendu prodige, on sonna les cloches, les Parisiens criaient *miracle!* et disaient que la nouvelle fleur produite par cet arbrisseau signifiait que, par les massacres des huguenots, la France allait refleurir. Cette interprétation redoubla la rage des fanatiques ; le carnage recommença, les furieux coururent au logis de l'amiral de Coligny dont le corps était étendu dans la cour ; après l'avoir mutilé en plusieurs endroits, ils le traînèrent à la voierie.

Pendant la ligue contre Henri III, les moines, les curés, et tous les Parisiens de tout âge, de tout sexe, faisaient, jour et nuit, des processions dans les rues de Paris. Le 10 janvier 1589, il se fit une de ces processions composée de tous les petits enfans, tant filles que garçons de la ville. Ils s'assemblèrent dans le cimetière des Innocens, au nombre d'environ trente mille, tous les pieds nus, et portant chacun un cierge à la main. Ils sortirent du cimetière en procession, et allèrent jusqu'à l'abbaye de Sainte-Geneviève du Mont. Avant d'entrer dans l'église, ils jetèrent leurs chandelles à terre, et en les éteignant, ils maudissaient le roi de cette manière : *Dieu permette que bientôt la race des Valois soit entièrement éteinte*, et autres imprécations plus atroces.

Cette fièvre du fanatisme, dont étaient attaqués les pauvres Parisiens, fut l'ouvrage des prédicateurs. Dans une chaire consacrée au maintien de la paix, de la modération et de la charité, ils prêchaient la discorde, la révolte et les massacres.

CHAPITRE XLI.

INDÉCENCES DES PROCESSIONS DES LIGUEURS.

Pendant que les chefs des ligueurs massacraient ou pillaient les royalistes et les huguenots, pendant que les prédicateurs vomissaient en chaire des injures contre Henri III, disposaient les citoyens à la révolte, que les prêtres, en célébrant la messe, plaçaient sur l'autel des images de cire à la ressemblance du roi, et qu'ils piquaient ces images à l'endroit du cœur, en disant quelques paroles de magie, croyant par-là faire mourir Henri III; pendant ces infamies, le peuple de Paris, toujours crédule et enthousiaste, s'occupait jour et nuit de processions. Le chevalier d'Aumale, un des chefs de la ligue, se faisait une partie de plaisir de ces cérémonies; il s'amusait dans les églises, comme dans les rues, à lancer avec une sarbacane *des dragées musquées* aux demoiselles de sa connaissance qui composaient la procession, et puis il leur donnait des collations. Sa cousine, sous le nom de *Sainte-Beuve*, présidait à ces parties. Elle assista une fois à ces processions, seulement vêtue d'une toile très-transparente, et la gorge couverte d'un *point coupé* [1]. Elle parut ainsi dans l'église de Saint-Jean, où elle se laissa mener sous le bras, dit le journal de Henri III, et *muguetter et attoucher au scandale de plusieurs, qui allaient de bonne foi à ces processions.*

CHAPITRE XLII.

PROCESSIONS DES PÉNITENS A PARIS.

Les Battus, les pénitens, ou *les flagellans,* dont les associations se voyaient encore dans plusieurs villes de France, en 1788, et surtout en Italie, tirent leur origine de la ville de *Pérouse,* qui vers la fin du treizième siècle fut affligée de la peste et de la famine. Un ermite s'a-

---

[1] Espèce de dentelle d'un tissu très-léger.

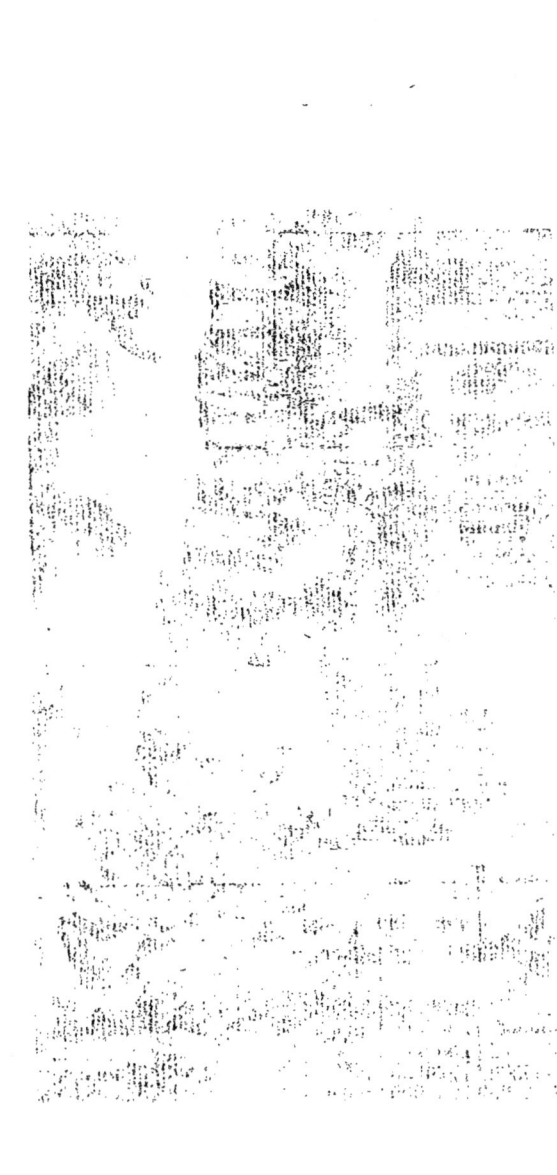

Procession des pénitents ou flagellants.
Tiré du cabinet du Roi.

visa, comme un autre *Jonas*, de parcourir les rues de Perouse, en criant de toute sa force, que la ville et les habitans allaient être détruits, s'ils ne faisaient bientôt des pénitences publiques pour apaiser la colère du ciel; les cris menaçans de l'énergumène pénétrèrent les cœurs des pécheurs les plus endurcis: les uns, armés de cierges allumés ou de branches d'olivier, se mirent à faire des processions qui ne finissaient plus; d'autres marchaient dans les rues, la tête couverte d'un sac de toile, en se donnant, par dévotion, de temps en temps la discipline; plus le nombre des spectateurs était grand, plus le zèle des dévots augmentait, et plus ils se fouettaient vigoureusement.

On en vaut mieux, quand on est regardé.

Quelques-uns, poussant plus loin l'héroïsme de la pénitence, furent chercher des spectateurs dans les villes voisines, et offrirent à leur admiration, le tableau de leurs dos meurtris et déchirés. Un exemple si beau ne fut point sans imitateurs: de proche en proche les esprits s'échauffèrent, tout le monde voulut faire des processions, des pénitences et des flagellations publiques. L'Italie entière, patrie de ces fiers vainqueurs du monde, n'offrit bientôt qu'un peuple de pénitens fouettés [1].

Au mois de décembre 1574, Henri III étant à Avignon, trouva la procession *des battus* ou *pénitens*, si belle, qu'il voulut être de leur confrérie. La reine Catherine de Médicis se fit aussi recevoir, ainsi que son gendre, le roi de Navarre (depuis Henri IV). Henri III disait en riant, que le roi de Navarre n'était guère propre à faire le pénitent.

Quelques années après, au mois de mars 1583, Henri III institua à Paris une confrérie de pénitens, dans laquelle furent admis ses mignons, plusieurs seigneurs de sa cour, plusieurs membres du parlement, et une infinité de bourgeois notables.

Le roi composa les réglemens de cette confrérie, qu'il fit imprimer sous le titre de *con-*

---

[1] Plusieurs souverains regardèrent ces pénitences publiques comme des attroupemens capables d'exciter des séditions. *Gerson*, chancelier de l'université de Paris, au 15ᵉ siècle écrivit contre eux. La cour de Rome fut sollicitée de les supprimer; mais elle se contenta de les réformer. Il ne se fait point aujourd'hui d'enterremens à Rome qui ne soit accompagné d'une foule de pénitens de différentes couleurs; le peuple croit que ce sont des gens de qualité qui expient leurs péchés de cette manière.

grégation des pénitens de l'Annonciation de Notre-Dame; la première procession de cette confrérie fut faite le jour de l'Annonciation.

Sur les quatre heures après midi, les confrères sortirent deux à deux du couvent des Augustins, couverts de sacs de toile blanche, et furent en procession à l'église de Notre-Dame. Le roi marchait sans gardes, et n'avait aucune distinction. Le cardinal de Guise portait la croix, le duc de Mayenne était maître des cérémonies; les chantres, également vêtus en pénitens, chantaient les litanies en faux-bourdon. Il plut toute la journée, les pénitens furent mouillés; mais leur dévotion était si grande que la pluie ne leur empêcha point d'achever entièrement leurs cérémonies; quelqu'un qui les vit, fit le quatrain suivant :

> Après avoir pillé la France,
> Et tout son peuple dépouillé;
> N'est-ce pas belle pénitence,
> De se couvrir d'un sac mouillé?

Le lendemain, le moine *Poncet*, qui prêchait le carême à Notre-Dame, déclama vigoureusement contre l'hypocrisie des pénitens [1]. Les pages et les laquais contrefirent au

[1] *Voyez* ci-après, page 137.

Louvre leur procession. Pour imiter le costume, ils se couvrirent le visage de leurs mouchoirs, et y firent des trous à l'endroit des yeux. Henri III, piqué de cette singerie, en fit fouetter jusqu'à cent vingt.

CHAPITRE XLIII.

DIFFÉRENTES PROCESSIONS DE PERSONNES NUES, FAITES A PARIS PENDANT LA LIGUE.

Le 21 juillet 1587, le cardinal de Bourbon, abbé de Saint-Germain-des-Prés, voulut se signaler par une procession magnifique et singulière; il fit ranger en lignes toutes les jeunes filles et tous les garçons du faubourg Saint-Germain. Ils étaient vêtus de blanc, et portaient chacun un cierge ardent à la main, et avaient les pieds nus. Les garçons étaient distingués par des couronnes de fleurs. Les capucins, les augustins et les pénitens blancs les suivaient par derrière. Puis venaient les prêtres de Saint-Sulpice, les religieux de Saint-Germain avec des reliques, et la musique ensuite. On y voyait les sept châsses de Saint-Germain, portées par des hommes *nus en chemise*.

Le roi assista en habit de pénitent à cette procession, et la trouva si belle, qu'à son dîner il ne put s'empêcher de dire, que de long-temps il n'en avait vu *de mieux ordonnée, ni de plus dévote que celle-là.*

Le 14 février 1589, jour du mardi-gras, au lieu de s'occuper de bals et de mascarades, le peuple de Paris faisait des processions. On en vit une composée de six cents écoliers dont les plus âgés n'avaient pas plus de douze ans; ils chantaient tous fort dévotement, tenant à la main un cierge allumé, et tous ces petits écoliers étaient *nus en chemise.*

Les ligueurs, persuadés que ces cérémonies devaient calmer le ciel, et procurer la paix à l'état, ne cessaient de les renouveler chaque jour; ils étaient si jaloux de se promener en procession dans les rues, qu'ils faisaient souvent lever leur curé la nuit, pour les conduire. Le curé de Saint-Eustache voulut dans ce cas leur faire quelques remontrances sur l'inconti-nence de leurs dévotions; mais ils s'irritèrent contre lui, et le traitèrent d'hérétique.

On ne voyait, dans ce temps-là, que des processions dans les rues de Paris : les plus indé-centes étaient, suivant l'opinion des ligueurs, les plus belles et les plus dévotes; on en fit plusieurs, composées d'hommes, de femmes et d'ecclésiastiques nus, ou presque entièrement nus. Le témoignage d'un écrivain ligueur ne doit pas être suspect en cette occasion ; c'est lui qui rapporte avec admiration le détail de ces pieuses farces [1].

« Le 30 janvier 1589, dit-il, il se fit en la
» ville plusieurs processions auxquelles il y a
» grande quantité d'enfans, tant fils que filles,
» hommes et femmes, qui sont *tout nus en che-*
» *mises,* tellement *qu'on ne vit jamais si belle*
» *chose, Dieu merci.*

» Il y a telles paroisses où il se voit plus de
» cinq où six cents personnes *toutes nues.....*

» Le lendemain se firent pareilles processions,
» lesquelles s'augmentaient de jour en jour en
» dévotion, *Dieu merci* ; » c'est-à-dire en indécences; car ceux qui, par pudeur, avaient gardé leurs chemises aux processions, les quittèrent enfin par dévotion.

« Ledit jour (3 février 1589), se firent,
» comme aux précédens jours, de fort belles
» processions où il y en avait grande quantité
» de *tout nus,* portant de très-belles croix ;

---

[1] C'est l'auteur du *Journal des choses advenues à Paris, depuis le* 23 *décembre* 1588, *jusqu'au dernier jour d'avril* 1589.

» quelques-uns de ceux qui étaient à ladite pro-
» cession *nus,* avaient attaché à leurs cierges
» des croix de Jérusalem ; les autres, les armoi-
» ries des ducs *de Guise.* » Ceux qui avaient gardé
leurs chemises, avaient par-dessus *de grands
chapelets de patenôtres.*

Le 14 février 1589, il se fit une belle procession dans la paroisse de Saint-Nicolas-des-
Champs ; il y avait plus de mille personnes,
continue le même auteur, « tant fils, filles,
» hommes que femmes *tous nus;* et même tous
» les religieux de Saint-Martin-des-Champs, qui
» étaient tous nu-pieds, et les prêtres de ladite
» église de *Saint-Nicolas,* aussi pieds nus, *et
» quelques-uns tout nus,* comme était le curé,
» nommé M⁰ *François Pigenat*[1], duquel on fait
» plus d'état que d'aucun autre, qui était *tout
» nu,* et n'avait qu'une *guilbe* de toile blanche
» sur lui. »

Le 24 février, « tout du long du jour, l'on ne
» cessa de voir aussi les processions, et esquelles,
» il y avait beaucoup de personnes, tant enfans
» que femmes et hommes *qui étaient tout nus,* et
» lesquelles portaient et représentaient tous les
» engins et instrumens desquels Notre-Seigneur

[1] Un des six prédicateurs gagés par la ligue, et l'un des plus furieux du conseil des quarante.

» avait été affligé en sa passion, et entre autres,
» les enfans des Jésuites, joints ceux qui vont
» à la leçon, *lesquels étaient tous nus,* et étaient
» plus de trois cents; deux desquels portaient
» une grosse croix de bois neuf, pesant plus de
» cinquante, même soixante livres, et y avait
» trois chœurs de musique. »

L'enthousiasme des processions était porté à un tel point, que la rigueur de la saison n'épouvantait point les Parisiens qui voulaient se promener tout nus dans la ville. Il s'y commettait même beaucoup de désordres, et surtout dans les processions nocturnes où les jeunes gens des deux sexes se trouvaient confondus, et favorisés dans leurs désirs par l'obscurité de la nuit. Et quoique ces processions se fissent en carême, elles occasionaient souvent des scènes de carnaval : *Tout était Carême-prenant,* dit l'Étoile, *c'est assez dire, qu'on en vit des fruits.*

CHAPITRE XLIV.

PRÉDICATEURS DU TEMPS DE LA LIGUE.

Maurice Poncet, prédicateur du règne de Henri III, célèbre par sa franchise et son fanatisme, était curé de Saint-Nicolas-des-Champs, et y fut enterré.

Lorsque Henri III fit publier l'édit de pacification entre le roi, les huguenots et les catholiques mécontens, Poncet, en prêchant dans l'église de Saint-Sulpice, fit un dialogue très-plaisant dans lequel il prétendait prouver que *l'édit, et ceux qui l'avaient fait, ne valaient rien*, et que la guerre était plus profitable au royaume que la paix.

Après la mort des mignons, *Quelus, Maugiron* et *Schomberg*, auxquels Henri III avait fait faire de superbes funérailles, le prédicateur Poncet disait en chaire, qu'il fallait traîner à la voirie *Maugiron* qui expira en reniant Dieu, et en faire autant à ses compagnons.

Lorsque Henri III eut institué la confrérie des battus ou pénitens, Poncet, qui prêchait le carême à Notre-Dame, dit que c'était la confrérie des hypocrites et des *athéistes*. « J'ai
» été averti, continue-t-il, de bon lieu, qu'hier
» soir vendredi, jour de la procession, la bro-
» che tournait pour le souper de ces bons pé-
» nitens, et qu'après avoir mangé le gras cha-
» pon, ils eurent pour collation de nuit, le pe-
» tit tendron qu'on leur tenait prêt : ah ! mal-
» heureux hypocrites, vous vous moquez donc

» de Dieu sous le masque, et portez pour con-
» tenance un fouet à votre ceinture; ce n'est
» pas là, de par Dieu, où il faudrait le porter,
» c'est sur votre dos et vos épaules, et vous
» en étriller très-bien; il n'y a pas un de vous
» qui ne l'ait bien gagné. »

Le roi le traita de vieux fou, et le fit conduire à Melun, en son coche, par le chevalier du guet, dans le monastère des Saints-Pères, dont il était religieux. Le duc d'Epernon, avant son départ, lui dit : *Monsieur notre maître, on dit que vous faites bien rire les gens à votre sermon, cela n'est guere beau.* Poncet répliqua hardiment, *il ne vient de gens à mon sermon pour rire, s'ils ne sont méchans ou athéistes, et aussi n'en ai-je jamais tant fait rire en ma vie, que vous en avez fait pleurer.*

Au bout de quelques mois, le roi le rappela de Melun, et lui enjoignit de ne plus prêcher séditieusement.

Il mourut le 23 novembre 1586, « grande-
» ment estimé, dit le Journal de Henri III, par-
» ce que dans ses sermons, il n'épargnait per-
» sonne, et était de bonne vie. »

Il ne suffisait pas aux chefs des ligueurs, d'avoir usurpé l'autorité royale; pour établir leur puissance sur des fondemens plus solides, il leur fallait encore rendre le souverain légitime odieux aux peuples; cette séduction, d'autant plus criminelle que le prétexte en était sacré, fut l'ouvrage des prédicateurs; ils ne craignirent point de profaner leur saint ministère, en l'employant à servir l'ambition des usurpateurs, et dans une chaire consacrée à la parole d'un Dieu de paix, de prêcher la révolte et les massacres.

Quelque temps avant la journée des barricades, la Sorbonne [1] avait déjà manifesté sa haine contre le roi de France, par une décision portant qu'on pouvait ôter le gouvernement aux princes dont on n'était pas content, tout comme on ôtait l'administration à un tuteur suspect.

L'insolence de quelques docteurs qui avaient osé prêcher contre la cour et le gouvernement, et cette décision de la Sorbonne, indisposèrent violemment le roi contre cette société; il manda au Louvre, le 3o décembre 1587, la faculté de théologie, en réprimanda fortement tous les membres, et finit par leur pardonner, en leur commandant d'être plus circonspects à

---

[1] *La Sorbonne, c'est-à-dire, trente ou quarante pédans, maîtres ès-Arts crottés, qui, après grâces, traitent des sceptres et des couronnes,* comme s'exprime *l'Estoile.*

l'avenir. Cette recommandation fut inutile : l'insolence des prédicateurs croissait avec l'autorité des ligueurs, et bientôt ils ne gardèrent aucune retenue, comme on va le voir.

Les plus fameux de ces prédicateurs étaient, *Jean Hamilton*, curé de Saint-Côme; *Jean Boucher*, curé de Saint-Benoît; *Guillaume Rose*, évêque de Senlis; *Christophe Aubri*, curé de Saint-André-des-Ars ; frère *Bernard de Montgaillard*, dit le petit Feuillant; *François Pigenat*, docteur de Sorbonne, curé de Saint-Nicolas-des-Champs; *Jean Lincestre*, curé de Saint-Gervais; *Jacques Commollet*, jésuite; *Guillaume Lucain*, docteur; *Jacques Cueilly*, curé de Saint-Germain-l'Auxerrois; *Feuardent*, cordelier; *Jean Guarinus*, cordelier; *Jacques Pelletier*, curé de Saint-Jacques-de-la-Boucherie, et autres, auxquels on distribuait, comme dit M. Vitri, dans son manifeste, les doublons d'Espagne, pour les encourager à crier de plus en plus dans les chaires, et y semer des invectives contre Henri IV.

Jean Hamilton était Ecossais. Après que l'Université l'eut nommé à la cure de saint-Côme, il se montra le plus déterminé ligueur. Dans la fameuse revue des troupes de la ligue, qui passa devant le légat, ce curé faisait l'office de sergent. Ce fut lui qui, à la tête d'une foule de factieux, entra chez le sieur *Tardif*, conseiller au Châtelet. Ce magistrat était malade, et venait d'être saigné. Jean Hamilton le tira du lit, et le mena lui-même au Châtelet où il fut pendu sur-le-champ à côté du président *Brisson* et du conseiller *Larcher*, qui venaient de subir le même sort. Lorsque les Parisiens eurent enfin ouvert les portes de la ville à Henri IV, et que ce roi fut arrivé à Notre-Dame aux cris de mille *vive le roi*, le curé Hamilton, armé d'une pertuisane, courait vers Saint-Yves pour y joindre le capitaine *Crucé;* mais l'un et l'autre furent arrêtés. Ce curé fut un de ceux que Henri IV fit sortir de Paris.

Jean Boucher, curé de Saint-Benoît, fut prieur de Sorbonne et recteur de l'Université. Il avait déjà prêché contre Henri III, avant qu'il sortît de Paris. Ce roi le fit venir, le traita de *méchant*, et finit par lui pardonner son insolence, à condition qu'il serait plus sage à l'avenir. Voici comment, quelque temps après, ce curé parlait en chaire de ce monarque.

« Ce teigneux est toujours coëffé à la turque,
» d'un turban, lequel on ne lui a jamais vu ô-
» ter, même en communiant, pour faire hon-
» neur à Jésus-Christ; et quand ce malheureux

» hypocrite faisait semblant d'aller contre les
» Reistres, il avait un habit d'Allemand fourré,
» et des crochets d'argent, qui signifioient la
» bonne intelligence et accord qui étaient en-
» tre lui et ces diables noirs empistolés : bref,
» c'est un Turc par la tête, un Allemand par
» le corps, une harpie par les mains, un An-
» glais par la jarretière, un Polonais par les
» pieds, et un vrai diable en l'ame. »

Il composa neuf sermons, qu'il prêcha dans l'église de Saint-Merri, pour prouver que la conversion de Henri IV était nulle, que la messe qu'on avait chantée devant lui était une farce; il demanda à Dieu dans un de ces sermons, d'*éteindre la race des Bourbons, et qu'il n'en fut plus parlé.* Une autre fois il exhorta ses auditeurs à mourir plutôt que de recevoir la paix de Henri IV. Ce furieux curé fut chassé de Paris. Retiré en Flandres, il composa le livre affreux de l'*Apologie pour Jean Chastel*, dans lequel il abuse continuellement de l'Ecriture sainte, pour excuser cet assassin d'Henri IV.

Guillaume Rose, évêque de Senlis, était à la tête des ligueurs qui passèrent en revue devant le légat *Gajetan*, et il faisait les fonctions de premier capitaine. Pendant qu'il était au collège de Navarre, il prêcha contre Henri III. Ce roi lui reprocha son insolence; Rose demanda pardon, et reconnut sa faute. Henri III, non-seulement lui pardonna, mais aussi le gratifia de quatre cents écus, *afin d'acheter, lui dit-il, du sucre et du miel pour vous aider à passer le carême et adoucir vos trop aigres paroles.* Dans la même année, le roi lui écrivit une lettre pleine de bonté, dans laquelle il demande au prédicateur son amitié, et le nomme à l'évêché de Senlis.

Tant de bienfaits n'apaisèrent point ce fougueux prédicateur; il ne cessa de prêcher et de cabaler contre Henri III et Henri IV; il avait souvent des attaques de folie, ce qui contribua un peu à faire excuser sa fureur : il disait un jour en chaire, « Croyez-moi, et vous croirez » un fou, c'est-à-dire, vous savez que je passe » pour ce qu'on me connaît, pour un fou; c'est » pourquoi suivez mon conseil, puisqu'on dit » communément que les fous prophétisent[1]. »

Henri IV s'étant rendu maître de Paris, *Rose* fut du nombre des ligueurs bannis de cette ville,

[1] Ce furieux prélat n'était pas insensible à l'amour, il poussa si loin le badinage avec la fille d'Étienne Neuilly, premier président de la cour des aides, qu'il la rendit mère.

quelque temps après, le roi, dont la clémence était sans bornes, pardonna à cet odieux prélat qui ne se rendit point digne de cette faveur; il se glorifiait publiquement d'avoir signé un des premiers le serment de la ligue, et ajoutait qu'il le ferait encore si l'occasion s'en présentait; il avait encore approuvé par des notes marginales un livre composé contre Henri IV, par un furieux ligueur nommé *d'Orléans*. Cette conduite ingrate et criminelle fut condamnée par arrêt du 5 septembre 1598; il fut obligé de payer une amende de cent écus d'or, et de ne point prêcher de quelque temps. Dans cette affaire, il comparut au parlement avec ses habits pontificaux; on lui ordonna de les quitter; il refusa fièrement d'obéir; on le conduisit dans la grand'chambre où son arrêt fut prononcé, et un huissier le dépouilla ignominieusement de ses habits.

Christophe Aubri, curé de Saint-André-des-Ars, était du conseil des quarante. *Pierre Barrière* le consulta pour savoir s'il pouvait, sans blesser sa conscience, assassiner Henri IV après sa conversion. Le curé *Aubri* traita ce scrupule de bagatelle.

Il furetait chez tous les particuliers, afin de trouver des protestans à massacrer. Le moindre soupçon, valait pour lui une preuve. Il fit assassiner à coups de poignard et puis jeter dans la rivière, un maître d'école nommé *Mercier*. La présidente *Séguier* lui remontra que cet homme était catholique, et qu'elle l'avait vu, lui-même curé, donner la communion à ce malheureux. *Je m'en souviens bien*, répondit-il, *mais pour cela il ne laisse pas que d'être huguenot*. La femme de ce maître d'école voulut se plaindre de cette cruauté ; le curé lui dit, que si elle en parlait davantage, on la jeterait dans l'eau.

Ce fut d'après le certificat d'Aubri et d'un autre docteur de Sorbonne, que deux sœurs, nommées *Foucaudes*, furent brûlées à Paris comme huguenotes ; elles endurèrent le martyre avec beaucoup de constance ; la seconde allait être étranglée, lorsque le peuple, que les sermons des ligueurs avaient rendu furieux, coupa la corde, et la jeta toute vive dans les flammes.

Au mois d'octobre 1590, ce curé disait dans un sermon, en parlant du pape Sixte V : « Dieu » nous a délivré d'un méchant pape et politi- » que. S'il eût vécu plus long-temps, on eût » été bien étonné d'ouïr prêcher dans Paris » contre le pape, et il l'eût fallu. »

Bernard de Percin de Montgaillard, appelé communément *le Petit Feuillant*, était né en Querci, d'une ancienne et noble maison. Peu de temps après que Henri III eut établi les Feuillans à Paris, le frère *Bernard* se distingua des autres religieux de sa communauté. Ce roi, pour récompenser ses talens, le nomma son prédicateur, et ce *Petit Feuillant*, par reconnaissance, ne cessa de vomir en chaire mille invectives contre son souverain et son bienfaiteur. Pendant que les Parisiens, réduits à la plus affreuse famine, mangeaient les chiens, les rats, et qu'on vit même une mère manger ses enfans[1], le *Petit Feuillant*, et les autres prédicateurs, ne cessaient d'exhorter le peuple à la patience, et pour le déterminer à ne jamais abandonner le parti de la ligue, ils assuraient que les ames de ceux qui mourraient dans cette affliction, iraient droit en paradis.

[1] Le mercredi 25 juillet 1590, en allant à Saint-Eustache, on entendit parler d'une dame riche de près de trente mille écus, qui, ne pouvant avec son argent trouver de quoi vivre, et ayant vu mourir ses deux enfans de faim, les fit cacher et saler par sa servante, qui partagea avec la mère, la chair de ses enfans, cette dame mourut bientôt, et la servante racontait elle-même cette horrible aventure.

CHAPITRE XLIV.

Après la mort des Guises, à Blois, le *Petit Feuillant* s'adressant à leur mère, la duchesse de Nemours, s'écria au milieu de son sermon : *O saint et glorieux martyr de Dieu, bénit soit le ventre qui t'a porté et les mamelles qui t'ont allaité.*

Ce *Petit Feuillant* se distingua surtout à la fameuse revue des troupes de la ligue, où se trouvaient tous les moines et curés de Paris, et quoiqu'il fût boiteux, il jouait là un des principaux rôles. M. de Thou assure qu'on le voyait jouant de l'espadon, tantôt à la tête, tantôt à l'arrière-garde de cette armée monacale, et qu'il agissait avec tant de zèle et d'activité qu'on ne s'apercevait pas qu'il boitait. Trois ans après, le 10 février 1593, on fit une pareille revue ou procession avant la tenue des états; le *Petit Feuillant* s'y signala de la même manière : voici comme on en parle dans la satyre Ménippée..... « Un Feuillant boiteux qui, armé tout
» à crud, se faisait faire place avec une épée à deux
» mains, et une hache d'armes pendue à sa cein-
» ture, son bréviaire pendu par derrière, et le
» faisait bon voir sur un pied, faisant le mouli-
» net devant les dames. »

François Pigenat, curé de Saint-Nicolas-des-Champs. Cette cure avait été résignée à un théologien de Navarre, nommé *le Geay*. Parce qu'il n'était point ligueur, on ne voulut point le recevoir, et sans autre formalité l'on mit à sa place *Pigenat*, un des six prédicateurs gagés par la ligue. Il fut du conseil des Quarante, signa, en qualité de docteur de Sorbonne, le décret de la dégradation de Henri III. Le 2 janvier 1594, il dit, en prêchant à Notre-Dame, qu'il n'était pas en la puissance de Dieu de convertir le roi Henri IV; que le pape ne le pouvait absoudre ni le réhabiliter en son royaume, et que s'il le faisait, le pape serait hérétique et excommunié.

Jacques Pelletier, curé de Saint-Jacques de la Boucherie, fut du conseil des Quarante. Dans une assemblée de ligueurs, voyant que l'on renvoyait à un autre jour la délibération d'une affaire, il se mit à crier : *Messieurs, c'est assez connivé, il ne faut pas espérer jamais avoir raison de la cour du parlement en justice. C'est trop endurer, il faut jouer des couteaux.* Quelqu'un alors lui parla à l'oreille, après quoi il se leva, et dit : *Messieurs, je suis averti qu'il y a des traîtres en cette compagnie, il faut les chasser et les jeter en la rivière.*

Les royalistes ayant proposé aux ligueurs une conférence entre les deux partis, pour chercher les voies les plus propres à sauver la religion et l'État, le curé de Saint-Jacques, à qui cette conférence ne convenait pas, dit en chaire qu'elle serait le plus grand malheur qui pût arriver à la religion; *d'autant que ceux qui la demandaient étaient des loups cachés sous la peau de brebis, qui ne cherchaient qu'à tromper, surprendre et égorger le bercail de J.-C.*

Quelques jours, après son entrée à Paris, Henri IV ordonna à tous les principaux ligueurs de sortir de cette ville. Le curé de Saint-Jacques de la Boucherie, après avoir reçu un pareil ordre, dit la messe dans l'église de l'Ave-Maria. Quand il eut fini, il exhorta tous les assistans à rendre grâces à Dieu de ce que la réduction de Paris avait été faite sans effusion de sang, et de la clémence du roi qui avait pardonné à un grand nombre d'ennemis qui méritaient bien d'être punis.

Dans la recherche qu'on fit des complices de l'assassinat du président *Brisson*, ce curé se trouva extrêmement chargé; il fut condamné par contumace à être rompu vif avec treize autres coupables du même crime. Le 11 mars 1595, ils furent tous exécutés en effigie.

Jean Lincestre ou Wincestre. Il obtint la cure de Saint-Gervais, au préjudice du légitime possesseur peu ami de la ligue; il était Écossais de naissance, et devint un des plus furieux ligueurs.

Le 29 décembre 1588, ce curé *Lincestre* prêcha dans l'église de Saint-Barthélemi, déclama vivement contre Henri III, disant que, « ce *vi-
» lain Hérode*[1] n'était plus roi, eu égard aux par-
» jure, déloyautés et tueries par lui commises
» envers les catholiques. »

Les auditeurs, échauffés par les discours de ce curé séditieux, sortirent de l'église, arrachèrent du portail les armoiries du roi, les festons de lierre qui les entouraient, les brisèrent, les foulèrent aux pieds, et les traînèrent dans le ruisseau.

Le 1er janvier 1589, *Lincestre* prêcha dans la même église de Saint-Barthélemi. Après avoir déclamé vigoureusement contre le roi, il fit lever la main à tous les assistans, et exigea qu'ils jurassent tous d'employer jusqu'au dernier denier de leur bourse, jusqu'à la dernière goutte de leur sang, pour venger la mort des deux princes Lorrains, massacrés par le *tyran*, dans le château de Blois. Il exigea un serment particulier du premier président de *Harlay*, qui

---

[1] Les prédicateurs avaient ainsi fait l'anagrame du nom *Henri de Valois*.

était devant lui assis dans l'œuvre. *Levez la main,* dit-il, *M. le Président, levez-la bien haut, encore plus haut, afin que le peuple la voye.* Ce président fut contraint d'obéir à ce furieux pour éviter le scandale et la colère du peuple.

Le jour des Cendres de la même année, il dit dans son sermon, qu'il ne prêcherait point l'Évangile parce que chacun le savait, mais qu'il prêcherait *la vie, les gestes et faits abominables du perfide tyran, Henri de Valois.* Alors, il vomit mille injures contre le roi, disant qu'il invoquait les diables. Pour le prouver, il montra au peuple des espèces de cassolettes qu'il appelait des chandeliers, où l'on voyait deux satyres en ronde bosse, supportant des vases en forme de sebile [1], et il assurait aux auditeurs que ces satyres étaient les démons du roi, et que ce « misérable les adorait pour ses dieux, et » s'en servait pour ses invocations. »

Le vendredi-Saint, un des ligueurs vint trouver le curé *Lincestre,* et lui communiqua le scrupule qu'il avait de faire ses pâques, tant

---

[1] Ces cassolettes se voient gravées dans le dernier volume des monuments de la monarchie française, par le père Montfaucon, et dans la pièce intitulée : *les Sorcelleries de Henri de Valois,* recueillies dans l'édition en neuf volumes des Journaux de Henri III et de Henri IV.

qu'il conservait dans le cœur de la haine contre Henri III, et le désir de s'en venger. Le curé se moqua de son scrupule, et lui dit qu'il se faisait conscience de rien, puisque tous les curés de Paris, et lui tout le premier, consacraient tous les jours à la messe le corps de Notre-Seigneur, et ne cessaient de maudire Henri III. Il ajouta qu'il ne se ferait pas même scrupule pendant qu'à l'autel il tiendrait d'une main le corps de la Divinité, de l'autre de poignarder ce roi.

Lincestre soutint avec d'autres prédicateurs, qu'il n'était point en la puissance de Dieu que Henri IV se convertît, et que le pape ne pouvait l'absoudre.

Lorsque Henri IV fut entré dans Paris, *Lincestre,* voyant que la ligue ne pouvait plus lui fournir de l'argent, changea bientôt de langage, et se rangea du parti du roi. Henri IV eut la bonté de pardonner à ce fanatique, et même de lui accorder une pension.

Jacques Commollet, jésuite, criait en chaire dans l'église de Saint-Barthélemi, le jour de Noël, 1593 « *Il nous faut un Aod, il nous faut un Aod*[1]*, fut-il moine, fut-il soldat, fut-il goujat,*

---

[1] Jeune homme de la tribu de Benjamin qui assassina fort adroitement *Eglon,* roi des Moabites.

fut-il berger, n'importe de rien; mais il nous faut un Aod, il ne faut plus que ce coup pour mettre nos affaires au point que nous desirons. Dans un autre sermon, cet apôtre du carnage mit au rang des bienheureux du ciel, *Jacques Clément*, moine, assassin du roi.

Ce jésuite, qui avait prêché si vivement contre Henri IV, lorsque la ligue fut ruinée, vint implorer la clémence de ce bon roi, et obtint son pardon.

Jacques Cœuilly, curé de Saint-Germain-l'Auxerrois, se servait, en déclamant contre le roi, d'expressions si grossières et si triviales, que, dans la bibliothèque de madame de Montpensier, il mérita ce titre : *Sermons de M. de Cœuilly, curé de Saint-Germain-l'Auxerrois, recueillis par les crocheteurs*[1].

On rapporte que pendant la ligue il débitait dans ses sermons plus d'injures que de passages de l'Ecriture-Sainte; aussi est-il mis avec plusieurs autres prédicateurs, au nombre de ceux qui étudiaient *la Bible des harangères*.

---

[1] Ce jésuite accompagnait ses paroles séditieuses de grimaces épouvantables, ce qui a donné lieu dans la bibliothèque de madame de Montpensier, au titre suivant : *les Grimaces raccourcies du Père Commollet, mises en tablature par deux dévotes d'Amiens.*

Ainsi, par fanatisme, ou par intérêt, les prédicateurs de ce temps déshonoraient la religion, en la rendant complice des meurtres et des assassinats commis par les ligueurs, en soulevant le peuple contre son légitime souverain, et en répandant les semences des conspirations qui se manifestèrent si souvent sous le règne de Henri IV.

CHAPITRE XLV.

PROFANATION DES LIGUEURS.

En 1589, le château de *Fresne* appartenait à *François d'O*, qui fut depuis surintendant des finances et gouverneur de Paris. Ce seigneur était à la fois riche et royaliste, deux raisons puissantes pour être traité rigoureusement par les ligueurs. Un des chefs de ces révoltés, le *chevalier d'Aumale*, qui, sous prétexte de protéger la religion catholique, volait, massacrait et affichait partout l'irréligion et le libertinage, s'empara du château de Fresne, fit tuer huit soldats en sa présence, pilla toute la maison dont les meubles étaient très-riches, puis entra dans la chapelle, que décoraient de beaux ornemens et des tableaux curieux; il enleva ou brisa tout ce qu'elle contenait. Ce brigandage fut suivi d'un autre genre de profanation : le chevalier et ceux de sa troupe souillèrent cette chapelle par leurs immondices.

Villeneuve-Saint-Georges est un joli village situé sur les bords de la Seine, à quatre lieues de Paris. Le 7 juillet 1589, quelques troupes de la ligue entrèrent par force dans ce lieu, y commirent mille excès; ces militaires indisciplinés, qui se disaient armés pour la défense de la religion, violèrent ses préceptes d'une manière indécente, et quoiqu'ils défendissent les catholiques, ils montraient souvent l'impiété la plus révoltante : ils firent gras ce jour-là, qui était un vendredi; c'eût été peu de chose, s'ils n'avaient pas voulu couvrir cette faute par une cérémonie sacrilége et dérisoire. Ils contraignirent les prêtres, le poignard sur la gorge, de baptiser les veaux, moutons, cochons, etc., et de leur donner les noms de *carpes, brochets, barbeaux*; on se plaignit de ces violences au duc de Mayenne, il répondit : *Il faut patienter, j'ai besoin de toutes mes pièces pour vaincre le tyran* [1].

[1] C'était l'épithète la plus modérée, que les Ligueurs donnaient alors à Henri III.

L'auteur d'une pièce intitulée, *Conseil d'un Français aux Parisiens*, témoigne encore le même fait. « Ils (les ligueurs) ont contraint » les prêtres des paroisses, en leur mettant le » poignard sur la gorge, de baptiser des veaux, » moutons, agneaux, cochons, levreaux, che- » vreaux, poules et chapons, et de leur bailler » les noms de brochets, carpes, barbeaux, trui- » tes, soles, turbots, harengs, etc.; cela ne s'est » pas fait en un seul lieu, ni par une seule trou- » pe, ni une seule fois, vous ne le pouvez igno- » rer. »

CHAPITRE XLVI.

ENTRÉE DE HENRI IV A PARIS.

Depuis long-temps, les vrais citoyens gémissaient sous la tyrannie des ligueurs et de leurs factions, et désiraient ardemment voir sur le trône des Français, leur légitime souverain. Le comte *de Brissac*, gouverneur de Paris, le président *le Maistre*, les conseillers *Mollé*, *d'Amours*, *du Vair*, et autres membres du parlement, les sieurs *l'Huillier*, prévôt des marchands, *de Beaurepaire*, *Langlois*, *Neret*, échevins, etc., tenaient des assemblées particulières, et traitaient secrètement avec Henri IV des moyens de faciliter son entrée dans Paris. Le comte de Brissac avait eu la prévoyance de faire sortir de cette ville une partie de la garnison espagnole, et l'argent, plus que l'éloquence, avait été prodigué pour persuader certains esprits, et envelopper dans le parti du roi des personnes nécessaires. Malgré les précautions prises pour maintenir le secret de cette expédition, la veille de son exécution, *les Seize* en reçurent quelques avis qu'ils communiquèrent aux Espagnols, alors en garnison dans Paris. Cette nouvelle causa dans cette ville une rumeur qui obligea le comte de Brissac de faire armer ses gens, de poser partout des sentinelles, enfin de faire les préparatifs que la circonstance rendait nécessaires. La vigilance de ce gouverneur, qui avait mis son zèle à prix, le bon ordre qu'il feignit d'établir pour la garde de la ville, tranquillisèrent les ligueurs alarmés, et sur les dix heures du soir, chacun se retira.

Les magistrats et autres conjurés, ne dormirent point cette nuit. Chacun fut à son poste, et attendit l'arrivée des troupes du roi. Les soldats espagnols qui faisaient la ronde sur les murailles, se retirèrent vers les deux heures après minuit.

Langlois, échevin, avocat, avec une petite troupe de royalistes, traversa la garde espagnole qui voulait s'opposer à son passage, et parvint à se saisir de la porte Saint-Denis, pour y faire entrer le sieur de *Vitry*. Celui-ci à la tête de la gendarmerie du roi, s'empara de cette porte, du rempart et des Espagnols chargés de leur garde; et s'avança ensuite dans la rue Saint-Denis.

Denis Neret, marchand et bourgeois de Paris, accompagné de ses enfans et de ses amis, se rendit maître de la porte Saint-Honoré.

Saint-Luc, beau-frère du comte de Brissac, entra le premier dans Paris avec sa troupe par cette porte, et en confia la garde à *Favas*, habile capitaine; puis il s'avança dans la ville pour poser des gardes nécessaires, et fit fuir devant lui un chevalier du guet qui voulait s'opposer à sa marche.

Louis de Montmorenci entra dans Paris par le quai de l'École, à la tête de deux cents Suisses, passa devant un corps-de-garde de lansquenets qui, ignorant l'entrée des troupes royales dans les autres parties de la ville, voulurent résister au capitaine; ils furent, au nombre de trente, taillés en pièces, ou jetés dans la rivière.

Le bruit de ce combat avait répandu l'alarme dans le voisinage : plusieurs personnes accoururent, et voyant les troupes du roi dans la ville, crurent que Henri IV était déjà au Louvre, et le firent croire à beaucoup d'autres.

Louis de Montmorenci n'ayant plus d'obstacle à vaincre, fut avec ses Suisses s'emparer du palais et des avenues des ponts.

Les troupes de Henri IV s'étant assurées des postes importants et des principales places de Paris, ce roi y entra lui-même, à sept heures du matin, par la porte Saint-Honoré, par la même porte que Henri III, son prédécesseur, était sorti de Paris. *L'Huillier*, prévôt des marchands, vint offrir au roi les clés de cette porte; M. le comte de *Brissac* lui présenta une belle écharpe; ce prince l'accepta, lui donna en échange l'écharpe blanche qu'il portait, avec le titre de maréchal de France. Étant avancé dans la rue Saint-Honoré, Henri IV, étonné de se voir au milieu d'un peuple si nombreux, demanda au maréchal de Matignon s'il avait donné bon ordre à la porte. Il renouvela les défenses à tous ses soldats, de ne commettre aucun dommage, ni de faire aucune insulte aux habitans, et voyant un soldat prendre par force le pain d'un boulanger, il accourut lui-même pour le punir de cette violence.

En passant devant les Innocens où il s'arrêta avec sa troupe, un ligueur, de sa fenêtre, fixa long-temps le roi sans le saluer, sans découvrir sa tête, et s'apercevant que son action faisait murmurer, il ferma sa fenêtre et se retira : on en parla au roi, qui n'en fit que rire.

Enfin les cris de *vive le roi* l'accompagnaient dans sa marche. Rassuré par ces témoignages de la joie publique, comme il était tout armé, il ôta son casque pour mieux se faire voir, et donner une marque de sa confiance; alors les acclamations redoublèrent. *Je vois*, dit-il, *que ce pauvre peuple a été tyrannisé.* La foule et les cris de joie augmentaient autour de lui à mesure qu'il s'avançait. Arrivé à la porte de Notre-Dame, et ayant mis pied à terre, les passages se trouvèrent obstrués par l'affluence du monde; les capitaines des gardes voulurent faire retirer la foule des curieux : *Gardez-vous-en bien,* dit Henri IV, *j'aime mieux avoir plus de peine et qu'ils me voyent à leur aise, car ils sont affamés de voir un roi.*

En l'absence de l'évêque, le roi fut reçu à la porte de l'église, par un archidiacre, avec les cérémonies ordinaires : il se plaça dans le chœur, où il entendit la messe, pendant laquelle la musique exécuta le *Te Deum.*

« Ainsi, dit l'*Étoile*, cette grande ville, qui
» pendant près de cinq ans avait fait une
» cruelle guerre à son roi, par un changement
» qui approche du miracle, n'a aujourd'hui que
» des louanges et des démonstrations de joie,
» et d'actions de grâces pour Sa Majesté, en
» sorte qu'en moins de deux heures, elle est
» devenue aussi tranquille que si elle n'eût
» jamais été dans le trouble. »

Le bruit des cloches, des trompettes, des tambours, les cris de *vive le roi*, apprirent bientôt aux ligueurs que Henri IV était dans Paris. *Hamilton*, curé de Saint-Côme, s'arma promptement d'une pertuisane, et courut vers Saint-Yves, pour y joindre le capitaine *Crucé;* mais ces deux furieux ligueurs furent arrêtés en chemin, l'un par le conseiller *du Vair*, l'autre par le comte de *Brissac*, qui leur remirent à chacun des billets par lesquels le roi pardonnait aux fauteurs de la ligue, et les maintenaient ainsi que tous les habitans dans leurs charges, priviléges et dignités.

Un autre capitaine de la ligue, nommé *Charles d'Usur*, épicier, dit *Jambe de bois*, accompagné de quelques ligueurs, allait de porte en porte, faire commandement de prendre les armes; mais comme il courait pour joindre le capitaine *Crucé*, sa jambe de bois se rompit, il tomba, et son mousquet se brisa; ceux qui l'accompagnaient voyant cette disgrâce, l'abandonnèrent et se réfugièrent dans leurs maisons.

D'autres ligueurs de ce même quartier se disposèrent à faire des barricades auprès des Mathurins; mais les ministres de cette maison les ayant menacés de les faire prendre, ils abandonnèrent leur dessein.

Les ligueurs firent ces mouvemens dans le quartier de l'Université, pendant que Henri IV était à Notre-Dame.

Ce roi sortit de l'église, accompagné d'une foule plus considérable encore, et des cris multipliés de *vive le roi;* arrivé au Louvre, il délivra le capitaine *Saint-Quentin*, condamné à être pendu le même jour, parce que les Espagnols le soupçonnaient d'avoir été favorable au parti des royalistes. Ce prisonnier vint se jeter aux pieds de Henri IV, en le remerciant de lui avoir sauvé la vie, et ce roi le retint à son service.

Dès le matin, Henri IV avait envoyé le comte de Saint-Pol, pour annoncer aux Espagnols que Sa Majesté étant maître de leurs vies et de leurs biens, ne voulait cependant ni l'un ni l'autre; qu'ils pouvaient tout emporter; pourvu qu'ils sortissent promptement de Paris, sans délais ni excuse. Le duc de *Feria*, qui ne s'attendait pas à être traité si doucement, ne put s'empêcher de s'écrier deux ou trois fois : *Ah grand roi! grand roi!*

Lorsque madame de Montpensier apprit que le roi était dans Paris, elle se livra au plus violent désespoir; elle demandait s'il n'y avait point quelqu'un qui pût la tuer d'un coup de poignard; sa fureur étant un peu modérée, elle maudissait M. de Brissac, l'appelant méchant, traître, et disant : *Je savais bien qu'il était poltron; mais jusqu'à ce jour j'ignorais qu'il fût traître.* Dans la même matinée, Henri IV envoya souhaiter le bon jour à cette dame, et à madame de Nemours, et les assura qu'il ne leur serait fait aucun tort, et qu'il les prenait sous sa protection. Ces deux dames, principaux auteurs de la ligue, restèrent confondues de tant de générosité, firent remercier humblement Sa Majesté, et *dirent un grand merci bien bas.*

Après dîné, Henri IV fut se placer à une fenêtre de la rue Saint-Denis, pour voir sortir les troupes espagnoles. Le duc de Feria, qui était à leur tête, salua le roi à l'espagnole, c'est-à-dire, *gravement et maigrement*, dit l'Étoile, *de quoi le roi se moqua, et lui ôtant à moitié son chapeau, le contrefaisait après, fort plaisamment.*

Les ambassadeurs et toutes les troupes étrangères saluèrent très-respectueusement le roi qui dit aux ambassadeurs : *Messieurs, recommandez-moi à vos maîtres, mais ne revenez plus.* Ils sortirent au nombre de trois mille, marchant de quatre en quatre, et furent reconduits jusqu'au Bourget, par les sieurs Sallignac et Saint-Luc.

La femme d'un Espagnol, en passant avec les troupes, demanda à voir Henri IV, en disant tout haut, que *la France était heureuse d'avoir un si grand roi, si bon, si doux et si clément, lequel leur avait pardonné à tous, et que si les Espagnols eussent tenu le roi comme il les tenait, ils n'en auraient pas si bien usé à son égard.* Lorsque cette femme eut aperçu le roi, elle lui cria : *Je prie Dieu, bon roi, qu'il te donne toute prospérité. Pour moi étant dans mon pays, ou quelque part que je sois, je te bénirai toujours, et célébrerai ta grandeur, ta bonté et ta clémence.*

Les Napolitains, en quittant Paris, ne purent s'empêcher de dire : *Vous avez aujourd'hui un bon roi, au lieu d'un prince très-méchant que vous aviez.*

Dans le quartier du Temple, les ligueurs firent encore quelques mouvemens. Pendant que les troupes étrangères sortaient de Paris, un des plus mutins, *des Seize,* tint dans sa maison une assemblée d'environ cinquante ou soixante ligueurs. Après en être sortis, plusieurs d'entre eux disaient que l'on n'en était pas où l'on pensait. Ces paroles furent rapportées au roi qui ne s'en mit point en peine. Dans cette journée, il ne put s'occuper d'aucune affaire, et dit à quelqu'un qui lui communiquait deux avis importans : *Il faut que je vous confesse que je suis si enivré d'aise de me voir où je suis, que je ne sais ce que vous me dites, ni ce que je vous dois dire.*

Les jours qui suivirent cette heureuse journée, furent marqués par quelques projets de révoltes, quelques menaces d'assassiner Henri IV qui cependant ne cessait de manifester sa clémence, sa bonté et son respect pour la religion, en pardonnant à ses plus furieux ennemis, en visitant lui-même les prisons, les hôpitaux, en faisant l'aumône aux uns et donnant la liberté aux autres. Il vint exprès de Saint-Germain, à Paris, quelques jours après son entrée, pour assister à l'absoute faite à Notre-Dame, le mercredi saint. Pendant qu'il était dans l'église, on lui montra en face de lui un ligueur qui se rongeait les doigts de dépit; le roi se mit à rire, et ne voulut point qu'on le fît retirer. Comme ce prince sortait de l'église, une pauvre femme lui cria : *Sire, Dieu vous doint bonne vie et longue;* le roi la remercia par un signe de tête; alors cette femme redoubla: *Bon roi*, dit-elle, *Dieu vous gouverne et assiste toujours par son Saint-Esprit, à ce que vos ennemis soient dissipés et confondus. Amen*, répondit le roi tout haut, *Dieu me fasse miséricorde et à vous aussi.*

CHAPITRE XLVII.

DÉVOTES.

Madame, sœur de Henri IV, conserva toujours la religion dans laquelle on l'avait élevée; étant à Paris, elle tenait souvent dans son logis des prêches, où étaient reçus la plupart des protestans; ces prêches causaient bien des murmures parmi les fanatiques du parti opposé. Au mois d'août 1597, cinquante ou soixante femmes dévotes s'assemblèrent, et couraient par la ville, en criant que ces prêches occasionaient tous les maux qui désolaient Paris. Elles allèrent chez M. le procureur-général, puis s'en vinrent au palais, au parquet des gens du roi; ceux-ci les renvoyèrent à l'évêque de Paris, de là elles se transportèrent chez M. le premier président qui les reçut, écouta leurs plaintes tranquillement, et leur répondit : « Mesdames, » envoyez-moi vos maris, et je leur comman- » derai de vous tenir renfermées dans leurs mai- » sons, afin que vous ne couriez plus les rues » comme vous faites. »

CHAPITRE XLVIII.

GUÉRISONS SINGULIÈRES.

Pendant que Henri IV s'occupait à réduire les ligueurs, le duc d'Angoulême, fils naturel de Charles IX, et qui suivait l'armée du roi, attaqué depuis quelques jours de la fièvre, sentit redoubler son mal, et fut obligé de rester à Meulan. On commençait à désespérer de sa vie; son médecin avait prononcé, *non vacat periculo*, et comme les malades entendent tout, et que celui-ci savait le latin, il fut averti de son état, et demanda aussitôt à se confesser. Lorsqu'il fut confessé, les médecins déclarèrent aux domestiques de ce prince, qu'il n'y avait qu'un seul moyen pour sauver leur maître, c'était de le faire rire.

Alors pour opérer cette guérison, le secrétaire du duc d'Angoulême, son intendant, personnages âgés chacun de soixante ans, et son capitaine des gardes, vieux militaire d'un extérieur très-grave, se présentèrent tous trois devant le lit de leur maître, entièrement vêtus de blanc; le capitaine des gardes était au milieu, et frappait alternativement sur la joue de ses deux voisins qui avaient chacun sur la tête un bonnet rouge avec des plumes de coq, et tâchaient l'un après l'autre de lui abattre un chapeau de forme ridicule. A la vue de cette scène burlesque, le duc malade éclata de rire, saigna du nez abondamment, et éprouva une si grande révolution, qu'au bout de deux heures il se sentit soulagé. La fièvre qui le tourmentait depuis vingt-deux jours, diminua sensiblement, et six jours après, il fut en état de se faire transporter en litière à la campagne, où il acheva sa guérison.

Cette aventure rappelle celle d'un cardinal,

qui, sur le point de mourir, aperçut son singe qui se couvrait la tête de son chapeau rouge. Le rire que lui causa cette singerie, produisit dans ses organes un effort qui opéra son entier rétablissement.

Le 2 février 1786, une guérison à peu près aussi singulière a été opérée à Châteaudun, sur la personne du révérend père Victor Bernard, ex-gardien du couvent des Récollets.

Ce religieux était ce jour-là regardé comme mort; cependant son médecin ne pouvant croire que le principe de la vie fût entièrement éteint, frotta les tempes du malade avec des eaux de senteur, lui fit avaler un peu de vin d'Espagne. Aussitôt, au grand étonnement des spectateurs, le religieux fit quelques mouvemens, et articula quelques sons; mais il restait toujours dans une espèce de sommeil léthargique.

L'après-midi du même jour, le médecin fit entrer dans l'infirmerie où était le malade, deux personnes qui savaient jouer du violon, et qui exécutèrent différens airs. Un habitant de la ville et un révérend père récollet du couvent, âgé de 72 ans, se mirent à danser au son des instrumens devant le lit. Le chien du médecin dansait de son côté. Cette musique, et la vue de ce singulier ballet réveillèrent le moribond, et le firent rire; depuis ce moment, sa santé se rétablit, et peu de temps après il fut en état d'annoncer lui-même au public son entière guérison.

CHAPITRE XLVIX.

TRAHISON D'UN RELIGIEUX.

Au mois de janvier 1438, le château de Saint-Germain-en-Laye fut pris par les Anglais. Un religieux de Sainte-Geneviève, nommé *Carbonnet*, et prieur de Nanterre, livra ce château par trahison aux ennemis de la France. La proximité de son prieuré le mettait à même d'aller souvent à Saint-Germain; il fit connaissance avec le capitaine du château, qu'il visitait souvent. Comme son état de religieux éloignait toute méfiance, il entrait au château à toute heure, le parcourait à son aise, et observait l'endroit où l'on plaçait les clés.

Ce religieux, après avoir pris toutes ses mesures, fut à Rouen qui appartenait alors aux Anglais, s'adressa au comte de Warvick, et lui dit que, s'il voulait lui donner trois cents salus d'or, il lui livrerait le château de Saint-Germain; la proposition fut acceptée, et le château fut livré.

La trahison ne resta pas long-temps inconnue : au bout de douze à quinze jours, le traître religieux fut pris, chargé de fers, et condamné à une prison perpétuelle, et à ne vivre que de pain et d'eau.

CHAPITRE L.

AVENTURE D'UNE DAME DE LA COUR.

Louis XIII n'aimait point les femmes à la manière de son père; soit par tempérament, soit par principe de religion, il n'était point exigeant auprès des dames. On assure qu'il n'en vint jamais à la conclusion avec mesdemoiselles de *Hautefort* et de *la Fayette*, quoiqu'il les aimât avec passion. C'est ce qui faisait dire de ce roi, qu'il n'était amoureux que depuis la ceinture jusqu'en haut.

Lorsque la cabale de M. de Saint-Simon, de l'évêque de Limoges, etc., voulut introduire mademoiselle de la Fayette à la place de madame de Hautefort, le roi prit goût à ce changement; il aimait beaucoup à entretenir cette demoiselle qui chantait, dansait, jouait aux petits jeux avec une complaisance infinie ; elle était sérieuse quand il fallait l'être, et riait aussi de tout son cœur. Elle rit un jour avec tant d'abandon, qu'il s'ensuivit un petit événement assez commun aux grandes rieuses.

Un soir étant à Saint-Germain, chez la reine avec toute la cour, le roi s'amusait à son ordinaire, à la faire chanter et jouer ; elle se mit à rire de si bon cœur, qu'elle pissa sous elle, et si abondamment, qu'elle fut long-temps sans oser changer de place. Enfin il fallut se lever, le roi était sorti, et la reine ne badinait pas. A peine fut-elle déplacée, qu'on aperçut une grande mare d'eau. Les ennemis de la pisseuse rirent, ses partisans étaient fâchés. La reine dit tout haut que c'était *la Fayette* qui avait pissé. Mademoiselle de *Vieuxpont* soutenait le contraire, en face de la reine, en disant que c'était du jus de citron, et qu'elle en avait dans sa poche qui s'étaient écrasés. Alors la reine, pour la convaincre, commanda à *la Porte*, son porte-manteau, de sentir cette eau. La Porte obéit, et après avoir flairé, il assura la reine que ce n'était point de l'eau de citron. Toutes les demoiselles de cette princesse soutenaient la cause de mademoiselle la Fayette, parce qu'alors elle était en faveur. La reine, piquée de se voir contredite, ordonna sur-le-champ qu'on visitât ces demoiselles afin de connaître la pisseuse ; à cet ordre elles s'enfuirent toutes dans leurs chambres.

CHAPITRE LI.

PROFESSEURS SODOMISTES.

Le 1er février 1586, *Nicolas Dadon*, natif de Saint-Front en Valois, premier régent des classes du collége du cardinal le Moine, et quelque temps avant, recteur de l'université de Paris, ayant la réputation de savant, fut condamné à être pendu et brûlé pour crime de sodomie envers un enfant qui lui était confié.

CHAPITRE LII.

INGRATITUDE DES JÉSUITES.

Guillaume Duprat, évêque de Clermont, fils du chancelier Duprat, fut un grand protecteur des jésuites; il les retira du collége des Lombards où ils étaient très-étroitement logés, et les plaça en son propre hôtel, situé rue de la Harpe; ensuite il leur légua des sommes considérables, avec lesquelles ces pères achetèrent en 1563 l'hôtel de *la Tour de Langres*, situé dans la rue Saint-Jacques. Ils y bâtirent leur collége, qu'ils nommèrent *de Clermont*, par reconnaissance pour leur bienfaiteur, évêque de Clermont. Mais sous Louis XIV ces moines, devenus courtisans, et ayant acquis assez de crédit pour être impunément ingrats, sacrifièrent la reconnaissance à la flatterie, et substituèrent au nom de leur bienfaiteur, celui de *Louis-le-Grand*.

Avant ce changement, on lisait au-dessus de la porte de ce collége, les noms des fondateurs, et celui de *Jésus*; ils firent enlever cette inscription, pour y placer la nouvelle dénomination. On ne leur pardonna point cette lâcheté; il courut à ce sujet deux vers latins, où les béats pères sont un peu maltraités; les voici :

Substulit hinc Jesum, posuitque insignia Regis
Impia gens, alium nescit habere deum.

C'est-à-dire, « cette race impie qui a fait en-
» lever de cette porte le nom de Jésus, pour y

»placer les armes et le nom de Louis XIV, ne
»connaît d'autre dieu que ce monarque. »

CHAPITRE LIII.

QUERELLE ENTRE DEUX JEUNES PRINCES.

Pendant la guerre de la fronde, Louis XIV vint à Corbeil, et voulut que *Monsieur* couchât dans sa chambre qui était fort petite. Le plus âgé de ces deux princes n'avait pas plus de dix-huit ans. Le lendemain matin, le roi cracha, sans le vouloir, sur le lit de son frère. *Monsieur*, aussitôt, crache exprès sur le lit du roi. Le roi, piqué de la vivacité de son frère, lui crache au visage. *Monsieur* saute sur le lit du roi, et pisse dessus. Le roi saute sur le lit de *Monsieur*, et pisse dessus. Enfin ne pouvant plus l'un et l'autre, ni cracher ni pisser, ils tirèrent réciproquement leurs couvertures, puis ils en vinrent aux coups. « Pendant ce démêlé,
» dit *la Porte*, qui raconte cette aventure, je
» faisais ce que je pouvais pour arrêter le roi ;
» n'en pouvant venir à bout, je fis avertir M. de
» Villeroi, qui vint mettre le holà. *Monsieur* s'é-

»tait plutôt fâché que le roi, mais le roi fut bien »plus difficile à apaiser que *Monsieur*. »

Cette anecdote singulière en rappelle une autre qui ne l'est pas moins sur ces mêmes princes.

Comme le roi allait dîner avec la reine, *Monsieur* entra, et voyant un poêlon de bouillie, il en prit sur une assiette, puis l'alla montrer au roi, qui lui ordonna de n'en point manger. *Monsieur* dit qu'il en mangerait; *Gage que non*, répliqua le roi. La dispute s'émeut, le roi voulut lui arracher l'assiette, et ses efforts firent rejaillir quelques gouttes de bouillie sur *Monsieur*, « qui a la tête fort belle, dit mademoi- »selle de Montpensier dans ses Mémoires, et »qui aime extrêmement sa chevelure. Cela le »dépita; il ne fut pas maître du premier mou- »vement : il jeta l'assiette au nez du roi. »

CHAPITRE LIV.

ATTENTAT SUR LA PERSONNE DE LOUIS XIV.

Pendant les guerres de la fronde, la cour séjourna quelque temps à Melun. Pour divertir Louis XIV qui était fort jeune alors, on fit construire sur les bords de la Seine, un petit fort, dans lequel le roi allait tous les jours prendre de l'exercice, et faire la collation.

Le cardinal Mazarin, objet de ces troubles, était aussi à Melun. Le jour de Saint-Jean 1652, il invita le jeune monarque à dîner, et ils restèrent ensemble jusqu'au soir. Pendant cette entrevue, il se passa des choses bien criminelles : il fut commis sur la personne du roi, un attentat contre lequel sa jeunesse et son inexpérience ne pouvaient le prémunir. Voici de quelle manière la Porte, dans ses Mémoires, raconte ce fait : « Le roi ayant dîné chez son » éminence, et étant demeuré avec lui jusque » vers les sept heures du soir, il m'envoya dire » qu'il se voulait baigner : son bain était prêt, » il arriva tout triste, et j'en connus le sujet, sans » qu'il fût nécessaire qu'il me le dît : la chose » était si terrible, qu'elle me mit dans la plus » grande peine où j'aie jamais été, et je de- » meurai cinq jours à balancer si je la dirais à » la reine ; mais considérant qu'il y allait de » mon honneur et de ma conscience de ne pas » prévenir, par un avertissement, de semblables » accidens, je la lui dis enfin, dont elle fut » d'abord satisfaite, et me dit que je ne lui » avais jamais rendu un si grand service ; mais

»je ne lui nommai pas l'auteur de la chose,
» n'en ayant pas de certitude ; cela fut cause de
» ma perte, etc. »

La franchise de la Porte causa sa disgrâce. Voici comme il rapporte cette même aventure, dans une lettre qu'il adressa à la reine pour se justifier.

« Le roi, dînant chez le cardinal, me com-
» manda de lui faire apprêter son bain, sur les
» six heures, dans la rivière..... Le roi, en y
» arrivant, me parut plus triste et plus chagrin
» qu'à l'ordinaire, et comme nous le déshabil-
» lions, l'attentat manuel qu'on venait de com-
» mettre sur sa personne, parut si visiblement,
» que Bontemps, le père, et Moreau, le virent
» comme moi; mais ils furent meilleurs courti-
» sans que moi : mon zèle et ma fidélité me fi-
» rent passer par-dessus toutes les considéra-
» tions qui me devaient faire taire..... Votre
» Majesté se souviendra, s'il lui plaît, que je lui
» ai dit que le roi parut fort triste et fort chagrin,
» ce qui était une marque assurée qu'il n'avait
» pas consenti à ce qui s'était passé, et qu'il
» n'en aimait pas l'auteur. Je ne voudrais pas,
» madame, en accuser qui que ce soit, parce
» que je craindrais de me tromper, etc. »

Je ne chercherai pas non plus à déterminer

sur ce sujet, l'opinion des lecteurs, il suffira de dire que le cardinal Mazarin fut cause de la disgrâce de la Porte, ainsi que celui-ci le dit lui-même dans la même lettre...... « Il (le cardinal) » me fit passer dans l'esprit de Votre Majesté, pour » l'auteur du mal que je n'avais pas fait, mais » que j'avais vu, et que je vous avais dit. »

La Porte raconte ailleurs que Louis XIV, pendant sa jeunesse, n'aimait pas le cardinal Mazarin. Un jour, ce ministre voulant assister à son coucher, arriva pendant qu'il était à la garde-robe. Le roi étant averti de cette visite, ne se dérangea point de sa chaise, et ne s'en leva que lorsque le cardinal, lassé d'attendre, fut sorti de l'endroit où il était; il entendit le bruit que faisaient avec les épées et les éperons, ceux qui accompagnaient ce ministre; *il fait grand bruit où il passe,* dit le roi, *je crois qu'il y a plus de cinquante personnes à sa suite.*

Une autre fois, le roi étant à Compiègne, vit passer sur la terrasse du château, le cardinal Mazarin avec beaucoup de suite; il ne put s'empêcher de dire assez haut : *Voilà le Grand-Turc qui passe.*

CHAPITRE LV.

PRÉVÔTS DE PARIS.

Les prévôts de Paris n'étaient jamais choisis parmi les personnes natives de cette capitale; on préférait toujours un étranger. Cette sage coutume cessa d'avoir lieu en 1418 : *Gilles Clameci*, natif de Paris, fut élu prévôt, ce qui parut fort étrange à tous les citoyens.

En 1446, mourut à Paris, *Ambroise Lore*, baron de Juille, prévôt de cette ville, fort regretté des habitans, parce qu'il maintenait avec chaleur le droit du peuple. Son équité et son exactitude à remplir les devoirs de sa charge, ne l'empêchaient pas d'avoir quelques défauts. Il avait une femme qui réunissait toutes les qualités ; elle était d'une famille très-ancienne, et, ce qui vaut beaucoup mieux, elle avait des talens, de bonnes mœurs et de la beauté ; tant de moyens de plaire, ne purent fixer ce prévôt de Paris, qui n'était rien moins que fidèle à la foi conjugale; il avait toujours pour son usage trois ou quatre filles qu'il tenait en communauté. En conséquence de ce goût, il accordait spécialement sa protection aux femmes publiques dont le nombre était alors considérable dans Paris. Elles s'en prévalaient beaucoup, et on ajoute que les habitans qui avaient à se plaindre d'elles, ne pouvaient en avoir justice. Et le bon prévôt de Paris donnait surtout raison à la plus belle.

CHAPITRE LVI.

CHEVALIER DU GUET.

La charge de chevalier du guet était anciennement établie pour empêcher dans Paris les désordres de la nuit. En 1418, un chevalier du guet, nommé *Gaulthier Rallart*, avait adopté la coutume singulière, lorsqu'il parcourait les rues de Paris, de faire marcher devant lui *quatre ou cinq ménestriers jouant de haulx instrumens*. Le peuple murmurait de cette étrange manière de faire le guet dans la ville et disait que le bruit des instrumens avertissait les malfaiteurs, et que le chevalier du guet semblait leur dire, *Fuyez-vous-en, car je viens*.

Lorsque Henri IV eut promis aux huguenots

d'établir leurs prêches à Charenton, les catholiques en furent très-mécontens. Il ne se passait point de dimanche ou de fête, sans quelques séditions ou insultes de part et d'autre. Le roi, pour faire cesser cette guerre continuelle, et maintenir l'ordre qu'il avait établi, ordonna qu'il serait dressé à la Porte-Saint-Antoine une potence, pour y attacher le premier, tant d'une religion que de l'autre, qui oserait troubler le repos public.

Cette ordonnance causa entre le lieutenant-civil et le lieutenant-criminel une violente discussion. Chacun des deux disait avoir le droit de faire dresser cette potence. Cette contestation aurait plus long-temps retardé les effets de l'ordonnance du roi, si le chevalier du guet n'eût accordé les deux parties d'une manière fort raisonnable. Il proposa aux deux magistrats de faire planter deux potences, *l'une*, dit-il, *sera pour le lieutenant-civil, l'autre, pour le lieutenant-criminel.*

CHAPITRE LVII.

ANCIENNE POLICE DE PARIS.

Foire Saint-Germain.

Cette ville était autrefois infectée d'une très-grande quantité de mauvais sujets qu'on appelait des *braves*, par ironie, parce qu'ils étaient accoutumés de se joindre au moins cinq ou six, pour attaquer un seul homme. Ils faisaient métier de servir, pour de l'argent, les haines et vengeances particulières; on marchandait avec eux pour faire battre, assassiner, etc., son ennemi.

Un amant du siècle de Louis XIV, à la fois abandonné et créancier de sa maîtresse, voulut faire valoir ses droits auprès d'elle. La belle, qui croyait qu'en amour l'argent prêté était donné, refusait de s'acquitter. Cette belle (c'était une chanoinesse), blessée vivement des reproches de son importun créancier, résolut de s'en venger; ce ne fut pas assez de prendre un nouvel amant : elle projeta et disposa une autre vengeance.

L'amant à qui on ne voulait rendre ni tendresse ni argent, s'appelait le chevalier de

Saint-Geniers. Un soir comme il passait près du logis de son ancienne maîtresse, il fut arrêté par cinq ou six *braves* armés. Le chef de la bande saisit, sans autre façon, le chevalier par le nez, et se met en devoir de le lui couper avec un couteau.

Les cris du chevalier empêchèrent que l'exécution fût complète; son nez ne fut pas entièrement coupé, il tenait encore par un tendon.

Comme on ne coupe pas le nez d'un honnête-homme impunément, cette affaire eut des suites fâcheuses pour bien des personnes distinguées, complices du délit; le brave fut pendu; mais ceux qui avaient commandé le crime, ne le furent pas; ils étaient riches, et avaient beaucoup d'amis. Le nez coupé fut recousu, mais non pas assez proprement pour qu'il n'en parût rien, ce qui chagrina beaucoup le chevalier pendant qu'il vécut.

Le mercredi 4 février (1579), Henri III, revenant de Chartres, alla descendre à la Foire-Saint-Germain; il fit emprisonner quelques écoliers qui s'y promenaient avec de longues fraises de papier, et qui, pour tourner en ridicule ce roi et ses mignons si bien *frisés et gaudronnés*, criaient en pleine foire, *à la fraise on connaît le veau.*

Henri III ne fut pas le seul roi qui prit plaisir à se promener à la Foire-Saint-Germain ; Henri IV et plusieurs autres princes ne manquaient jamais de s'y rendre ; c'était le rendez-vous des courtisans et des personnes de tous états ; la licence et la débauche qui y régnaient occasionèrent souvent bien des désordres.

Pendant la ligue, la Foire-Saint-Germain avait été fort négligée. Lorsqu'on en fit l'ouverture au 7 février 1595, on la trouva dans le plus mauvais état ; on y fit alors des réparations, et l'affluence du beau monde fut aussi grande que du temps de Henri III : *Le duc de Guise et Vitri,* dit l'Étoile, *y coururent les rues avec dix mille insolences.*

En 1597, le duc de Nemours et le comte d'Auvergne s'amusèrent à cette Foire, en y commettant une infinité d'indécences. Un avocat y perdit son chapeau, et fut bien battu par les gens du comte d'Auvergne.

La même année, Henri IV vint s'y promener avec Gabrielle d'Estrées, et leur enfant naturel appelé *César.* Le roi marchanda une bague de huit cents écus, pour en faire présent à cette maîtresse ; mais la trouvant trop chère, il n'en voulut point ; il acheta seulement pour le jeune prince *César,* un drageoir en argent, sur lequel étaient gravés les douze signes du Zodiaque.

En 1605, il se commit à cette Foire des excès qu'on ne verrait point renouveler aujourd'hui : les laquais, les pages, les soldats aux gardes et les écoliers s'y battirent à plusieurs reprises, en petites batailles rangées, sans qu'il fût possible de mettre ordre à leur fureur ; un laquais coupa les deux oreilles à un écolier, et les lui mit ensuite dans sa poche ; les écoliers mutinés s'attroupèrent, poursuivirent tous les laquais qu'ils rencontraient, en tuèrent et blessèrent beaucoup.

Les soldats aux gardes étaient du parti des écoliers : un de ces militaires ayant reçu, en sortant de la Foire, plusieurs coups de bâton de la part des laquais, se défendit avec tant de vigueur, qu'il en tua deux, et les jeta morts dans les fossés de Saint-Germain.

L'année suivante, les mêmes désordres se renouvelèrent. Un marchand, en revenant de la Foire, fut trouvé assassiné d'un coup de couteau qu'on lui laissa dans la gorge.

Henri IV, en 1607, fit prolonger la Foire de Saint-Germain, afin d'avoir le loisir de s'y promener. Le dernier jour, il y perdit sept cents écus à trois dez contre M. de Villars, puis il acheta pour la comtesse de Moret, sa maîtresse, un chapelet de trois cents écus. Alors la police était nulle.

CHAPITRE LVIII.

TUILERIES.

Dame fouettée par un Laquais.

La paix que Henri IV procura à la France, ramena dans la capitale l'abondance et le luxe[1]; le nombre des carrosses ou coches, qui jusqu'alors se montait à cinq ou six, s'augmentait prodigieusement, et chaque année le nombre des domestiques, pour la représentation, suivit les progrès du luxe. Ces êtres, portés au mal par leur oisiveté, et par l'exemple des débauches de leurs maîtres, copiaient leurs vices, sans, comme eux, les couvrir de ce vernis séducteur qui les embellit, ou les fait supporter. Fiers de la protection de leurs maîtres, ils oubliaient la bassesse de leur état, et insultaient ou maltraitaient chaque jour des citoyens utiles et respectables. Ils s'attroupaient, et, souvent à la Foire, on les vit attaquer battre, tuer

---

[1] L'Étoile parle de la femme d'un procureur qui, dans ce temps-là, paya 100 francs pour la seule façon d'une robe.

des écoliers, des clercs du palais. L'usage où ils étaient de porter l'épée rendait leurs insolences plus dangereuses. Plusieurs meurtres commis par des laquais, et notamment celui de M. *de Tilladet*, furent cause qu'on leur défendit le port des armes ; mais en diminuant leur moyen de nuire, on ne changea point leurs inclinations, et chaque jour offrait de nouvelles preuves de leurs méchancetés [1].

Sous Louis XIV, le jardin des Tuileries était le seul fréquenté par les courtisans et les gens de qualité. Aux heures de la promenade, on voyait aux portes de ce jardin jusqu'à quatre ou cinq mille laquais qui, en attendant, se racontaient les fredaines de leurs maîtres et maîtresses, juraient, criaient, et faisaient niches aux passans. Un de ces laquais, pour montrer plus de bravoure que ses camarades, leur dit que s'ils voulaient seulement lui payer une bouteille

---

[1] Ce fut M. de la Reynie, lieutenant-général de police, qui fit défendre aux laquais de porter des armes. Les vers que d'Assouci adresse à ce magistrat, en sont la preuve. C'est par vous, dit-il,

> Que le laquais, jadis si superbe et si fier,
> Qui de porter la brette a perdu l'espérance,
> Ne donne plus mes huy de pratique au barbier.

de vin, il gagerait de lever la jupe et fouetter la première qui sortirait du jardin. La gageure fut acceptée sur-le-champ; chacun attendait avec impatience le plaisir d'un pareil spectacle. Bientôt ils aperçurent deux dames s'avancer. Le laquais voit que l'instant est arrivé de remplir sa promesse, saisit une de ces femmes, sans la connaître, la trousse, la fouette, et les ris de ses camarades éclatent; mais ces dames, outrées d'une telle brutalité, crient au secours, et arrêtent elles-mêmes le laquais. Plusieurs personnes accourent et reconnaissent dans ces dames insultées, mademoiselle *d'Armagnac*, et la marquise de *Villequier*. Le drôle fut mené en prison; plusieurs juges opinèrent pour le faire pendre; cependant il fut condamné au carcan et aux galères où il apprit ce qu'il en coûtait pour trousser publiquement des princesses et des marquises.

CHAPITRE LIX.

PLAISIRS DES SEIGNEURS DE LA VIEILLE COUR.

En allant à Anet, le comte de Rochefort passait avec un de ses amis au bas de Chaillot.

devant l'emplacement du couvent de Sainte-Marie, où était alors la maison du maréchal de Bassompierre; ils se sentent tout-à-coup frappés de coups de pierre, ils se tournent et aperçoivent au-dessus d'une terrasse des personnes qui se cachent, et croyant d'abord que ces pierres étaient lancées par quelques femmes qui voulaient s'amuser, ils poursuivent leur route. Mais les pierres continuant de voler autour d'eux, et sur eux, et piqués des injures qu'on leur adresse, ils se retournent, et voient sur la même terrasse des hommes qui ne se cachent plus, et qui les bravent par de nouvelles insultes. Rochefort et son compagnon s'avancent alors vers les agresseurs, lâchent un coup de pistolet, et allaient leur en tirer un second, lorsqu'on vint les avertir que c'était le duc d'O*** qui était là avec sa cour. A ce nom, nos deux voyageurs piquent des deux, et fuient le plus promptement qu'ils peuvent; à peine sont-ils sur la montagne des Bons-Hommes, qu'ils aperçoivent cinq ou six cavaliers qui les poursuivent vivement, et qui les atteignirent bientôt : voyant qu'il ne leur restait que le moyen de se défendre, ils tournent bride, et mettent le pistolet à la main. A l'instant, un des poursuivans reconnut son ami dans le compagnon de Rochefort : « Puisque c'est vous, la paix est faite, » dit-il en courant l'embrasser.

On se fit des excuses de part et d'autre, et les deux voyageurs furent obligés de renoncer à leur voyage, et de revenir dans l'endroit d'où on les avait attaqués.

Ils arrivent, et trouvent M. le duc d'O*** faisant la débauche avec plusieurs seigneurs ; sans s'embarrasser si Rochefort avait été au rang de ses ennemis, ce prince obligea lui et son compagnon de voyage à se mettre à table, et après qu'on eut bu jusqu'à l'excès, il voulut se donner un *plaisir de prince;* ce qui signifiait dans ce temps-là, faire une chose bien extravagante.

Un colonel du régiment de Languedoc, nommé *Wallon,* se trouvait de la partie ; cet homme était d'une grosseur prodigieuse ; le prince pensa que ce serait une chose délicieuse de manger une omelette sur le gros ventre de ce colonel ; il dit sa fantaisie, chacun y applaudit ; le gros Wallon s'y prêta de bonne grâce ; il se coucha tout du long, et mit en évidence l'énorme relief de son ventre.

L'omelette fut placée sur le ventre nu du colonel, qui ne sentit point qu'elle était brûlante par excès de débauche, ou qui ne voulut point s'en plaindre par excès de complaisance.

Ce ragoût singulier fut trouvé délicieux ; après qu'il fut mangé, on partit pour Paris, et afin de varier les plaisirs, on descendit chez une fameuse courtisane, nommée *la Neveu*[1]. Rochefort et son ami, malgré leurs affaires, furent forcés d'y accompagner le prince.

La maîtresse du logis voyant que la partie n'était pas égale, se procura bientôt des actrices qui manquaient à la fête. On fit des folies, du tapage, on fit enrager tout le monde. Enfin, pour faire sa paix avec *la Neveu*, le prince lui promit un petit divertissement. Il envoie aussitôt chercher un commissaire, sous prétexte qu'on faisait du bruit dans la maison. Ce commissaire arrive avec une escorte, et trouve *la Neveu* couchée dans le même lit, entre le prince et *Wallon*; le surplus de la compagnie s'était caché dans une chambre voisine.

Le commissaire, qui ne connaissait point les deux hommes couchés, leur ordonna de sortir sur-le-champ du lit ; ils se moquèrent de son ordonnance ; alors il commanda aux gens qui

---

[1] Boileau a célébré cette courtisane, dans sa satyre IV, par ces vers :

> Et combien la *Neveu*, devant son mariage,
> A de fois au public vendu son pucelage.

l'escortaient, de les faire lever par force. Pendant qu'on les saisissait, ceux qui étaient cachés dans la chambre voisine sortirent; ils saluèrent le prince de la manière la plus respectueuse, gardèrent le chapeau à la main, et se mirent en devoir de l'habiller.

Le commissaire, d'abord étonné des honneurs qu'on rendait à cet homme, fut saisi d'effroi, quand il reconnut le prince aux marques de sa dignité; il se prosterne aussitôt aux pieds de Son Altesse, et implore sa bonté : « Calmez-vous, lui répondit le prince, vous en serez quitte à bon marché. » Alors il fait venir toutes les filles de la maison, les fait ranger en ligne, de manière qu'elles présentent le derrière nu à la compagnie : le commissaire, et ceux de sa suite, ne savaient pas encore à quelles peines ils étaient condamnés. On les obligea de se mettre nus en chemise, et de venir l'un après l'autre, une bougie à la main, faire amende honorable aux postérieurs de ces demoiselles. Ce qui fut rigoureusement exécuté avec toutes les formalités ordinaires.

Le comte de Rochefort, le comte de Harcourt, le chevalier de Rieux, et autres gentilshommes du temps du ministère de Mazarin, après avoir fait une débauche excessive où le vin avait joué un grand rôle, projetèrent d'aller sur le Pont-Neuf voler les passans; c'était un plaisir que le duc d'O*** avait mis à la mode dans ce temps-là. Le chevalier de Rieux et le comte de Rochefort, à qui ce passe-temps ne plaisait pas beaucoup, pour ne point participer aux plaisirs de leurs compagnons voleurs, s'en séparèrent, et montèrent sur le cheval de bronze. A la faveur du pied relevé de ce cheval, de l'étrier et des rênes, ils grimpèrent dessus, et se placèrent tous deux sur le col du cheval. De là ils pouvaient juger des prouesses de leurs amis, qui dans un instant dépouillèrent cinq ou six passans de leurs manteaux.

Cependant quelques personnes volées étant allé se plaindre, les archers arrivèrent bientôt sur le Pont-Neuf. Comme la partie n'était pas égale, les gentilshommes voleurs abandonnèrent bien vite le champ d'honneur. Ceux qui se trouvaient sur le cheval de Henri IV, voulurent les suivre. Le chevalier de Rieux porte précipitamment son pied sur les rênes de bronze, elles se cassent, il tombe en bas, et la douleur de sa chute lui fait pousser des cris. Les archers accourent au bruit, voient le chevalier de Rieux étendu sur la place, et le comte de Rochefort, perché sur le cheval, attendant tristement son sort; ils forcent l'un à se lever, et l'autre à descendre, et les conduisent tous deux au Châtelet où ils furent mis dans les cachots; de Rieux, frère du marquis de Sourdeac, avait de grandes protections; il n'y resta pas aussi long-temps que Rochefort dont le cardinal Mazarin fut toujours l'ennemi; ce fut avec beaucoup de peine qu'il parvint, après quatre mois de prison, à obtenir sa liberté. Peu s'en fallut que cette aventure ne le conduisît sur l'échafaud, et ne lui fît sentir combien il était dangereux aux particuliers de s'amuser comme des princes.

CHAPITRE LX.

LIEUX DE DÉBAUCHES.

Le *duc de Foix*, le *duc de la Ferté*, le sieur de *Camardon*, et autres gentilshommes, étant dans un lieu de débauche, rendez-vous ordinaire des gens du bon ton, ce dernier proposa au duc de la Ferté, comme une singularité piquante, de faire venir coucher la duchesse, sa femme, chez *Louise Darquin*, ou chez *Madelon Dupré*, courtisanes alors en réputation.

Quoique le duc de la Ferté ne fût pas fort susceptible sur l'honneur conjugal, il ne trouva pas la proposition acceptable. Le duc de Foix dit sérieusement que la duchesse de la Ferté n'était pas femme à venir dans des lieux de débauche; Camardon lui répliqua : « Non-seulement la duchesse de la Ferté y viendra quand je voudrai, mais encore la duchesse de Foix, votre femme, si vous voulez gager seulement cent pistoles. La gageure fut acceptée.

Cinq à six jours après, Camardon alla voir la duchesse de Foix, qui était sa sœur; lui dit qu'il avait fait une partie avec la duchesse de la Ferté pour aller à la Foire Saint-Germain, que si elle en voulait être il les y menerait toutes deux un matin; mais qu'il n'en fallait rien dire à son mari; que la duchesse de la Ferté était convenue de n'en point parler au sien. La partie fut liée sans autres informations. Camardon alla prendre les deux dames en carrosse. En chemin quelque chose se dérange dans la voiture, les dames épouvantées crient d'arrêter, et Camardon jure après le cocher. Tout cela n'était qu'une feinte; cependant Camardon s'apaise, et propose à ces dames d'entrer dans la maison d'une bourgeoise de sa connaissance, qui se trouvait par bonheur tout proche, en attendant un autre carrosse. Ces deux duchesses, n'ayant point d'autre parti à prendre, et ne trouvant point d'inconvénient à l'accepter, montèrent dans un appartement fort propre, où elles furent reçues par une femme avec beaucoup de civilité. Sur-le-champ Camardon écrivit aux deux maris de ces dames de venir promptement le trouver chez *Madelon Dupré*, où il les attendait avec des femmes charmantes. Les maris, qui étaient de caractère à se rendre à de pareilles invitations, arrivent. Camardon court au-devant d'eux: « Ce sont deux jolies femmes » dont *Dupré* a fait la découverte depuis peu, » dit-il; vous allez voir. » Les deux ducs entrent avec empressement, et restent tout-à-coup immobiles en voyant les deux duchesses, leurs épouses, dans un lieu de prostitution. Ces deux dames, fort étonnées de rencontrer leurs maris dans cette maison, l'étaient encore davantage de la grande surprise et du mécontentement qu'ils avaient marqués en les apercevant. Camardon jouissait de leur étonnement. Mais lorsque ces dames apprirent qu'elles étaient chez la *Dupré,* elles devinrent furieuses et maltraitaient sérieusement Camardon qui les apaisa et les fit rire, en leur contant la gageure qu'il avait faite avec leurs maris dans un lieu semblable. Camardon avait pourvu à tout ; on servit un superbe dîner, et ces dames et ces messieurs se mirent à table sans façon. Ce ne fut pas tout : lorsque la bonne chère eut égayé les esprits, les dames furent curieuses de voir les femmes qui composaient le sérail de la *Dupré*. Cette dernière n'eut pas de peine à les satisfaire ; elle fit passer en revue, devant la table, toutes ses filles qui donnèrent aux deux duchesses un spectacle fort singulier, car les hommes feignant de douter de la perfection de quelques charmes, obligeaient ces filles à mettre les preuves en évidence. Les duchesses grondaient et riaient beaucoup. Elles se vantèrent dans la suite d'avoir fort joyeusement passé une journée au b......

CHAPITRE LXI.

JÉSUITES FOUETTÉS.

Les anciennes écoles de droit se tenaient autrefois dans la rue Saint-Jean-de-Beauvais. En l'année 1698, il s'y passa une scène que la police d'aujourd'hui n'approuverait guère.

De jeunes étudians sortant un jour de cette

école, aperçurent dans la rue deux Jésuites : *Voilà deux disciples de saint Ignace, qui nous ont bien fait fouetter pendant que nous étions au collège,* dit un des étudians. Cette observation réveilla la haine qu'ils portaient depuis long-temps à ces tyrans de leur jeunesse. Par une fatalité bien singulière, il se trouva dans la même rue une charrette chargée de balais. A cette vue, les étudians en droit s'imaginent que la Providence leur envoie des armes pour punir leurs ennemis suivant la loi du talion : *Fouettons ceux qui nous ont tant fouettés!* Rien ne parut plus juste.

L'un d'eux, fils d'un avocat-général de la cour des aides, et devant remplir un jour cette charge importante, va le premier saluer les Jésuites, et leur proposer de mettre bien vite leurs culottes bas. Ses camarades se jettent sur la voiture aux balais. Les graves disciples de Loyola, bien étonnés du compliment, ne savaient comment se tirer de cet argument *ad hominem;* mais la frayeur succéda à la surprise, lorsqu'ils virent fondre sur eux une douzaine de jeunes étourdis armés de verges. Les remontrances, les menaces, les cris ne servirent qu'à donner plus d'activité à l'exécution ; dans un instant les deux révérends pères furent empoignés, troussés et fouettés d'une manière vraiment énergique.

Les cris des fustigés attirèrent beaucoup de curieux. Une jeune fille, touchée vivement de l'outrage fait aux postérieurs des révérends, criait de sa fenêtre et disait mille injures aux exécuteurs; mais voyant qu'on ne l'écoutait guère, elle descendit dans la rue pour mieux se faire entendre. Les étudians, lassés des clameurs de la péronnelle, tournèrent contre elle les instrumens de leur vengeance; elle fut troussée, fouettée sur-le-champ, si bien, que par la suite on lui donna le surnom de *la Fessée*[1].

Dans ce temps-là, les Jésuites ne se laissaient point fouetter impunément; l'affront fait aux derrières de deux de leurs religieux, rejaillissait sur toute la société; fouetter un Jésuite, c'était les fouetter tous. Ils firent des poursuites vigoureuses contre les coupables. M. le lieutenant de police *d'Argenson* fit des informations; il se trouva que les deux principaux agens de la cérémonie, appartenaient à des fa-

---

[1] Cette aventure et ce surnom furent cause qu'un homme qui était sur le point d'épouser cette fille, s'en dégoûta, et n'en voulut plus pour sa femme.

milles qui occupaient les premières places dans la magistrature. Ils furent mis en prison ; mais ils obtinrent bientôt leur liberté, parce que les juges ne trouvèrent pas *assez de preuves* pour les condamner.

CHAPITRE LXII.

COMBAT ENTRE UN CARME ET UN DOCTEUR DE SORBONNE.

Une fille de la confrérie de Notre-Dame-aux-Billettes, âgée de vingt-un ans, *grande larronnesse, grande recéleuse et fort dévote*, dit *Gui Patin*, fut, le 12 décembre 1659, pendue en place de Grève. Après avoir entendu prononcer son arrêt de mort, elle demanda la satisfaction de se confesser à un carme Billette qu'elle affectionnait, et qui depuis long-temps était le dépositaire de ses péchés. Le carme demandé arriva ; il s'apprêtait à confesser cette jeune pénitente, lorsque le docteur de Sorbonne, qui seul avait le droit de confesser et d'absoudre les criminels condamnés, s'y opposa. Le carme pensa qu'il était de son honneur de ne point céder au sorboniste. Le docteur irrité de voir un carme lui disputer le droit de confesser une jeune fille, lui répliqua vivement. D'argumens en argumens, d'injures en injures, ils en vinrent aux coups de poing; les archers, qui étaient présens, séparèrent comme ils purent les deux confesseurs. Ils en furent quittes l'un et l'autre pour quelques meurtrissures. Le carme vaincu fut mis à la porte, et le docteur, tout glorieux de sa victoire, se dépêcha d'administrer à la jeune condamnée le sacrement de pénitence.

CHAPITRE LXIII.

DOUZE CARMES MIS AU FOR-L'ÉVÊQUE.

Les Carmes ont toujours joui d'une grande réputation de régularité; cependant le relâchement s'est quelquefois introduit chez eux; je n'en citerai qu'un seul exemple.

Pendant le carême de l'année 1658, la plupart des moines du couvent de la place Maubert, se moquant des sages remontrances de leurs supérieurs et des préceptes de l'église, s'amusaient dans ce temps d'abstinence, à célébrer, la nuit, une orgie des plus complètes. Le supérieur eut connaissance de cette fête, et crut qu'elle lui offrait un moyen de se venger de ces moines libertins et indociles. Il informe la justice de ce qui se passe dans son couvent. En conséquence, à deux heures après minuit, dans l'instant que les Carmes se livraient à un plaisir d'autant plus vif qu'il était défendu, deux exempts avec leur escorte, vinrent, de par le roi, troubler la fête, se saisirent de ces joyeux pères, puis les conduisirent, au nombre de douze, en carrosse au For-l'Évêque. On trouva dans leurs chambres vingt-deux bonnes perdrix, des pâtés, des jambons, et force bouteilles de bon vin. C'était avec cette dévotion qu'ils prétendaient supporter l'abstinence du carême.

CHAPITRE LXIV.

CAPUCIN FOUETTÉ.

Un mois après la réduction de Paris, un capucin du grand couvent, ayant voulu en plein chapitre proposer de reconnaître Henri IV pour roi de France, ces moines, indignés de cette proposition, se saisirent de lui, le fouettèrent si vigoureusement, que long-temps après il en porta les marques ; puis ils le dépouillèrent de son habit de capucin, et le chassèrent de la communauté[1].

Ce malheureux fouetté, défroqué et vêtu d'une manière singulière, vint au Louvre, demander au roi justice de la violence et du mauvais traitement que les pères capucins lui avaient fait subir. Mais ce pauvre diable n'était pas au bout de ses malheurs ; son costume bizarre le fit remarquer et observer de près ; on le prit pour un capucin déguisé, on le mena sur-le-champ au For-l'Évêque où il fut fouillé ; mais on ne trouva sur lui rien de suspect. Il raconta son aventure, demanda à être visité ; il fut reconnu pour innocent et pour bien fouetté ; mais Henri IV, par ménagement, ne voulut pas sévir contre les pères délinquans, disant qu'il ne fallait point fâcher l'église.

[1] Les capucins et les jésuites, qui se croyaient exempts de la juridiction royale, furent les seuls, dit M. de Thou, qui voulurent attendre que le pape se fût expliqué sur la conversion de Henri IV.

CHAPITRE LXV.

MOINES APOSTATS.

Ablon, situé sur la rivière de Seine, à trois lieues de Paris, avait, sous le règne de Henri IV, été assigné aux protestans, pour l'exercice de leur religion, avant qu'ils eussent leur temple à Charenton.

Pendant le court espace de temps que ce village fut consacré à l'exercice de la religion réformée, on vit plusieurs habitans de Paris, se rendre en ce lieu pour y abjurer la catholicité, et embrasser le calvinisme; de ce nombre furent plusieurs ecclésiastiques, et même des moines.

Le 26 janvier 1603, un carme de Paris, abandonna son couvent, son froc et sa religion, et fut à Ablon, faire profession de la religion réformée.

Le 13 juillet suivant, un cordelier du grand couvent de Paris, nommé *Boucher*, se dépouilla du cordon et de l'habit de Saint-François, et vint à Ablon, pour professer le calvinisme. Il était si ignorant, que le ministre *Couet* fut obligé de parler pour lui, lors de son abjuration; il était non-seulement ignorant, mais encore inconstant et débauché. L'impossibilité, dans son nouvel état, de satisfaire ses goûts aussi librement qu'il l'avait pensé, ses remords, et la légèreté de son caractère, ne lui permirent pas de vivre long-temps dans le calvinisme. Le 15 septembre suivant, il quitta Ablon et les ministres, et vint se jeter dans les bras de ses frères les cordeliers qui lui firent faire une abjuration publique de ses erreurs, une amende honorable la torche au poing, et puis le fustigèrent fort dévotement. Mais, par malheur, cette correction fraternelle ne fut pas aussi fructueuse qu'on devait l'attendre pour les autres disciples de saint François.

Le 7 décembre de la même année, un capucin, gentilhomme de naissance, se rendit à Ablon, et embrassa le calvinisme. Le 22 février 1604, un jeune cordelier de Paris, qui jouissait de la réputation de savant et de bel esprit[1], et qu'on nommait *Baptiste Bugnet*, sous

[1] Il était auteur d'un petit livre intitulé : *Antipéristase*, imprimé à Paris, in-16, chez A. Dubreuil. Il l'avait composé avant son abjuration ; on y trouve de l'esprit et de la gaîté ; il n'y mit pas son nom, parce que sans doute il pensa qu'un traité de galanterie convenait mal à la profession de cordelier.

prétexte d'aller prêcher à la campagne, demanda à son supérieur une attestation de bonne conduite, et muni de cette pièce, il quitta son froc, son couvent, et vint à Ablon se présenter pour être admis parmi les sectateurs de Calvin. L'histoire ne rapporte point si les remords le ramenèrent dans son couvent de Paris. Il est certain que l'appréhension de la discipline fraternelle eût pu le détourner de cette pensée.

Baptiste Bugnet ne fut pas le dernier cordelier de Paris, qui apostasia dans le même temps. L'année suivante, le 29 juillet 1605, un cordelier du même couvent, nommé *Bertrand d'Avignon*, renonça furtivement à l'ordre, à l'habit de Saint-François, et vint encore à Ablon, embrasser le calvinisme.

Ce ne sont pas les seuls moines qui ont quitté le froc, pour abjurer le catholicisme; la liste de ceux qui, en différens lieux, ont abandonné leur monastère et leur religion serait longue. Le fils d'un des plus furieux assassins de la Saint-Barthélemi, nommé *Croiset*, était de ce nombre; il se fit cordelier, puis en 1595, il jeta le froc aux orties, et se retira à Bourg-en-Bresse, où il devint ministre des protestans dont son père avait été le bourreau [1].

[1] *Croiset* le père, pendant le massacre de la Saint-

CHAPITRE LXVI.

GALANTERIE ÉPISCOPALE.

Claude Dormy, dont on voyait le tombeau et la figure à genoux, dans l'église des Jacobins, avait été moine de Clugni, et prieur de Saint-Martin-des-Champs ; en 1600 il fut nommé évêque de Boulogne. Au mois de juillet 1604, on le soupçonna d'avoir fait quelques charmes et sorcelleries contre la vie du roi. On s'aperçut qu'il rendait de fréquentes visites à une demoiselle, nommée *Montpellier*, et que, dans ces visites, il mettait beaucoup de mystère ; il n'en fallait pas davantage pour accréditer les soupçons. Afin de prévenir ses mauvais desseins, on le fit arrêter et conduire à la Bastille. La dame chez laquelle il se rendait si souvent, fut prise dans

---

Barthélemi, tua de sa main quatre cents personnes, entre lesquelles était le conseiller Brouillard. Ce massacreur se retira ensuite dans un ermitage, non pour y faire pénitence, mais pour satisfaire plus à son aise ses inclinations meurtrières, en volant et en égorgeant ceux qui avaient le malheur de passer près de sa demeure ; enfin il fut pris et pendu.

le même temps, et renfermée dans la même prison. On fit ensuite une exacte perquisition dans la maison de la dame, et dans celle de l'évêque. On parcourut tous leurs papiers, et on trouva plusieurs lettres qui prouvaient incontestablement que, dans le fait de l'évêque, il n'y avait rien de bien sorcier; que lui et la dame ne connaissaient d'autre magie que cette douce impulsion qui rapproche un sexe de l'autre; et qu'au lieu de s'occuper à ôter la vie à leur souverain, ils travaillaient constamment l'un et l'autre à lui donner des sujets.

Quand on eut bien connu le motif de leurs secrètes intelligences, ils furent mis en liberté.

CHAPITRE LXVII.

ASSEMBLÉE DU CLERGÉ, COMBAT A COUPS DE POING.

En 1605, il se tint, au couvent des Grands-Augustins, une assemblée du clergé, à laquelle présida *François*, cardinal de *Joyeuse*, archevêque de Rouen. Elle était composée de neuf archevêques, de dix-huit évêques, et de trente-deux abbés du second ordre. Jérôme de Villars, archevêque et comte de Vienne, fit la harangue au roi. Un historien de ce temps dit que, dans cette assemblée, « se firent de belles » propositions, peu ou point de résolutions ; de » faste prou; de profit peu; de dépense beau- » coup. Le vin et la bonne chère qui y prési- » daient causèrent entre les présidens et pré- » lats de ladite assemblée, de grands débats et » altercations sur le fait de leurs préséances, » principalement entre MM. les archevêques de » Sens et de Lyon, l'un viel, et l'autre jeune. » Le premier était *Renaud de la Beaune*, archevêque de Sens, grand-aumônier de France, alors âgé d'environ quatre-vingts ans ; et le second *Claude de Bellièvre*, beaucoup plus jeune, et archevêque seulement depuis une année. La préséance fut décidée en faveur de ce dernier, et le jeune l'emporta sur le vieux. Mais cette querelle minutieuse ne se termina point sans beaucoup de chaleur de part et d'autre. Dans cette vénérable assemblée, on ne se contenta pas de querelles, d'injures, les prélats qui la composaient en vinrent aux mains, et se battirent à coups de poing : combat digne de sa cause. L'auteur cité assure que les coups de poing *tombèrent sur ceux mêmes qui n'en pouvaient mais.*

CHAPITRE LXVIII.

ÉGLISE DU SAINT-ESPRIT.

Superstition. Combat entre deux prêtres.

L'erreur a triomphé sans peine des vicissitudes des siècles et des révolutions; elle s'est transmise des temps les plus reculés jusqu'à nous, et dans ses différens passages, s'est conservée sans aucune altération : la vérité, la raison, n'ont pas le même succès.

La plupart des pratiques ou opinions superstitieuses ont passé, des Égyptiens, des Grecs ou des Romains, chez les Français, et s'y sont soutenues malgré la différence des religions. C'était une opinion établie chez les Romains que la membrane ou pellicule appelée *coiffe*, qui couvre la tête de quelques nouveau-nés, était un présage de bonheur pour l'enfant ou pour ceux qui la portaient, ce qui a fait naître ce proverbe, *il est né coiffé*, pour exprimer un homme heureux. *Lampridius*, qui vivait au quatrième siècle, en parle dans sa vie de Diadumène, et *Majoli*, grand compilateur, dans le second entretien du supplément de ses jours caniculaires, attribue cette superstition aux avocats romains, et dit qu'ils achetaient bien cher ces espèces de *coiffes*, persuadés qu'elles devaient contribuer au gain de leurs causes, et les rendre plus éloquens. *Causidici Romani multâ pecuniâ involucrum istud emebant, se illo ad causæ victoriam juvari multùm arbitrantes.*

L'aventure suivante prouve que cette ridicule opinion existait encore à la fin du seizième siècle, et que, par une ignorance bien honteuse, les prêtres de ce temps-là mêlaient ces pratiques superstitieuses au mystère le plus sacré du christianisme. En disant la messe, ils plaçaient sur l'autel et bénissaient ces espèces de coiffes, afin de donner plus d'efficacité à sa vertu supposée.

Le 21 octobre 1596, un prêtre, venant de dire la messe dans l'église du Saint-Esprit, avait oublié sur l'autel la coiffe d'un enfant nouveau-né, qu'il s'était chargé de bénir. Il revint à l'autel, il y trouva un autre prêtre disant la messe, qui refusa de lui rendre cette coiffe. Ce refus occasiona, entre les deux prêtres, une querelle d'autant plus indécente, que la messe commencée fut interrompue, et qu'au lieu de prières et d'actes de religion, les assistans entendirent des injures et des cris, et virent le spectacle scandaleux de deux prêtres, vêtus en habits sacerdotaux, se tirailler, se frapper au pied de l'autel. Le célébrant se trouvant le plus fort, garda la coiffe, et continua le saint sacrifice de la messe; puis il accusa son adversaire d'être sorcier, et le fit constituer prisonnier à l'évêché.

Le prétendu sorcier employa des amis et sortit bientôt de prison. Brûlant de se venger du prêtre qui l'avait battu, qui lui avait gardé sa coiffe, et qui l'avait fait emprisonner, il examina de près sa conduite, et ne tarda pas à découvrir que, dans une maison située sur les fossés entre les portes Saint-Martin et Saint-Denis, son ennemi entretenait et allait souvent visiter une fille débauchée; il guetta le moment où la fille et le galant en soutane y étaient ensemble; il avertit promptement un commissaire qui les surprit et les fit mener en prison. L'historien, qui a conservé ce fait, semble s'indigner du luxe insultant qu'étalait cette créature entretenue par un prêtre. *La gar..,* dit-il, *avait un cotillon vert, bandé de trois bandes de velours.* Que dirait-il donc aujourd'hui des impures qui jouent le même rôle?

CHAPITRE LXIX.

AVENTURIERS CÉLÈBRES.

Les hommes, à l'égard des choses extraordinaires, ont toujours mieux aimé se laisser séduire que de chercher à s'éclairer : c'est un plaisir pour l'imagination d'être agréablement trompée; c'est une peine pour l'esprit, de travailler à la recherche de la vérité. Il ne suffit pas de vouloir, mais il faut savoir la trouver; le nombre de ceux qui le veulent est petit, le nombre de ceux qui le peuvent est bien moindre encore. Aussi chaque imposture nouvelle, brillante ou flatteuse, a toujours trouvé, au moins pour quelque temps, beaucoup plus de partisans que d'antagonistes.

> L'hómme est de glace aux vérités,
> Il est de feu pour le mensonge.

Chaque pays a eu ses imposteurs : la France a trop souvent, pour des hommes de cette espèce, prodigué son or et son admiration. La liste en serait longue; ceux dont je parle ici, ont, par leur conduite et leurs fables, une ressemblance dont on peut faire aujourd'hui une application fort heureuse.

Un homme qui produisait des merveilles, lisait dans l'avenir, guérissait gratuitement les malades, et laissait partout des traces de sa générosité, parut à Lyon, en 1501; il possédait le secret de la pierre philosophale ; il possédait aussi le secret de s'attirer la confiance et l'admiration générales.

Il vint à Paris; les grands seigneurs qui, dans ce temps-là, savaient à peine écrire leur nom, rendirent hommage à ses rares talens.

Encouragé par ces succès, l'alchimiste se présenta devant Louis XII, et fit présent à ce roi d'une épée et d'un bouclier doués de vertus occultes, merveilleuses, et surtout très-salutaires pour le guerrier qui devait s'en armer.

Pour le récompenser de ce présent dont la valeur était chimérique, Louis XII lui en fit un autre d'un prix plus réel ; il lui donna une somme considérable en or, que le philosophe ne reçut que pour ensuite la distribuer aux pauvres, en disant que sa pauvreté était bien préférable aux richesses. Ce dernier trait donna un nouvel éclat à sa réputation.

Sous le règne de Henri IV, un autre aventurier fut peut-être aussi célèbre, aussi adroit, mais moins heureux.

François Fava, né aux environs de Gênes, commença sa brillante carrière par professer la médecine. Il pensa qu'en unissant à son sort une femme jolie, elle pourrait contribuer à ses succès. Il épousa en conséquence *Catherine Oliva*. En changeant d'état, il voulut aussi changer de nom : il prit celui de *César Fioti*. Après ces changemens, il en fit d'autres encore ; il changea de costume et de pays.

Il arriva à Naples, vêtu en abbé ; s'introduisit chez un banquier, où, en lui vantant ses secrets dans l'art de guérir, il apprit à contrefaire son écriture, et découvrit les noms de ses correspondans à Venise.

De Naples, il fut à Padoue, jouer le rôle d'évêque, chez un évêque même, et par le récit d'un roman bien tissu, il gagna sa confiance, et escroqua son argent, et des lettres pour Venise.

A Venise, il fut tour-à-tour médecin, évêque, et marchand de diamans ; sous ces trois qualités, il tripla ses friponneries, puis il partit prudemment, et vint à Paris, au commencement de l'année 1608, chargé de bijoux, de plusieurs boîtes de diamans, de perles, de chaînes d'or, et de sommes considérables.

Pendant qu'en France il faisait le rôle d'empirique, en Italie ses friponneries furent connues ; les intéressés envoyèrent de Venise à Paris des mémoires détaillés sur les objets volés, avec le signalement du voleur.

Fava ne s'en doutait pas, lorsqu'il fut chez un jouaillier du Pont-au-Change, pour lui vendre des bijoux et des diamans. Il y fut reconnu, arrêté, et mis en prison ; il essaya de se sauver, de se tuer, et ne réussit qu'à s'empoisonner par le moyen d'une pâte que sa femme *Oliva* lui fit parvenir, poison dont il mourut la veille de sa condamnation.

Quelques mois après, il parut un autre aventurier qui venait également d'Italie ; c'est de ce pays qu'ils sortent ordinairement[1] : l'application qu'on peut faire aujourd'hui des circonstances de sa vie est frappante.

Un homme se disant *enfant de la nature*, bâtard d'un souverain qui ne peut point avoir d'enfans légitimes, vint à Paris guérir des ma-

---

[1] L'Italie nous a fourni des ministres, des escrocs bien funestes à la France : les Médicis, les Concini, les Mazarin en sont la preuve.

lades avec des secrets nouveaux, et travailler au grand œuvre de l'alchimie. Par ses prestiges et ses promesses, il s'était fait un grand nombre de sectateurs; mais en cherchant *la pierre philosophale*, il cherchait, et trouvait dans la bourse de ses crédules partisans, l'or qu'il ne pouvait produire dans ses fourneaux. Enfin, le temps éclaira sa conduite, et dissipa le nuage brillant dont il enveloppait son imposture : les illusions, les promesses flatteuses disparurent; il ne resta que les escroqueries d'un aventurier.

Son vrai nom était *Lancesque*, et sa patrie, Rome; il se disait bâtard du pape, et en conséquence, il portait le nom de *Barthélemi Borghèse*. A Rome, il avait déjà été puni de ses impostures; il le fut pour la dernière fois à Paris, par un arrêt du 11 septembre 1608, qui le condamna à faire amende honorable devant la maison du nonce du pape, et à être pendu et brûlé en place de Grève. Son secrétaire, nommé *Larena*, fut présent à son exécution, et puis envoyé aux galères.

Nous pourrions considérablement grossir ce chapitre.

CHAPITRE LXX.

SORCIERS.

La Brie a long-temps été peuplée de sorciers, d'enchanteurs ou de gens qui croyaient l'être. C'était dans les environs de *Verberie* et de *la Ferté-Milon,* que se tenaient les sabbats ou assemblées de sorciers (voyez *Sabbats*), et au hameau de *Paci,* proche Brie-Comte-Robert, que des bergers faisaient mourir par sortilége, tous les bestiaux des fermiers du voisinage. Des sacriléges, des profanations dont le récit, dit-on, ferait horreur, composaient le sort que ces bergers magiciens employaient pour donner la mort aux animaux ; ils mettaient cette composition dans un pot de terre, et l'enterraient sous le seuil de la porte des étables ou écuries, ou dans les endroits que fréquentaient le plus souvent les bestiaux. Tant que le sort restait en place, et tant que celui qui l'avait placé vivait, la mortalité ne cessait pas.

Quelques-uns de ces bergers furent pris : on instruisit leur procès; ils avouèrent qu'ils avaient jeté des sorts sur les bestiaux du fermier de la terre de Paci ; ils firent le récit exact de la composition de ces sorts ; mais aucun d'eux ne voulut déclarer l'endroit où ils étaient enterrés. Leur obstination à garder le silence sur ce dernier article, rendit le juge plus curieux d'en savoir la cause. Ils dirent que s'ils découvraient ce lieu, et qu'on levât le sort, celui qui l'avait placé mourrait à l'instant.

Un de leurs complices, nommé *Étienne Hocque*, était à la chaîne dans la prison de la Tournelle. Pour savoir de lui où était placé le sort, on gagna un autre forçat, nommé *Beatrix* : celui-ci, bien payé, fit un jour boire *Hocque*, et l'enivra. Les buveurs aiment à faire des confidences. Hocque n'eut pas de peine à avouer à son camarade qu'il n'y avait qu'un nommé *Bras-de-Fer*, berger, habitant aux environs de Sens, qui pût lever ce sort par les conjurations qu'il savait pour cela. *Béatrix*, encouragé par cet aveu, détermina *Hocque* à écrire une lettre à son fils *Nicolas Hocque*, par laquelle il lui mandait d'aller trouver *Bras-de-Fer*, pour le prier de lever ce sort : par cette même lettre, il recommandait à son fils de ne pas dire à *Bras-de-Fer* qu'il était en prison, et que c'était lui, *Hocque*, qui avait placé ce sort.

Le lendemain, après la lettre écrite, *Hoc-*

que, ayant recouvré sa raison, se repentit vivement de sa faute; il se jeta sur *Béatrix,* et voulait l'étrangler pour lui avoir arraché ce fatal secret.

Cependant le fils de *Hocque* reçut la lettre, et fit venir *Bras-de-Fer* à *Paci.* Celui-ci entra dans les écuries, et, après avoir fait plusieurs figures, et les conjurations nécessaires, trouva le sort qui avait été jeté sur les chevaux et sur les vaches : il le leva et le jeta au feu en présence du fermier et de ses domestiques.

A peine le sort fut-il consumé, que *Bras-de-Fer* parut chagrin, et témoigna du regret de ce qu'il venait de faire. On lui demanda la cause de son inquiétude ; il répondit que l'esprit venait de lui révéler que c'était *Hocque,* son ami, qui avait posé ce sort, et qu'il était mort à six lieues de Paci, au moment que le sort avait été levé. Par des informations prises à la prison de la Tournelle, par le sieur *Marié,* commissaire au Châtelet, et à Paci, par le juge de ce lieu, il fut prouvé qu'au même jour et à la même heure que *Bras-de-Fer* avait levé le sort, *Hocque* était mort en un instant dans des convulsions étranges. Fables!

Les fermiers de Paci prièrent *Bras-de-Fer* de lever aussi un autre sort jeté sur les moutons ; mais il n'en voulut rien faire, parce qu'il venait d'apprendre qu'il avait été posé par les enfans de *Hocque*, et qu'il ne voulait pas faire périr les fils comme le père. Sur ce refus, *Bras-de-Fer* fut arrêté avec les deux fils et la fille de *Hocque*, et deux autres bergers coupables. *Bras-de-Fer* et ses complices furent pendus et brûlés, et les trois enfans de *Hocque* bannis pour neuf ans.

Deux autres de ces sorciers, nommés *Biaule* et *Lavaux*, furent condamnés par le même juge à être pendus et brûlés ; la sentence fut confirmée par arrêt du 18 décembre 1691.

Il est constant que ces bergers ont existé ; qu'ils ont été accusés, pris, condamnés, et exécutés comme sorciers ; que la sentence du juge de *Paci* a été confirmée par arrêt du parlement de Paris ; mais ou leur crime était entièrement imaginaire, ou bien leur procédure était un tissu de faussetés. La saine raison rejete l'existence de ces êtres qui peuvent, à leur fantaisie, changer l'ordre de la nature, et qui ne peuvent pas se soustraire aux supplices. L'expérience ne prouve que trop combien des juges, prévenus par les préjugés, peuvent abuser des apparences. On pourrait donc conclure que tous ces prétendus sorciers sont autant d'innocens, et que les juges qui les ont condamnés sont autant d'hommes iniques. Cependant cette conclusion ne satisfait point l'esprit ; on ne peut concevoir comment plusieurs hommes, plusieurs juges, ont constamment repoussé la vérité pour n'embrasser qu'un mensonge merveilleux ; on aime mieux croire que les maléfices ont réellement existé; qu'un mélange chimique produisait naturellement des maux réels que l'ignorance des coupables et des juges attribuaient à une cause surnaturelle. Un médecin de Bâle, nommé *Huvier*, a composé un livre *de Præstigiis*, dans lequel il rapporte à des causes naturelles, les maléfices, les sortiléges et la magie.

CHAPITRE LXXI.

ASTROLOGUES, FIGURES MAGIQUES EN CIRE, MARTINISTES.

L'erreur a commencé avec les hommes; elle a surtout dominé avec éclat dans les climats chauds et fertiles, où l'imagination plus exaltée, plus féconde, a produit ces fictions flatteuses ou terribles, qui ont séduit ou épouvanté les peuples. L'art surnaturel de commander aux élémens, de maîtriser la nature, de prévoir l'avenir, etc., a, dans tous les temps, dans tous les pays et dans toutes les religions, exercé l'esprit des hommes. Les Égyptiens, les Grecs, les Romains, avaient leurs astrologues et leurs magiciens. Les siècles, les gouvernemens et les religions se sont renouvelés; mais les peuples sont restés crédules et superstitieux. Les noms et les attributs ont changé, mais l'erreur est restée la même.

Dès les commencemens du christianisme, les illusions de l'art magique infectèrent cette religion. Plusieurs conciles condamnent les sorciers, les pratiques extravagantes ou impies qu'ils exerçaient, et la confiance qu'on leur accordait.

Pharamond passait pour fils d'un *incube*[1]; *Bazine*, mère de Clovis Ier, pour une *sorcière*. Frédegonde accusa Clovis, fils de son mari *Chil-*

---

[1] On s'imaginait, dans des temps d'ignorance, que les incubes étaient des démons ou esprits malfaisans qui se jetaient sur les hommes, ou plutôt sur les femmes pendant leur sommeil, et qu'ils s'efforçaient de les étouffer. Les suffoquemens qu'on leur attribuait n'étaient autre chose que l'effet d'un accident assez ordinaire qu'on appelle *cauchemar*.

péric et d'*Audouère*, de sortilége et de complicité avec des sorciers. L'opinion fut à peu près la même jusqu'au règne de Charlemagne, qui, voulant ressusciter la science, fit des lois contre ces honteuses erreurs. Après lui l'ignorance reprit son empire, les peuples crurent plus que jamais aux sorciers et à la magie. L'histoire fut tachée de récits absurdes. On écrivit que *Berthe* était accouchée d'un oison, que *Bertrade* était sorcière. Philippe-le-Hardi eut recours à une devineresse. La démence de Charles VI et le crédit de Valentine de Milan sur son esprit, furent regardés comme des effets de sortilége. Ce fut comme sorcière que fut brûlée la *Pucelle d'Orléans*.

Bientôt, sous le nom d'*astrologie*, ces prestiges acquirent plus de considération, et ceux qui les exerçaient jouirent de la réputation de savans. Les rois avaient des astrologues en titre, comme ils avaient des médecins.

Sous le règne de Louis XI, l'astrologie était fort en vogue. M*e Arnoul* était *l'astrologien* de ce roi. Le célèbre *Angelo Cattho*, dont il est fait mention à la suite des chroniques de Commines qui fut archevêque de Vienne, était un astrologue de grande réputation. Mais le triomphe de l'astrologie ou de la magie en France,

fut complet sous les règnes de Catherine de Médicis, et des rois, ses fils, même sous celui de Henri IV. Lorsque, en 1587, on condamna *Dominique Miraille*[1], italien, et une bourgeoise d'Étampes, sa belle-mère, à être pendus, puis brûlés au parvis de Notre-Dame, pour crime de magie, les Parisiens s'étonnèrent de cette exécution : « Pour ce que, dit l'Étoile, cette sorte
» de vermine était toujours demeurée libre, et
» sans être recherchée, principalement à la cour
» où sont appelés philosophes et astrologues
» ceux qui s'en mêlent ; et même du temps de
» Charles IX, était parvenue à telle impunité,
» qu'il y en avait (dans Paris) jusqu'à trente
» mille, comme confessa leur chef, en 1572. »

On ne sera pas surpris de ces trente mille astrologues ou sorciers résidant à Paris, si l'on considère que ces sortes de gens étaient consultés, accueillis, et bien récompensés par les rois, reines ou grands seigneurs. Catherine de Médicis faisait elle-même profession de cette science superstitieuse. La colonne, qu'on

---

[1] Suivant l'arrêt, ils furent condamnés pour avoir été saisis « de livres de conjurations, caractères, plaques d'ar-
» gent, lames de fer-blanc, figures, papiers, harangues
» pour invoquer les sibylles, fées et malins esprits, et au-
» tres instrumens servant au fait de magie. »

a conservée à la halle aux Farines, lui servait d'observatoire. Cette princesse portait sur son estomac une peau de vélin ; d'autres disent d'un enfant écorché, semée de figures, de lettres et de caractères de différentes couleurs, ainsi qu'un talisman que lui forma l'astrologue *Regnier,* et que l'on trouve gravé dans le tome 2 du Journal de Henri III. Avec ce talisman, elle croyait pouvoir gouverner souverainement, et connaître l'avenir : il était composé de sang humain, de sang de bouc, et de plusieurs sortes de métaux fondus ensemble, sous quelques constellations particulières qui avaient rapport à la nativité de cette princesse.

Ainsi, on poussait la superstition au point d'attribuer des vertus occultes et surnaturelles à la matière inerte. On employa dans ce même temps, pour un objet plus criminel encore, des figures en cire qui représentaient des personnes dont on désirait la mort. On croyait que, par des moyens magiques, les coups portés à ces figures de cire, frapperaient mortellement les personnes dont elles avaient la ressemblance et le nom.

L'usage de ces figures en cire n'était pas nouveau en France. La Chronique de Maillezais rapporte qu'en 1123 des Juifs de Rouen firent une action détestable par le moyen d'une figure en cire. Par une lettre de Charles IV, du 8 juillet 1326, il est fait mention de figures magiques fabriquées par plusieurs particuliers de Toulouse, pour faire mourir ce roi. Dans le procès d'*Enguerand de Marigny*, on accusa *Aleps de Mons*, sa femme, et la dame de *Chanteleu*, sa sœur, de recourir aux voies de magie pour sauver ce ministre qui lui-même avait, dit-on, un démon familier avec lequel il fascinait l'esprit du feu roi. On prétendit avoir trouvé, dans la maison de la dame de Marigny, des petites figures de cire dont le pouvoir magique devait *envouter le roi, le comte de Valois, plusieurs barons et ministres,* c'est-à-dire, qu'en piquant ou torturant ces figures de cire, le roi, le comte de Valois, etc., devaient éprouver les douleurs et les suites funestes que ces mauvais traitemens auraient causés sur leurs personnes [1].

Bernard, comte d'Armagnac, fut en grande

---

[1] Les grandes chroniques qui parlent de ce fait, appellent ces figures en cire *vœux*, du même nom qu'on donne aux offrandes pendues dans les églises : *étaient iceux vœux* (ces figures) *en telle manière ouvrés, que si longuement eussent duré, lesdits roi, comtes, n'eussent fait chacun jour que ammenuiser, sécher, décliner, et en brief les eussent fait de male mort mourir.*

querelle avec Geraud d'Armagnac, comte de *Ferenzaque*. Il accusa ce dernier d'avoir employé des moyens magiques pour le faire mourir. Suivant les informations, il fut prouvé que Geraud d'Armagnac, « s'étant enfermé dans une chambre du château de la Plume, au mois de mai de l'an 1400, y avait fait tirer par ses écuyers, d'une caisse bien fermée et couverte d'un drap vert, trois images de cire, de trois différentes couleurs, dont l'une était longue, les deux autres plus courtes, enveloppées dans de la toile; qu'après les avoir découvertes, il avait fait apporter un livre devant lui, et que l'ayant pris en ses mains, il avait proposé à Guillaume de Carlat, licencié en droit de Rabasteins, de jurer de le conseiller sur ce qu'il lui demanderait. Guillaume de Carlat, dit un des témoins, voulait excepter la maison d'Armagnac de ce serment, mais le comte Geraud ne lui ayant pas voulu permettre, il jura de le conseiller envers tous et contre tous. Le comte Geraud lui promit sept mille francs d'or, et lui dit : « Mossen Guillaume, vous êtes présentement sous mon serment. Je cherche la mort de celui qui se fait comte d'Armagnac, et je veux avoir ses biens, sa femme, ses enfans et ses nièces, pour en disposer à mon plaisir; c'est pourquoi j'ai fait faire ces trois images à Milan, en Lombardie, par des gens habiles, et je vous ordonne de le faire consacrer, au château de Montlezun, par Jean d'Astarac qui demeure à Montgiscard et qui a le livre consacré : je suis assuré qu'il n'y a aucune chose au monde qu'il ne fasse; j'ai fait faire cette image brune contre Bernard d'Armagnac, et quand elle aura été consacrée et qu'il sera mort, nous verrons aux autres, comme nous jugerons à propos. » Ce témoin ajouta que Guillaume de Carlat, ayant porté cette image à Jean d'Astarac, il l'avait prié de ne rien entreprendre contre la maison d'Armagnac, que Jean d'Astarac l'avait promis.

Lorsqu'en 1574, on exécuta en place de Grève les gentilshommes *Coconas* et *Lamolle*, on trouva sur ce dernier une figure de cire fabriquée par un magicien nommé *Cosme Ruggieri*. Catherine de Médicis, qui protégeait ce magicien, parce qu'il était de son pays, craignit que cette figure eût été faite pour attenter à la vie de Charles IX, et qu'en conséquence, le parlement ne le condamnât à mort. Elle écrivit au procureur-général pour s'informer de la vérité. *Lamolle* avait toujours soutenu que cette figure avait été faite pour se faire aimer d'une grande princesse : c'était la reine *Marguerite*. Cependant le magicien *Cosme Ruggieri* fut condamné aux galères ; mais son arrêt ne fut point exécuté ; au contraire, il fut gratifié par le roi de l'abbaye de *Saint-Mahé*, en Bretagne [1], et il reçut encore de la cour une pension de trois mille livres, au commencement du règne de Louis XIII, par la protection de la maréchale d'Ancre [2]. Nicolas Pasquier, dans ses lettres, fait un long récit de sa mort ; il assure qu'il mourut *très-méchant homme, athée et grand magicien.* Il ajoute qu'il fabriqua « une autre image de cire, » sur laquelle il jeta plusieurs infusions de char- » mes et de venins, pour faire mourir notre » grand Henri ; mais il ne put atteindre à son » sort, et le roi, par sa douce clémence, lui » pardonna. »

[1] Hommes, femmes, mariés, enfans, nés ou à naître, obtenaient alors indistinctement des bénéfices. Un historien du temps dit qu'on en gratifiait « athées, héréti- » ques, gentilshommes, capitaines, soldats, maçons, » artisans, et bien d'autres insectes de l'humanité. Il » n'était pas jusqu'à des petits coquins de poètes dissolus, » manque..... de la pudicité des femmes et filles, qui n'y » eussent bonne partie. »

[2] Cette maréchale, qui, conjointement avec son mari, et quelques autres favoris de la reine Marie de Médicis, avait pillé les finances du royaume, fut elle-même condamnée et brûlée en place de Grève comme sorcière.

Lorsqu'après les barricades, Henri III fut sorti de Paris, les prêtres ligueurs rayèrent son nom des prières de l'église, en composèrent de nouvelles pour les princes devenus chefs de la ligue, et firent plusieurs images de cire qu'ils placèrent sur les autels des différentes paroisses de Paris, où l'on célébra quarante messes pendant quarante heures. A chaque messe, les prêtres faisaient une piqûre à l'image de cire, et à la quarantième messe, ils piquaient l'image à l'endroit du cœur, en prononçant à chaque fois quelques paroles de magie, pour essayer de faire mourir le roi.

C'était le comble de la déraison et de la sottise, pour des prêtres catholiques, dans l'instant qu'ils cherchaient à faire triompher leur religion de celle des protestans, d'employer ces moyens superstitieux; c'était le comble de l'impiété de mêler les mystères les plus sacrés du christianisme aux plus criminelles pratiques de la magie; c'était s'avouer ignorans et scélérats, et c'était vouloir rendre la Divinité complice de meurtres et de sortiléges.

Treize ans après, sous le règne de Henri IV, l'histoire fait encore mention de figures magiques en cire. Le duc de Biron, qui eut la tête tranchée à la Bastille, accusa dans ses interrogatoires, *Lafin*, son confident et son délateur, d'être en commerce avec le diable, d'avoir été ensorcelé par lui, et de posséder des figures de cire parlantes.

Marie de Médicis, même dans le temps de son exil, gardait toujours auprès d'elle un magicien nommé *Fabroni*. Le roi, son fils, ou plutôt le cardinal de Richelieu, car Louis XIII ne régnait pas, ne permit à cette reine de revenir à la cour, qu'à condition qu'elle lui livrerait *Fabroni* qui avait témérairement prédit sa mort prochaine [1].

Il y avait encore sous Louis XIV beaucoup d'astrologues ou tireurs d'horoscopes. Lorsque M. d'Argenson fut lieutenant de police à Paris, il mit en œuvre toute sa vigilance pour purger cette capitale de ces imposteurs.

On croirait que les lumières de la raison, croissant avec les connaissances humaines, auraient enfin dissipé ces ténèbres; que les sciences exactes auraient pleinement remplacé les

---

[1] Ce cardinal, vindicatif et cruel, voulait par intérêt faire punir le sorcier *Fabroni*, tandis qu'aussi par intérêt, il faisait à Loudun jouer des farces indécentes et incroyables par des religieuses qui, pour satisfaire à sa vengeance, remplissaient avec un merveilleux succès les rôles d'ensorcelées.

sciences chimeriques ; que leur vanité serait démontrée à ceux qui cherchent à s'instruire, et que les prestiges de la magie ne pourraient tout au plus en imposer qu'à des rustres ignorans ou superstitieux. Cependant on voit dans ce siècle de raison, où les sciences se familiarisent pour ainsi dire avec tous les esprits, des sectes d'illuminés[1] qui, sous des noms plus polis, plus savans, renouvellent à peu près les mêmes erreurs.

Les noms de sorcier ou de magicien sont changés en celui de *martiniste*[2] : au lieu du

---

[1] Dans le siècle dernier, il se manifesta en Espagne une secte d'*illuminés*, qui avait déjà été vivement persécutée par l'inquisition. En 1623, le roi catholique la proscrivit de nouveau. Les sectateurs se réfugièrent alors en France : les villes de *Roye* et de *Montdidier* leur servirent de retraites. Pour juger de leurs opinions, voici le contenu d'un des placards qu'ils firent afficher à Paris. « Nous, députés du collège principal des frères de la Rose-» Croix, faisant séjour visible et invisible en cette ville, » par la grâce du Très-Haut, vers lequel se tourne le » cœur des justes, nous montrons et enseignons, sans » livres ni marques, à parler toutes sortes de langues des » pays où nous habitons, pour tirer les hommes, nos sem-» blables, d'erreur et de mort. »

[2] Du nom de *Martin Swedenborg*, savant suédois, célèbre par les choses extraordinaires qu'on raconte de lui.

CHAPITRE LXXI. 235

diable, on dit *esprit, agens purs et intermédiaires, essence amalgamée,* ou *puissances secondaires,* etc. Ces sectateurs ont le même but que les magiciens, celui de se rendre parfaitement heureux, en maîtrisant le destin, etc.; mais les moyens qu'ils emploient, et l'esprit de leur dogme, sont tout opposés. Les magiciens ne tendaient qu'à faire le mal, qu'à détruire; les martinistes, qu'à se rapprocher de la perfection par la pureté des mœurs. A une vieille et odieuse chimère, a succédé une chimère respectable [1].

Un mort lui avait dit où devait se trouver une quittance acquittée dont la comtesse de Marteville, veuve du mort, avait besoin. La quittance fut trouvée dans l'endroit indiqué par *Swedenborg*. La reine de Suède, pour l'éprouver, l'avait chargé de demander au prince Guillaume, son frère, mort depuis quelque temps, un secret qui n'était connu que d'elle et de ce prince. *Swedenborg* lui demanda du temps pour chercher le prince, et au terme fixé, il vint rendre compte de sa conversation avec l'âme du mort qui lui avait révélé le secret. On assure que lorsqu'on parlait à la reine de cette aventure, elle refusait de répondre, mais ajoutait que le fait de la comtesse de Marteville était vrai. Plusieurs Suédois ont cru à la vérité de ces faits, d'autres les ont traités de contes d'enfant.

[1] Les livres intitulés *la Vérité*, en deux volumes, *le*

Aux hommes oisifs et d'une imagination ardente et avide, il faut des rêves brillans, de merveilleux mensonges ; la raison est trop froide, ses bornes sont trop circonscrites pour eux ; ils aiment à être séduits, et non pas convaincus.

CHAPITRE LXXII.

SABBATS DES SORCIERS.

Le sabbat des prétendus sorciers est un reste des anciens mystères du polythéïsme; ils se célébraient dans différens lieux de France; mais du temps de Catherine de Médicis, où les astrologues et les magiciens étaient si nombreux et si bien accueillis par cette reine, les sabbats les plus renommés se tenaient aux environs de *la Ferté-Milon* et de *Verberie* : on nommait ceux qui s'y rendaient *chevaucheurs de ramon*, ou *chevaucheurs d'escouvettes;* l'une et l'autre

---

Tableau naturel des rapports qui existent entre Dieu, l'homme et l'univers, aussi en deux volumes, donnent une notion exacte des opinions des martinistes.

dénomination signifient gens qui vont à cheval sur un balai¹.

Pendant l'été, ils s'assemblaient au milieu des bois, et en hiver dans des fermes écartées. Le renoncement à Dieu et à la religion, beaucoup de discrétion et une entière soumission aux volontés des chefs, étaient, dit-on, ce qu'on exigeait des récipiendaires. L'assemblée commençait avec la nuit et finissait au chant du coq. Le lieu destiné au sabbat était éclairé par une seule lampe qui répandait un jour lugubre, et ne dissipait qu'une partie des ténèbres. Tout ce qui pouvait porter dans l'âme des sensations terribles, était mis en usage pour éprouver le courage et la discrétion des associés, et les rendre inaccessibles aux remords.

Le diable, qui présidait au sabbat, suivant les crédules auteurs qui en ont parlé, y paraissait assis sur un trône élevé, vêtu de la peau d'un grand bouc, ou de celle d'un grand chien

---

¹ *Bodin*, dans sa *Démonographie*, assure que les sorciers vont au sabbat par les airs; que les uns sont montés sur des boucs, ou sur des chevaux ailés; d'autres se contentent de mettre un balai, ou seulement un bâton entre les jambes, et que plusieurs parcourent les airs, sans autre secours que celui du diable.

barbet, ou bien en figure d'homme couvert d'un grand manteau noir. A sa droite, était une lampe enflammée; à sa gauche, l'homme ou la femme dépositaire des poudres, ou graisses que l'on avait coutume de distribuer à tous les assistans.

Suivant les crédules, ces poudres étaient des poisons composés par art diabolique, pour opérer des maléfices, jeter des sorts sur les bestiaux ou sur les hommes. L'ignorance où l'on était alors en pharmacie, faisait aisément passer ces poisons pour surnaturels, et croire que les démons seuls en enseignaient la composition. Rien n'était plus facile que d'en imposer à cet égard.

Les graisses qu'on distribuait étaient, dit-on, propres à transporter le sorcier qui s'en frottait, de sa demeure à l'endroit du sabbat. Mais il est plus raisonnable de croire que ces graisses servaient à donner aux membres plus d'agilité et de souplesse pour les exercices qui se faisaient dans les assemblées [1], ou bien que l'odeur qu'elles répandaient, servait aux chefs à reconnaître tous les initiés, et à les distinguer de

[1] Les athlètes, avant leurs exercices, étaient dans l'usage de s'oindre le corps.

quelques étrangers espions qui auraient pu s'introduire parmi eux. Cette odeur était le signe d'admission et de reconnaissance, et servait à l'exclusion de ceux qui ne l'exhalaient pas.

Après la distribution des graisses et poisons, le diable président ouvrait la séance par un discours. Les assistans, rangés à sa droite et à sa gauche, sur deux lignes parallèles, l'écoutaient dans un profond silence : le discours achevé, chacun consultait l'orateur, puis il se faisait plusieurs cérémonies mystérieuses, comme de baptiser des crapauds qui servaient de préparatifs, et qu'on appelait *Mirmilots*.

On adorait ensuite ce diable, en le baisant au derrière, lorsqu'il était en forme de bouc, et au nombril, lorsqu'il avait la figure d'homme[1].

L'ivresse ensuite bannissant toute décence, et portant la dissolution à son dernier période, on exécutait des danses extravagantes et lascives, et après cette adoration, on servait un repas abondant en viandes et en vins : chacun en présence de tous les assistans, s'abandonnait aux débauches les plus monstrueuses.

En rapprochant les nombreux témoignages

---

[1] Suivant *Antoine Torquemada*, auteur espagnol, ce diable recevait le baiser un peu plus bas.

que nous offrent les tribunaux sur l'histoire des sabbats, en la dépouillant de ce que des hommes ignorans et crédules lui ont prêté de merveilleux, on ne peut s'empêcher de regarder l'existence de ces associations, non-seulement comme possible, mais encore comme véritable.

Ces assemblées étaient composées de libertins un peu instruits, de pauvres bergers crédules et de scélérats ignorans. Le plus petit nombre trompait, et le plus grand nombre était trompé.

La superstition remplissait alors presque toutes les têtes ; on ne savait point douter ; tout ce qu'on ne pouvait comprendre, on le croyait ; l'on aimait à croire tout ce qui avait les apparences du merveilleux ; avec de telles dispositions, il était facile aux chefs d'opérer des prestiges et d'étonner leurs subalternes qui n'avaient ni les talens d'en découvrir les causes physiques, ni la pensée de les approfondir et de s'en méfier.

La facilité de se venger et de se faire redouter de ses ennemis, de ses voisins, par des poisons et autres maléfices ; les jouissances qu'on se procurait dans les débauches pratiquées au sabbat, étaient des intérêts assez puissans, des attraits assez vifs, pour cimenter ces associations.

Ce qui porterait à croire que les cérémonies célébrées aux sabbats des sorciers, pourraient bien n'être pas aussi coupables qu'on le raconte, c'est que la mémoire de ces cérémonies existait long-temps avant qu'il fût question de sabbat de sorcier. On a reproché aux *anabaptistes*, aux *templiers*, aux *Albigeois* et aux *Vaudois*, les mêmes crimes, et à peu près les mêmes pratiques. Dans l'histoire d'Artois, par dom de Vienne, on voit que l'inquisition établie dans cette province, fit brûler plusieurs Vaudois: l'inquisiteur, avant le supplice, les prêcha en public (c'était un moyen anciennement en usage pour instruire ou tromper le peuple sur les causes de la condamnation). Il avoua hardiment dans son discours que les Vaudois se servaient d'un onguent que le diable leur avait donné; qu'ils en oignaient une petite verge de bois; que quand ils l'avaient mise entre leurs jambes, le diable les transportait aussitôt en l'air par-dessus les toits, villes et campagnes, dans l'endroit où l'assemblée devait se tenir; que là il se trouvait un diable en forme de bouc, avec une queue de singe; qu'ils lui faisaient hommage et l'adoraient; que plusieurs leur donnaient leurs âmes, ou du moins quelques parties de leurs corps; qu'ils baisaient ensuite le bouc au derrière, tenant entre les mains des chandelles allumées ; qu'après cet hommage, ils marchaient sur la croix, et crachaient dessus, en reniant Jésus-Christ et la Trinité ; qu'ils montraient ensuite leur derrière au ciel, comme pour se moquer de Dieu ; qu'après avoir bien bu, bien mangé, ils habitaient charnellement ensemble ; que le diable lui-même prenait la forme d'un homme pour jouir d'une femme, et qu'ils commettaient des péchés contre nature, si énormes, qu'il n'osait les prononcer. Le prédicateur ajouta que l'onguent dont se servaient les Vaudois dans ces cérémonies, était composé de cette manière : quand ils étaient à la sainte table, ils prenaient l'hostie, la mettaient dans un vase avec des crapauds jusqu'à ce qu'ils l'eussent consumée ; ils pilaient ensuite ces animaux avec des os de chrétiens pendus, du sang d'enfans et des herbes.

En débitant de semblables absurdités, cet inquisiteur jouait le rôle d'un fourbe. Ces malheureuses victimes de la fureur monacale avouèrent, en allant au supplice, que la violence de la torture leur avait arraché des aveux contre la vérité, et qu'on les y avait déterminées par la promesse du pardon.

Il est probable que l'histoire fabuleuse des

pratiques extravagantes ou criminelles que l'on a attribuées indistinctement à toutes les sectes dont les assemblées étaient secrètes, est une vieille tradition reproduite par les inquisiteurs. Les peuples, toujours crédules, toujours avides du merveilleux, adoptèrent, sans examen, ces récits monstrueux de mystères et de crimes; prêtèrent les mêmes cérémonies aux différentes sectes, et crurent que les Templiers, les Vaudois, les Albigeois, les sorciers, même les francs-maçons, étaient, dans leurs assemblées, présidés par le diable. La violence des tortures faisait tout avouer aux accusés, les sermons des moines faisaient tout croire au peuple. De là ces prétendues possessions, ce zèle meurtrier, ces fureurs religieuses, ces erreurs accréditées, ces jugemens iniques et déshonorans pour les tribunaux, et cette foule de victimes innocentes consumées dans les flammes.

CHAPITRE LXXIII.

PRÉDICATEURS QUI FONT JOUER DES MARIONNETTES EN CHAIRE.

Pour émouvoir des ignorans, des superstitieux, ce ne sont point des moyens simples et naturels, ce n'est point le langage de la raison, qu'il faut employer; des moyens factices et grossiers sont bien plus éloquens. Afin que l'instruction puisse, à travers la matière, pénétrer jusqu'à l'intelligence de ces êtres épais, il faut en ouvrir tous les passages, et tenir tous les sens suspendus. Les yeux, comme l'organe le plus exquis et le plus familier à la stupidité, doivent être aussi les plus occupés. Le besoin de frapper les yeux, de représenter physiquement ce qu'on a voulu faire comprendre, a sans doute fait naître les figures, ou les scènes peintes ou sculptées, les spectacles, les cérémonies, etc.; de là on pourrait calculer le plus ou moins d'intelligence d'un peuple, d'après les moyens plus ou moins physiques qu'on est en usage d'employer pour le persuader ou l'émouvoir.

Les Italiens, grands amateurs de démonstrations et de pratiques minutieuses, ont introduit des spectacles jusque dans les cérémonies religieuses : les mystères furent joués en Italie avant d'etre connus en France. Les processions de pénitens, de flagellans, prirent naissance en Italie; enfin ceux qui ont parcouru ce pays, savent combien les prédicateurs, soit dans les églises, soit dans les places publiques, se rapprochent des baladins [1].

Les théatins, qui vinrent de Naples à Paris sous la protection du cardinal Mazarin, y apportèrent les pratiques de leur pays. Pendant l'avent de l'année 1649, ces pères ne se contentèrent pas de prêcher; mais afin d'émouvoir l'assemblée par les yeux et par les oreilles, ils faisaient paraître des marionnettes qui représentaient quelques passages de l'Ecriture, *ce qui tenait plus*, dit *un contemporain, de l'artifice de l'Italien, que de la dévotion du Français* [2]. Plusieurs pièces satiriques contre le car-

---

[1] A Naples, comme dans plusieurs villes d'Italie, on voit souvent dans les places publiques, d'un côté un baladin, de l'autre un prédicateur, se disputer le nombre des auditeurs, et tour à tour, l'un aux dépens de l'autre, attirer la foule par de nouvelles subtilités.

[2] *Voyez* la première note de la pièce intitulée : *Lettre à M. le cardinal Burlesque.*

dinal Mazarin attestent ce fait. Dans *le passe-port et adieu de Mazarin*, on lit :

> Adieu l'oncle aux Mazarinettes ;
> Adieu père aux Marionnettes ;
> Adieu l'auteur des Théatins.

Plus bas dans la même pièce :

> Par les belles Mazarinettes,
> Par toutes les Marionnettes,
> Par la robe des Théatins, etc.

Enfin, dans une autre pièce satirique, intitulée : *Lettre à M. le cardinal Burlesque*, on trouve le même fait très-détaillé :

> ... Votre troupe Théatine,
> Qui fait vœu d'être un peu mutine :
> Ne croyant point de sûreté
> En notre ville et vicomté,
> A fait Flandre [1], et dans des cachettes
> A serré les Marionnettes
> Qu'elle faisait voir ci-devant,
> Dans les derniers jours de l'Avent.

Le ridicule que l'on jeta sur les pauvres théatins en cette occasion, leur fit abandonner leur mécanique éloquence, et ils cessèrent de faire jouer les marionnettes en prêchant.

[1] Est partie pour la Flandre.

C'est peut-être à ce religieux charlatanisme qu'est dû l'usage, commun à plusieurs prédicateurs, et surtout aux jacobins, de montrer le vendredi-saint, en prêchant la passion, la figure du crucifix, et de choisir l'instant favorable où l'auditoire est disposé à sentir plus vivement cette subite apparition.

CHAPITRE LXXIV.

PREMIER FEU D'ARTIFICE EN FRANCE.

Pendant *la ligue du bien public*, et après la bataille de Montlhéry donnée, le 16 juillet 1465, entre les troupes du roi Louis XI et celles des seigneurs mécontens, à la tête desquelles étaient le comte de Charolais, Charles, duc de Berri, frère unique du roi, etc., le roi se retira à Corbeil, et les seigneurs ligués furent à Étampes. Une chose fort simple causa dans cette dernière ville une alarme très-vive aux personnes illustres, mais ignorantes, qui s'y trouvaient logées.

Le duc de Berri et le comte de Charolais, après leur souper, s'étaient placés à une fenêtre; ils parlaient ensemble, et regardaient dans la rue le peuple et les soldats qui s'y promenaient en foule. Tout-à-coup on voit jaillir dans l'air un vif et bruyant trait de feu qui vient, en serpentant, frapper contre la croisée occupée par les deux princes. A cette apparition subite et extraordinaire, ils restent interdits : tout le monde est saisi d'effroi. Le comte de Charolais, épouvanté, ordonne au seigneur de *Contay*, de faire sur-le-champ armer tous les gens d'armes de sa maison, les archers de son corps et autres ; le duc de Berri fait pareillement prendre les armes à tous les gens de sa garde ; dans un instant on vit, devant la porte du logis des princes, deux ou trois cents soldats armés, et un grand nombre d'archers. On fit partout des recherches pour découvrir d'où pouvait provenir une chose si merveilleuse, si alarmante, et qu'on regardait comme une invention diabolique, un véritable maléfice dirigé contre les personnes du comte de Charalais et du duc de Berri.

Après bien des perquisitions, on trouva l'auteur d'un si violent tumulte ; il était Breton, et se nommait maître *Jean Boute-Feu*, ou *Jean des Serpens* [1]. Il vint se jeter aux pieds des prin-

---

[1] Ces noms de *boutefeu*, ou *des serpens*, furent sans

ces, leur confessa qu'il avait à la vérité lancé des fusées en l'air, mais que son intention était plutôt de les amuser que de leur nuire, et pour prouver que ces feux d'artifice n'avaient rien de criminel, *ce folâtre,* comme le nomme Commines, en jeta trois ou quatre devant les princes, et par-là détruisit bien des soupçons. Chacun se mit à rire, en voyant qu'une aussi petite cause avait produit tant d'alarmes : on alla se désarmer, et puis se coucher.

Le savant M. Dreux du Radier s'est trompé, en disant que les premières fusées furent tirées en 1618 dans l'île Louvier, lorsqu'on célébra à Paris la canonisation de sainte Thérèse [1]. L'invention était déjà connue : Bassompierre, dans ses Mémoires, parle d'une fête donnée quelque temps avant au roi, par le duc d'Epernon, qui fut suivie de *feux d'artifice*. Il y avait même sous le règne de Henri II des maîtres artificiers en titre d'office. *Froumenteau,* dans son livre intitulé *le Secret des finances,* met au rang des dépenses qui furent faites à la cour, depuis le commencement du règne de

---

doute donnés à cet homme à cause des fusées qu'il avait inventées, qui sont encore appelées *serpenteaux*.

[1] *Voyez* Récréations historiques, tome II, page 183.

Henri II jusqu'au 30 décembre 1580, *les feux artificiels*. Il paraît que ces feux n'étaient pas alors fort dispendieux, puisque dans l'espace de trente-un ans, ils ne coûtèrent que neuf mille livres tournois.

CHAPITRE LXXV.

MOYEN EMPLOYÉ PAR LE ROI SAINT LOUIS POUR VOIR LIBREMENT LA REINE SON ÉPOUSE.

Blanche de Castille, mère du roi saint Louis, célèbre par sa beauté, son courage et sa politique, joignait à ses qualités de souveraine, des défauts particuliers qui ont un peu terni sa gloire. Emportée, impérieuse, et jalouse à l'excès de son pouvoir, elle fut injuste, et même cruelle à l'égard de Marguerite de Provence, femme du roi son fils ; et on aurait peine à croire jusqu'à quel point elle tyrannisa cette princesse aussi douce que vertueuse.

Elle abusait de l'autorité qu'elle avait conservée sur le roi son fils, pour lui défendre de se trouver seul avec sa femme, et pour interdire à ces deux jeunes époux des caresses aussi naturelles que légitimes. Dans les voyages comme à la ville, la reine-mère arrangeait toujours les choses de manière que son fils et sa belle-fille ne fussent jamais logés ensemble.

Un jour que la cour était à Pontoise, il se trouva que le roi avait son appartement placé au-dessus de celui de son épouse. Pour se procurer le plaisir d'aller voir cette princesse à l'insu de sa mère, il imagina un moyen singulier. Il était convenu avec les huissiers de salle, que lorsqu'il aurait envie de voir sa femme, ou que sa femme aurait le même désir, ou bien lorsque la reine-mère viendrait troubler leur plaisir, de faire battre leur porte par des sergens ; à ce bruit les jeunes époux étaient avertis de se réunir ou de se séparer.

Cette ruse fut sans doute découverte par la reine Blanche. Elle entra un jour dans la chambre de la reine Marguerite ; saint Louis, qui s'y trouvait alors, se cacha promptement derrière sa femme, de peur que sa mère ne le vît, comme le raconte Joinville ; mais elle l'aperçut bientôt, et le tirant par la main, elle lui dit : *Venez-vous-en, car vous ne faites rien ici;* puis elle le conduisit hors de la chambre. Quand la reine Marguerite vit que sa belle-mère la séparait ainsi de son mari, elle ne put contenir son indignation : elle s'écria à haute voix : *Hélas ! ne me laisserez-vous voir mon Seigneur ni en la vie ni à la mort ?* alors suffoquée par la douleur, elle tomba évanouie. On la crut morte quelque temps : « Joinville raconte que le roi retourna la voir subitement, et » *la fit revenir de paméson.* »

CHAPITRE LXXVI.

LIBELLES CONTRE LES MINISTRES.

Jamais les Français n'ont si hautement réclamé contre la conduite des ministres, qu'après la retraite de Sully [1]. *Concino-Concini*, qui s'était emparé de l'esprit de Marie de Médicis et d'une partie des finances du royaume, excita plutôt les clameurs des grands que les murmures du peuple : on cabala plus qu'on n'écrivit contre lui. Il fut enfin sacrifié, ainsi

---

[1] Ce ministre, lui-même, ne fut pas à l'abri des satires. Lorsqu'il eut acquis la principauté de *Boisbelle,* aujourd'hui *Henrichemont,* on composa contre lui un libelle intitulé : *Priviléges, franchises et libertés de la ville capitale de Boisbelle pour convier tous financiers, laquais, bouffons, macquereaux, forgeurs et courtiers d'accès, partisans, demandeurs de dédommagemens et autres gens d'affaires, d'y faire bâtir.*

que son épouse, non au bonheur des sujets ni à la justice, mais à la jalousie, à l'ambition de quelques courtisans qui cherchèrent moins à le punir de ses déprédations, qu'à le remplacer pour les continuer impunément.

De Luynes succéda à l'intrigant *Concini*: il devait sa faveur à cet Italien, et à son talent pour élever des pies-grièches [1]. Il trama longtemps la perte de son bienfaiteur; et après sa mort, il n'eut pas plus de honte à se faire donner ses richesses, qu'il en avait eu à le trahir.

Avec ces dispositions, avec les talens d'un *oiseleur*, il fut choisi pour diriger une administration pénible, et réparer le désordre des finances. Aussi son ministère fut-il encore plus onéreux aux Français, que l'avait été celui de *Concini*. Ses deux frères *Brantes* et *Cadenet* partageaient l'autorité suprême [2], et en abusaient avec lui; c'est ce qui est exprimé par ce quatrain:

> Les méchans autrefois regrettèrent Conchine,
> Estimant que sa mort serait l'heur des François;
> Mais aujourd'hui les bons déplorent sa ruine;
> Car on est moins foulé d'un tyran que de trois.

[1] Il parvint à gagner les bonnes grâces du jeune roi, en dressant des pies-grièches à prendre des moineaux.
[2] On l'appelait *le roi Luynes*.

Luynes, commme beaucoup d'autres à sa place, fit tout ce qu'il fallait pour se maintenir, et ne fit rien pour le bonheur des peuples. Un roi enfant, une reine douée de toutes les faiblesses de son sexe, un ministre qui ne cherchait pas même à cacher au peuple son impéritie, ses vexations, ses violences, voilà les personnes qui tenaient le gouvernail de l'état ; et voici le tableau singulier de sa pitoyable situation :

> Le roi trop simple donne tout ;
> Monsieur de Luynes ruine tout,
> Et ses deux frères raflent tout.
> Tous leurs parens emportent tout,
> Et leurs agens dégastent tout.
> Le chancelier excuse tout ;
> Les intendans retranchent tout ;
> Le garde-des-sceaux scelle tout,
> Car il ne veut gaster le tout.
> Rochefoucault justifie tout ;
> Le père Arnoux [1] déguise tout,
> Et la royne se plaint de tout ;
> Monsieur le prince f... partout [2],
> Le parlement vérifie tout ;

[1] Confesseur du roi.
[2] Monsieur le prince, ou le *Grand-Condé*, était un héros en amour comme en guerre.

Les pauvres François souffrent tout ;
Mais à la fin ils perdront tout ;
Et si Dieu ne pourvoit à tout,
Le grand diable emportera tout.

La noblesse française encensait bassement l'idole du jour; le peuple gémissait, et les auteurs écrivaient en vers ou en prose des satires dont le recueil forme aujourd'hui un volume de près de cinq cents pages. Il paraît par les vers suivans du même recueil, que Luynes ne fut pas assez insensible aux nombreux libelles faits contre lui, pour en laisser les auteurs impunis, ni assez sincère pour dire des peuples : *puisqu'on les écorche, il faut au moins les laisser crier.*

J'ai vu mettre en prison sans forme de justice,
Les pauvres imprimeurs et les colporteurs;
Leurs parties offensées en sont les rapporteurs[1].

Enfin de Luynes mourut, et l'on vit, pour ainsi dire, pleuvoir sur sa tombe mille épitaphes satiriques. En voici une des plus expressives et des plus modérées :

Cy gist un Provençal, qui leurrant ses oiseaux,
Se rendit si savant en la fauconnerie,

[1] Dans la pièce intitulée : *Qu'as-tu vu de la cour?*

Qu'il prit en tout pays le gibier à monceaux,
Et de toute la France, il fit la vollerie [1].

Regarde ici, passant, le subjet est nouveau,
Et cette nouveauté digne de ta science,
La France en peu de temps a servi de tombeau,
A qui fut en vivant le tombeau de la France.

Du sang du pauvre peuple, il enfla son trésor,
Et son ambition fit la paix et la guerre,
Et lorsque dans le monde il n'a plus trouvé d'or,
Il l'est allé chercher au centre de la terre.

Nonobstant les discours de lui faits paravant,
De son ambition et de son arrogance,
L'on cognait le dessein qu'il eut en son vivant,
Puisqu'enfin il est mort pour le bien de la France.

Après Luynes, succéda l'évêque de Luçon, qui fut depuis connu sous le nom fameux *de cardinal de Richelieu*. Luynes s'éteignit comme un météore qui, en se dissipant, laisse après lui la mauvaise odeur des matières fétides qui composaient sa substance : Richelieu parut comme une comète menaçante, enflammant l'horizon, excitant des orages, brûlant, détruisant tout sur son passage, laissant après elle des traces profondes de sa force et de ses ravages : il ne connut jamais les charmes de la douceur, les moyens conciliateurs et tempé-

---

[1] On fait ici allusion à son talent, pour élever les oiseaux appelés *pies-grièches*.

rés, le pardon des injures, ni aucune des vertus paisibles de son état. C'était un torrent qui minait, qui entraînait tout ce qui s'opposait au courant de ses volontés; c'était un tonnerre qui renversait, pulvérisait les grands et les petits dont l'existence gênait son ambition, ou blessait son amour-propre : *quand une fois*, disait-il lui-même, *j'ai pris ma résolution, je vais à mon but; je renverse tout, je fauche tout, ensuite je couvre tout de ma soutane rouge.*

Ce despote, qui fit tomber les têtes les plus illustres de la monarchie, qui força la mère du roi, la veuve de Henri-le-Grand, d'abandonner la France, et de fuir de royaume en royaume sa haine et ses persécutions; ce prêtre sanguinaire, environné d'espions et des ministres de ses fureurs, fit trembler la plupart des gens de lettres qui, peut-être, se seraient fortement élevés contre ses cruautés. Il séduisit par la faveur, et sut mettre au rang de ses esclaves, d'autres écrivains qui se prostituèrent en faisant l'apologie de ses crimes; ainsi, on n'osa, contre lui, publier aucune vérité pendant sa vie. Des exemples de sa cruauté arrêtèrent toutes les plumes. Un bon mot du maréchal de Bassompierre contre ce cardinal fut puni par dix ans de prison. Une satire intitulée *la Cordonnière de Loudun*, composée long-temps avant que Richelieu fût dans le ministère, conduisit, par les voies les plus iniques, le malheureux auteur sur un bûcher, où il montra, au milieu des flammes, la fermeté et le sang-froid d'un stoïcien. Un conseiller-d'état nommé *Laubardemont*, un capucin, le père *Joseph*, et autres scélérats subalternes, étaient chargés de donner un air juridique à l'injustice la plus criante, à la fable la plus absurde, à la trame la plus perfide et la plus grossièrement ourdie : les faits les plus atroces de l'histoire des hommes n'offrent rien de si révoltant; et la langue n'a pas de mots assez forts pour exprimer tout l'odieux de cette affaire.

Après ce cardinal, le royaume fut gouverné, ou plutôt tyrannisé par un autre. *Mazarin*, plus souple, plus fourbe, moins irascible, moins cruel, mais aussi ambitieux et plus avare que Richelieu, commença comme avait fait l'intriguant *Concini*, son compatriote. Il sut se rendre maître de l'esprit de la reine-mère, Anne d'Autriche, et en même temps de l'autorité souveraine. L'abus qu'il fit de son pouvoir, les impôts dont il accablait les peuples, excitèrent une révolte connue sous le nom de *guerre de la Fronde.* L'entêtement de la reine causa bien des maux; elle sacrifia, sans hésiter, la gloire de son règne, la tranquillité de l'état, le bonheur et la vie des milliers de sujets, pour conserver un seul homme; encore cet homme était étranger et cardinal.

Si, d'un côté, les guerres civiles et tous les maux qui les accompagnent désolaient la France, d'un autre côté, des écrivains, zélés pour le bien public, exhalaient abondamment contre le ministre coupable toute l'indignation qu'il leur inspirait. Faible remède à tant de désastres, mais qui console pourtant bien des malheureux, et semble en quelque façon les venger de leurs oppresseurs! Lorsque le cardinal fut enfin obligé de fuir du côté de Cologne, on lui adressa, dans la pièce intitulée *la Chasse à Mazarin*, les vers suivans :

> Adieu, jongleur, trousse tes quilles,
> C'est trop nous vendre tes coquilles;
> Ta farce n'est plus de saison,
> Le Français n'est plus un oison :
> Tes jeux et tes forfanteries,
> Tes machines, tes comédies,
> Ont assez long-temps amusé [1].

[1] Les écrivains du temps s'accordent assez à traiter Mazarin de farceur et de comédien. Gui-Patin, tom. I*er*,

Dans la même, on lit l'apostrophe suivante :

> Sus, sus, Français, réveillez-vous :
> Qu'est devenu votre couroux ?
> Vous laissez sauver à la course
> Ce larron qui tient votre bourse,
> Et vous ne courez pas après.

Enfin, on reprocha *au Mazarin*, en vers et en prose, non-seulement d'être aussi avide de l'argent que du sang des Français, mais encore d'être dans une trop grande intimité avec la reine. La préférence que cette princesse avait toujours donnée à ce cardinal sur les princes français, sur la nation, son zèle pour ses intérêts, sa déférence aveugle à toutes ses opérations, l'approbation qu'elle semblait accorder à ses vexations, à ses brigandages [1], suffisaient

---

Lettre XVII, peint ainsi ce ministre : *Grand Larron, fort ignorant en tout, et principalement au métier dont il se mêle; mais au reste grand hâbleur, grand fourbe, grand comédien, bateleur de longue robe, tyran à rouge bonnet.* Dans la Lettre XIX, il ajoute : *Ce pantalon à longue robe, ce comédien à rouge bonnet, est cause de tous nos maux, et de la ruine de la France.* Ces épithètes pouvaient à-la-fois se rapporter au caractère fourbe et dissimulé du cardinal, et à ce qu'il avait fait venir en France des comédiens italiens que Louis XIV renvoya dans la suite.

[1] Il avait pour valets, pour espions, pour bourreaux.

pour faire naître des soupçons désavantageux sur cette intimité. On écrivit plusieurs satires, contre lesquelles le cardinal sévit rigoureusement.

Un imprimeur, nommé *Morlet*, fut surpris imprimant un libelle de ce genre.

L'imprimeur fut mis au Châtelet, et le même jour condamné à être pendu, et le parlement confirma la sentence. Lorsqu'il sortit de la cour du palais pour être conduit au lieu du supplice, le peuple, qui n'aimait ni la reine, ni le cardinal, instruit de la cause de cette condamnation, se révolta. On commença à crier, puis à lancer des pierres contre les gardes; ils voulurent se défendre; mais plusieurs particuliers, armés de bâtons et d'épées, se jetèrent sur eux, et les frappèrent si violemment, que les archers et le bourreau furent obligés de prendre la fuite. De cette manière, le mal-

---

une foule de gentilshommes, à qui il promettait beaucoup, et dont il ne payait pas même les gages : il partageait avec les armateurs les profits de leurs courses; il traitait en son nom, et à son profit, des munitions des armées; il imposait, par lettres de cachet, des sommes extraordinaires sur les généralités : c'est par ces moyens bas et violens qu'il se fit une fortune de plus de vingt millions.

heureux imprimeur fut sauvé, ainsi qu'un de ses complices placé derrière la charrette, qui devait être fouetté, et présent à l'exécution de *Morlet*[1].

Jamais ministre n'a, je crois, fait une plus forte épreuve de la lâcheté des gens de cour que le Mazarin. Lorsqu'il revint à Paris, on vit une infinité de ces hommes qu'on appelle *nobles*, venir bassement se jeter aux pieds du cardinal, qu'auparavant ils avaient méprisé, poursuivi, et dont ils connaissaient la fausseté, les brigandages et la tyrannie. *Laporte*, dans ses mémoires, dit : « Ceux qui avaient été ses » plus grands ennemis, furent les plus empres- » sés à se produire, et à lui faire la révérence. » Je vis une multitude de gens de qualité faire » des bassesses si honteuses en cette rencontre, » que je n'aurais pas voulu être ce qu'ils étaient, » à condition d'en faire autant.... J'y vis, parmi » tant de gens de qualité qui s'étouffaient, à » qui se jetterait à ses pieds le premier : j'y vis, » dis-je, un religieux qui se prosterna devant » lui avec tant d'humilité, que je crus qu'il ne » s'en releverait point. »

Une pièce clandestine, intitulée : *les Soupirs*

[1] Voyez *Lettres de Gui-Patin*, tom. V, Lettre CXV.

d'un *Français sur la paix italienne*, faite à l'occasion de la première rentrée de Mazarin à Paris, le 18 août 1649, renferme une strophe assez vigoureuse contre les députés du parlement et les chefs des frondeurs :

>Dites-moi, lâches députés,
>Fallait-il donc faire les braves
>Avec tant de solennité,
>Pour enfin faire les esclaves?
>Esclaves d'un faquin que vous aviez jugé
>Comme un perturbateur notoire,
>Est-ce donc manque de mémoire
>Que vous changez d'avis? Est-ce qu'il a changé?
>C'est toujours un perfide, et ne fut jamais autre;
>Mais il cache son crime en faisant voir le vôtre.

C'est à la faveur des guerres de la Fronde, et dans des mémoires particuliers, que les écrivains du temps ont osé dire des vérités sur le cardinal Mazarin : hors de ces circonstances, quel auteur eût hasardé d'offrir au public le portrait véritable de ce ministre, l'histoire de ses opérations secrètes, de ses vexations, de ses perfidies, etc.? il n'aurait pas impunément compromis la cour et tous les grands seigneurs, fait la censure de ces êtres puissans et intéressés qui, sous le beau prétexte du bien public, combattaient pour leur propre ambition, ni dévoilé l'infamie de ces courtisans, français qui vinrent librement s'atteler au char de triomphe d'un ennemi orgueilleux et coupable. Il fallait au moins lui prêter des talens pour excuser la bassesse de tant de gens de qualité. On n'osa point dire qu'il était esclave de sa parole, honnête homme, zélé pour le bonheur des Français; mais on le dit grand politique, c'est-à-dire, profond dans l'art de dissimuler. Plusieurs écrivains, sans compter quelques misérables poètes à gages, valets beaux esprits ou bouffons, qui flattaient les vices de leurs maîtres, et leur demandaient l'aumône en vers, qualifièrent Mazarin de *grand homme*.

Dans les crises politiques, les caractères se développent, se mettent en évidence, les secrets se dévoilent, et l'histoire y gagne des lumières nouvelles.

CHAPITRE LXXVII.

CÉRÉMONIE TROUBLÉE.

Les carmelites, que le cardinal *Berulle* avait fait venir d'Espagne, prirent possession de leur monastère situé rue d'Enfer, le 24 août 1603. On projeta d'y faire entrer ces bonnes religieuses avec grandes cérémonies. En conséquence, on les rangea en procession; le docteur *Duval*, qui leur servait de bedeau, avait un bâton à la main et conduisait gravement cette marche solennelle. Le peuple de Paris, avide de tous spectacles nouveaux, y courut en foule, par dévotion ou par curiosité.

Pendant que ces religieuses cheminaient lentement, et *en moult bel et bon ordre,* dit le journaliste l'Estoile, pendant que le docteur *Duval* paraissait tout glorieux de se voir à la tête d'une si belle troupe, il arriva un malheur qui dérangea cette pompeuse cérémonie et détruisit toute la vénération qu'elle inspirait.

Au lieu de cantiques sacrés et de musique religieuse, on entendit tout-à-coup deux violons qui commencèrent à jouer l'air d'une danse populaire, appelée *Bergamasque*. A ces sons profanes et inattendus, des spectateurs peu dévots éclatèrent de rire ; les chastes épouses du Seigneur, effarouchées, coururent en désordre, et se réfugièrent dans leur nouvelle église. Le docteur qui les conduisait, furieux de ce contre-temps, augmentait, par sa colère, les ris du peuple ; enfin, honteux d'être un objet de ridicule, il suivit ces colombes effrayées. Malgré cet événement désastreux, ce docteur *Duval* n'oublia rien de ce qu'il devait faire ; à peine fut-il arrivé à l'église, qu'il se mit à entonner le *Te Deum laudamus*[1].

[1] L'Estoile, qui rapporte cette petite aventure, en jette tout le ridicule sur le docteur *Duval* : il l'appelle en cette occasion *Loup-garou*, et dit qu'il en avait alors toute la ressemblance. Ce docteur de Sorbonne signala sa fureur et son ignorance à l'occasion d'une prétendue démoniaque chez laquelle les médecins de Paris, plus raisonnables alors que tous les sorbonistes, ne trouvèrent rien de surnaturel : il n'y avait, en effet, de diabolique dans cette affaire, que la fourberie de ceux qui conduisaient et exorcisaient cette fille malade et crédule. C'est pourquoi le parlement de Paris ordonna qu'elle serait mise entre les mains du lieutenant-criminel, et que les exorcismes seraient interrompus. Alors le docteur Duval prêcha séditieusement à Saint-Benoît, contre cet arrêt du parlement, disant qu'il privait les infidèles et les hérétiques du mira-

CHAPITRE LXXVIII.

RUSES PIEUSES.

Vers la fin du mois de mai de l'an 1603, une longue sécheresse détermina les Parisiens à faire descendre la châsse de sainte Geneviève pour obtenir de la pluie : on choisit fort à propos la veille du jour où la lune, changeant de quartier, devait produire un changement dans la température, afin que le miracle s'opérât plus sûrement. Cependant, ni la châsse de la patrone de Paris ni la lune ne furent propices aux vœux des Parisiens; la pluie si désirée n'arriva point ; le ciel indocile demeura serein et sans apparence de nuages. Dans le même temps, les chanoines de Sainte-Geneviève, pour suppléer à ce miracle manqué, tâchèrent d'en opérer un autre.

cle que les exorcismes faits par des prêtres catholiques opèrent ordinairement. Duval fut assigné à comparaître devant le parlement : il avoua, en présence du procureur-général, qu'il avait mal à propos avancé cette proposition.

« On suborna, dit l'historien l'Éstoile[1], un pauvre homme condamné aux galères ; il était enchaîné comme les autres ; on lui ôta les fers des pieds, à la charge qu'il dirait partout (comme il fit), qu'en invoquant madame sainte Geneviève ils lui étaient tombés des pieds ; mais la fourberie, découverte par l'aveu du galérien, devint un sujet de risée. On voulait, dit l'Éstoile, faire un miracle d'une chose qui est tout ordinaire et naturelle, et à laquelle madame sainte Geneviève n'avait pensé. »

CHAPITRE LXXIX.

PRIVILÉGE DES CLERCS DU PALAIS.

Lorsque la reine *Marie de Médicis,* femme de Henri IV, fit célébrer la cérémonie de son couronnement, les festins et les bals que l'on préparait dans les salles du palais, obligèrent le parlement de tenir ses séances au couvent des Grands-Augustins.

Concini, cet étranger orgueilleux de la faveur dont il jouissait à la cour, et de la fortune

[1] Journal de Henri IV, tom. III, pag. 99.

brillante que la reine, sa protectrice, lui avait procurée, entra, le 4 mai 1610, pendant que le parlement siégeait aux Augustins, dans une des chambres des enquêtes, avec des éperons dorés à ses bottes, et le chapeau sur la tête. Ce costume était indécent; il insultait l'assemblée, et blessait surtout les priviléges et immunités du parlement. Les clercs du palais, piqués de l'arrogance d'un homme déjà méprisé, se jetèrent sur le courtisan doré, lui arrachèrent son chapeau, et le frappèrent de plusieurs coups. Un page de la reine et dix domestiques de *Concini* voulurent le secourir, et le défendre contre les clercs; mais ils furent eux-mêmes maltraités, ensanglantés, et vivement repoussés. On parvint cependant à tirer de la mêlée le malheureux *Concini;* et on le conduisit furtivement dans la chambre d'un religieux augustin, qui le fit évader à la faveur de la nuit et conduire en son hôtel.

Le courtisan outragé, alla le lendemain porter sa plainte au roi. Le parlement en fut instruit, et députa vers Sa Majesté dix conseillers, qui lui représentèrent l'immunité de leur demeure. Cette plainte irrita de nouveau les clercs du palais : animés sous mains par quelques personnes de qualité qui ne croyaient pas déplaire au roi, ils s'attroupèrent plusieurs fois, et coururent la ville en cherchant *Concini*, et le menaçant de tirer raison de l'injure qu'ils prétendaient en avoir reçue.

Les clercs du palais eurent toute la gloire de cette aventure, et la honte resta à *Concini*. Il paraît que Henri IV approuvait tacitement l'humiliation qu'on avait fait éprouver à ce fier courtisan. Il ne lui accorda aucune espèce de satisfaction ; mais pour le consoler, il se contenta de lui dire : *L'épée que vous portez n'est pas aussi affilée que la plume de ces Messieurs.*

CHAPITRE LXXX.

ATTENTATS A LA VIE DE HENRI IV.

Aucun prince n'eut plus d'ennemis secrets, et ne mérita moins d'en avoir que notre roi Henri IV. Il triompha par sa propre valeur des ennemis que lui avait suscités l'ambition ; mais il ne put jamais vaincre entièrement ceux que le fanatisme arma contre lui. Ses vertus paternelles, sa clémence excessive, contribuèrent à amortir le feu des séditions religieuses, mais ne l'éteignirent point. Des hommes dévots et perfides entretenaient ce feu en silence, en attendant l'instant favorable de produire une fatale explosion.

Nous allons tracer exactement les détails des attentats nombreux projetés ou exécutés sur la personne d'un prince si cher aux Français.

On peut mettre au rang des projets meurtriers contre la vie de Henri IV, celui de Catherine de Médicis, qui n'attira ce prince à la cour de France, qui ne lui donna la princesse sa fille en mariage, que pour le comprendre dans le massacre projeté de la Saint-Barthélemi. Les fêtes de cette noce furent suivies du carnage le plus affreux, le plus perfide ; la rivière et les rues de Paris étaient teintes de sang ; cette ville ne contenait guère d'habitans qui ne fussent ou assassins ou assassinés. Henri, qu'on voulait conduire de l'hymen à la mort, échappa aux meurtriers par sa présence d'esprit, par une contenance ferme qui les intimida, et fit avorter leurs complots.

Premier attentat.

Ce que *Catherine de Médicis*, et ses complices, ne purent exécuter en 1572, un jeune homme nommé *Pierre Barrière*, le tenta en 1593 : ce fanatique, séduit par les exhortations d'un prêtre, d'un capucin et d'un carme de la ville de Lyon, forma la résolution d'assassiner Henri IV. Il vint à Paris, et communiqua son projet à *Aubri*, curé de Saint-André-des-Arcs, à son vicaire, et au jésuite *Varade*, qui tous l'encouragèrent à l'exécuter. De Paris, il fut à Melun, où était alors le roi; mais un gentilhomme découvrit le dessein du scélérat : il fut arrêté, et l'on trouva sur lui un couteau d'un pied de long, tranchant des deux côtés et fraîchement émoulu.

Lorsque Henri IV se fut rendu maître de Paris, pour premier acte d'autorité il se contenta de faire sortir de cette ville ses plus furieux ennemis, et il pardonna à tous les autres. Jacques *Cœuilly*, curé de Saint-Germain-l'Auxerrois, dont les sermons séditieux et semés d'injures grossières contre le roi, méritaient une sévère punition, fut au nombre de ceux qui éprouvèrent les effets de sa clémence : toutes ses injures furent oubliées, mais il se rendit bientôt coupable du crime dont le roi venait de le pardonner. Le 25 mars 1594, il s'avisa de prêcher séditieusement contre Henri IV. Cette audace le conduisit dans la prison du For-l'Évêque : ce furieux s'obstina dans son interrogatoire à soutenir que Henri IV était excommunié. Malgré ce criminel entêtement, le roi lui accorda sa liberté.

Deuxième attentat.

Une conduite aussi blamable dans des hommes qui, par état, commandent à l'opinion du peuple, dut exciter des âmes inquiètes et crédules à se porter à des excès dangereux : aussi le même jour que fut prononcé ce sermon séditieux, trois jours seulement après que Henri IV fut entré vainqueur dans Paris, un tonnelier qui demeurait rue de l'Hirondelle, déjà accusé de meurtre, et d'avoir tué la femme de l'horloger du roi, fut découvert s'insinuant dans l'hôtel de Nemours où était le roi, et portant sous son manteau un poignard, dans le dessein d'assassiner Sa Majesté, comme il l'avoua d'abord. Cependant Henri IV ne voulut point qu'il fût puni pour cette intention, mais seulement pour ses crimes précédens.

Comme le roi continuait de pardonner et de combler de biens ses plus violens ennemis, on lui remontra que sa trop grande clémence offensait ses fidèles serviteurs ; il répondit : *Si vous, et tous ceux qui tenez ce langage, disiez tous les jours votre patenostre de bon cœur, vous ne diriez pas ce que vous dites. Dieu étend sur moi toute sa miséricorde, encore que j'en suis indigne; et comme il me pardonne, aussi veux-je pardonner; et en oubliant les fautes de mon peuple, être encore plus clément et miséricordieux envers lui que je l'ai été. S'il y en a qui se sont oubliés, il me suffit qu'ils se reconnaissent, et qu'on ne m'en parle plus.*

On va voir quels fruits produisirent la clémence et les sentimens vertueux et modérés de ce roi sur l'esprit des fanatiques et des moines.

Troisième attentat.

Le 11 juin suivant (1594), on découvrit une conspiration contre le roi, formée par le gardien des cordeliers, et autres complices qui furent pris et mis en prison.

Le mois suivant, un cordelier du pays de Gâtinais prêcha publiquement que le roi ressemblait aux huppes, qui faisaient leur nid avec des excrémens.

Le 8 août suivant, un cordelier s'adressa à une marchande de tableaux du palais pour lui demander à voir un portrait du roi. Après qu'il en eut examiné un, il lui demanda si elle n'en avait pas un plus beau. La marchande lui répondit que non. *Je le crois,* répliqua le cordelier, *car un vilain comme lui ne peut être plus* beau. *Au reste*, continua-t-il, *il n'y a pas encore un an que vous vendez ces beaux portraits; devant que la fin de l'année soit venue, vous n'en vendrez plus.*

Ces derniers mots, que le plaisir de passer pour prophète lui fit lâcher indiscrètement, annonçaient une nouvelle conspiration contre le roi. La marchande cria pour faire arrêter ce moine, mais il s'évada bien vite.

Le 25 octobre suivant, le vicaire de Saint-Nicolas-des-Champs fut emprisonné pour avoir dit publiquement, en tenant un couteau à la main : *J'espère de faire encore un coup de saint Clément*[1].

Quatrième attentat.

Le 22 novembre de la même année, huit voleurs ou assassins furent surpris en embuscade, attendant le roi, lorsqu'il passerait pour aller au château de Saint-Germain : ils étaient tous armés, et ils avaient pris, sur l'heure où le roi devait passer, des informations qui les rendirent suspects; ils avouèrent tout, et on les fit pendre le même jour. Il manquait un bour-

---

[1] Jacques-Clément, jacobin, qui assassina à coups de couteau le roi Henri III, et que les ligueurs avaient sanctifié.

reau; les habitans de Vitri se chargèrent de bon cœur de l'expédition.

Au nombre de ces voleurs ou assassins, il y en avait deux qui se disaient gentilshommes, et un autre qui était apothicaire. Le roi, à qui ce dernier voleur demandait grâce, lui dit : *Comment, est-ce l'usage de faire sur les chemins un état d'apothicaire ? Guettez-vous les passans pour leur donner des clystères ?*

Cinquième attentat.

Un mois après, le 27 décembre, le roi, à son retour de Picardie, entra tout botté, accompagné de plusieurs gentilshommes, dans la chambre de *Gabrielle d'Estrée*, sa maîtresse. Le comte de Saint-Paul, le comte de Soissons, et autres seigneurs, se présentèrent devant lui pour le saluer. Un jeune garçon, âgé d'environ dix-neuf ans, nommé *Jean Châtel*, s'étant glissé dans cette chambre, s'approcha de Henri IV; dans l'instant où il s'inclinait pour relever les seigneurs qui étaient à ses genoux, il porta un coup de couteau à ce roi; mais par bonheur, ce coup, au lieu d'atteindre le corps, n'atteignit que sa lèvre supérieure, la blessa, et lui rompit une dent. « A l'instant, dit l'Estoile, le roi, qui se sentit blessé, regardant ceux qui étaient au-

» tour de lui, et ayant advisé *Mathurine*[1], sa
» folle, commença à dire : *Au diable soit la folle,*
» *elle m'a blessé.* Mais elle le niant courut tout
» de suite fermer la porte, et fut cause que ce
» petit assassin n'échappa pas, lequel ayant été
» saisi, puis fouillé, jeta à terre son couteau
» encore sanglant, dont il fut contraint de con-
» fesser le fait sans autre force.

» Alors le roi commanda qu'on le laissât aller,
» et qu'il lui pardonnait : puis ayant entendu
» qu'il était disciple des jésuites, dit ces mots :
» *Fallait-il donc que les jésuites fussent convain-*
» *cus par ma bouche!* »

La blessure ne fut pas bien dangereuse : le lendemain, on essaya de la coudre; mais le premier point causant trop de mal au roi, il ne voulut pas que l'on continuât.

Jean Châtel, imbu des maximes pernicieuses

---

[1] *Mathurine* était une folle aux gages du roi : il en est parlé plusieurs fois dans le Journal de l'*Estoile*. D'Aubigné, dans sa *Confession de Sanci*, a fait un chapitre intitulé : *Dialogue de Mathurine et du jeune du Perron.* L'auteur *du Lunatique à Maître Guillaume,* parle de *Mathurine,* comme d'une folle à la suite de la cour. Le prieur *Ogier*, dans son *Apologie pour Balzac,* imprimée en 1627, parle encore de *Mathurine,* comme d'une folle à gages et appointée du roi.

que répandaient depuis plusieurs années les moines et les docteurs de Sorbonne[1], crut, en assassinant son roi, faire un acte utile à la religion, et agréable à Dieu : il était persuadé que l'on pouvait, sans pécher, tuer les rois qui n'étaient pas approuvés par le pape.

Ce fanatique fut puni avec toute la rigueur que méritait son crime, rigueur que les circonstances rendaient excusable. Il fut tenaillé, tiré à quatre chevaux en place de Grève; ses membres furent brûlés, et ses cendres jetées au vent; la maison qu'il habitait fut rasée. L'on en voit encore l'emplacement devant le palais, et proche l'église des Barnabites. Au milieu de cet emplacement, fut élevé une py-

---

[1] « Peu auparavant ce malheureux assassinat et en ce même mois, dit l'Estoile, les jacobins de Paris empoisonnèrent un de leurs compagnons, nommé *Bélanger*, parce qu'il haïssait la ligue, prêchait assez purement, et avait toujours tenu le parti du roi. M. *Dulaurent*, médecin, qui l'avait pansé, conta à un de mes amis, que ce pauvre moine était mort martyr, avec des douleurs cruelles et insupportables causées du violent poison qu'on lui avait donné, et qu'en ayant averti le prieur, au lieu de le faire ouvrir, comme il l'en avait prié, l'avait fait enterrer tout chaud, lui disant qu'ils n'avaient jamais accoutumé de faire ouvrir leurs moines. »

ramide¹ à quatre faces, sur lesquelles furent gravées en lettres d'or, et sur du marbre noir, les inscriptions suivantes que j'ai cru devoir placer ici, parce qu'elles sont peu connues. La face du côté des Barnabites contenait ces inscriptions :

Quod sacrum votumque sit memoriæ, perennitati, longævitati, salutique maximi, fortissimi et clementissimi Principis Henrici IV. Galliæ et Navarræ Regis Christianissimi.

Audi, viator, sive sis extraneus,
Sive incola urbis cui Paris nomen dedit,
Hic alta quæ sto pyramis, domus fui
Castellæ, sed quam diruendam funditùs

¹ Ce monument de vingt pieds de hauteur, ressemblait moins à une pyramide, qu'à une fontaine publique. Le plan était carré ; et l'élévation présentait sur chaque face deux pilastres et deux frontons, un circulaire, et l'autre triangulaire. Au-dessus de cette ordonnance, étaient quatre statues représentant les quatre vertus cardinales ; au milieu de ces quatre figures, s'élevait un obélisque d'assez mauvais goût, surmonté d'une croix. Ce monument fut gravé dans le temps par *Jean Leclerc*, père du célèbre *Sébastien*, graveur du roi. Lorsqu'on détruisit cette pyramide, les jésuites alors en faveur, firent enlever toutes les épreuves de cette gravure, afin qu'il n'en restât aucune trace. Il ne s'en trouve maintenant que dans les cabinets de quelques curieux.

Frequens Senatus crimen ultus censuit,
Hùc me redegit tandem herilis filius,
Malis magistris usus, et schola impia,
Sotericum, eheu! nomen usurpantibus,
Incestus et mox parricida in Principem
Qui nuper urbem perditam servaverat,
Et qui favente sæpè victor numine,
Deflexit ictus audaculi sicarii,
Punctusque tantùm est dentium septo tenus.
Abi viator : plura me vetat loqui
Nostræ stupendum civitatis dedecus.

TRADUCTION.

« Soit consacré à la mémoire, à l'immortalité, au salut du très-grand, très-puissant, très-clément prince Henri IV, roi très-chrétien de France et de Navarre.

» Écoute, passant, étranger, ou habitant de la ville à laquelle le troyen *Paris* a donné son nom : je suis une haute pyramide, et j'étais la maison de Châtel; mais le parlement, pour venger un crime atroce, m'a détruite de fond en comble. Voilà l'état pitoyable où m'a réduite le fils de mon possesseur, pour avoir reçu des leçons impies, et sucé les maximes pernicieuses de ses maîtres, qui, hélas, ont usurpé le nom du sauveur. Ce fils, d'abord incestueux, devint bientôt le parricide de son prince qui venait de sauver la ville de sa perte, et qui, favorisé de

Dieu, par de fréquentes victoires, échappa au coup de l'audacieux meurtrier; il ne fut frappé que sur les dents, qui arrêtèrent le couteau.

» Retire-toi, passant, l'affligeante ignominie qui couvre notre ville, m'empêche d'en dire davantage. »

On lisait encore du même côté, les vers suivans :

Quæ trahit à puro sua nomina pyramis igne
Ardua barbaricas, olim decoraverat urbes.
Nunc decori non est, sed criminis ara piatrix :
Omnia nam flammis pariter purgantur et undis
Hic tamen esse piis monimentum insigne senatus
Principis incolumis statuit, quo sospite casum
Nec metuet pietas, nec res grave publica damnum.

TRADUCTION.

« La pyramide, dont le nom vient de pur feu, décorait autrefois les villes barbares : elle n'est point ici une décoration, mais un autel expiatoire du crime. Quoique le feu et l'eau purifient tout, cependant le parlement a voulu, pour la conservation du prince, élever un monument remarquable, afin qu'à l'avenir la piété n'ait point à redouter un pareil accident, ni les peuples un aussi grand désastre. »

Sur la face qui regardait le Pont-au-Change, on lisait :

D. O. M.

Pro salute Henrici IIII clementissimi ac fortiss. Regis, quem nefandus parricida perniciosiss. factionis heresi pestiferâ imbutus, quæ nuper abominandis sceleribus, pietatis nomen obtendens, unctos Domini, vivasque Majestatis ipsius imagines occidere populariter docuit, dùm confodere tentat, cælesti numine scelestam manum inhibente, cultro in labrum superius delato, et dentium occursu feliciter retuso, violare ausus est. Ordo ampliss. ut vel conatus tam nefarii pœnâ, terror, simul et præsentiss. in opt. Principem aut regnum, cujus salus in ejus salute posita est, divini favoris apud posteros memoria extaret, monstro illo admissis equis membratim dicerpto, et flammis ultricibus consumpto, ædes etiam undè prodierat hîc sitas funditùs everti, et in earum locum, salutis omnium, ac gloriæ signum erigi decrevit.

<small>IIII.</small> Non. Jan. ann. Dom.

CIɔ. Iɔ. XCV.

Hæc Domus immani quondam fuit hospita monstro,
Crux ubi nunc celsum tollit in astra caput,
Sanciit in miseros pœnam hanc sacer ordo Penates,
Regibus ut scires sanctuus esse nihil.

CHAPITRE LXXX.

TRADUCTION.

A Dieu très-bon, très-puissant.

« Pour la conservation de Henri IV, roi très-clément et très-puissant, qui fut assassiné par un audacieux et détestable parricide, imbu de l'hérésie pestilentielle de cette pernicieuse secte, laquelle depuis peu couvrant les plus abominables forfaits du voile de la piété, a osé publiquement enseigner à tuer les rois, les oints du Seigneur, les images de la Divinité : le couteau fut heureusement arrêté par la rencontre des dents, comme si une main divine avait détourné celle du scélérat. Sur quoi la cour du parlement jugea que le monstre serait tiré à quatre chevaux, ses membres réduits en cendres, la maison où il était né détruite de fond en comble, et qu'en sa place serait érigé un monument de la gloire et du bonheur de tous les Français, afin de conserver un exemple mémorable de la protection de Dieu, à l'égard du roi, dont le salut est celui des peuples. »

Le 5 janvier, l'an du Seigneur 1595.

« Une croix s'élève aujourd'hui dans l'endroit

où était autrefois située la maison d'un monstre abominable. La loi a puni jusqu'à cette misérable demeure, pour montrer combien est sacrée la personne des rois. »

Sur la face opposée au pont Saint-Michel, on lisait cette autre inscription :

D. O. M.

Sacrum.

Quum Henricus Christianiss. Francor. et Navarr. Rex bono Reip. natus, inter cætera victoriarum exempla, quibus tam de tyrannide hispanicâ, quam de ejus factione, priscam Regni hujus majestatem, justis ultus est armis, etiam hanc urbem et reliquas Regni hujus penè omnes recepisset, ac denique felicitate ejus intestinorum Francici nominis hostium furorem provocante, Joannes Petri F. Castellus ab illis submissus, sacrum Regis caput cultro petere ausus esset, præsentiore temeritate, quàm feliciore sceleris successu; ob eam rem, ex ampliss. Ordin. consulto, vindicatâ perduellione, dirutâ Petri castelli Domo, in quâ Joannes ejus F. inexpiabile nefas designatum Patri communicaverat, et in areâ æquatâ hoc perenne monimentum erectum est, in memoriam ejus diei, in quo sœculi felicitas inter vota et metus urbis, liberatorem Regni, fundatoremque publicæ quietis à temeratoris infando incœpto, Regni autem hujus opes attritas ab extremo interitu vindicavit. Pulso præterea totâ Galliâ hominum genere novæ ac maleficæ superstitionis, qui Remp. turbabant, quorum instinctu piacularis adolescens dirum facinus instituerat.

TRADUCTION.

A Dieu très-bon, très-puissant.

« Lorsque Henri très-chrétien, roi de France et de Navarre, né pour le bonheur de ses sujets, eut, entre plusieurs autres victoires, triomphé de la tyrannie espagnole et de la ligue; lorsqu'il eut rétabli la splendeur de l'État, qu'il se fut rendu maître de Paris et de plusieurs autres villes du royaume, et qu'enfin, par ses succès éclatans, il eut provoqué la fureur des ennemis domestiques de la France; Jean Châtel, fils de Pierre, suborné par ces mêmes ennemis, ayant osé, d'un coup de couteau, attenter à la personne sacrée du roi, avec plus de témérité que de succès; le parlement, pour punir ce crime de lèze-majesté, fit abattre et raser la maison de *Pierre Chastel*, dans laquelle son fils lui avait communiqué ses affreux projets, et élever à la place ce monument, en mémoire du jour fortuné qui parmi les craintes et les espérances des citoyens, a sauvé la vie de notre roi, ce libérateur de l'État, ce fondateur de la tranquillité publique, qui préserva les finances de leur ruine prochaine, et surtout qui chassa de toute la France, cette race entichée de principes superstitieux et nouveaux qui troublait l'État, et à l'instigation de laquelle ce jeune homme, victime de leur morale pernicieuse, avait entrepris cet abominable parricide. »

S. P. Q. P.

Extinctori pestiferæ factionis Hispanicæ incolumitate ejus et vindictâ parricidi læti majestatique ejus devotiss.

Duplex potestas ista fatorum fuit,
Gallis saluti quod foret, Gallis dare;
Servare Gallis, quod dedissent optimum.

TRADUCTION.

Le parlement et le peuple de Paris.

« A celui qui a préservé la patrie de la faction pernicieuse des Espagnols, les sujets très-soumis du roi, joyeux de voir Sa Majesté hors de danger, et son assassin puni.

» Ici le sort a doublement signalé son pouvoir ; il a donné à la France ce qui devait sauver la France ; il a conservé aux Français ce qu'ils avaient de plus précieux. »

La face qui regardait le palais, contenait l'inscription suivante, qui est l'arrêt de condamnation de *Jean Chastel*, et celui de l'expulsion des jésuites hors du royaume[1].

« Veu par la cour, les grand'chambre et tournelle assemblées, et le procès criminel commencé à faire par le prévôt de l'hôtel du roi, et depuis parachevé d'instruire à la requête du procureur-général du roi, demandeur et accusateur, à l'encontre de *Jean Chastel*, natif de Paris, écolier, ayant fait le cours de ses études au collége de Clermont, prisonnier ès-prisons de la conciergerie du Palais, pour

---

[1] Cette pyramide ne subsista qu'environ dix années. Au mois d'avril 1605, les jésuites étant rentrés en France, et le Père Cotton devenu confesseur du roi, ces religieux sollicitèrent la destruction de ce monument. Une des inscriptions de cette pyramide, qui les maltraitait le plus, fut le motif de leurs réclamations. Henri IV, toujours guidé par sa clémence, et un peu par la peur que lui inspiraient les jésuites, consentit à cette démolition, qui ne fut cependant exécutée qu'après bien des oppositions de la part de la ville et du parlement.

raison du très-exécrable et abominable parricide attenté sur la personne du roi : interrogatoires et confessions dudit Jean Chastel, ouï et interrogé en ladite cour ledit Chastel, sur le fait dudit parricide : ouï aussi en icelle *Jean Guéret*, prêtre, soi-disant de la congrégation et société du nom de Jésus, demeurant audit collége, et ci-devant précepteur dudit Jean Chastel; *Pierre Chastel* et *Denise Hazard*, père et mère dudit Jean : conclusions du procureur-général du roi, et tout considéré, IL SERA DIT que ladite cour a déclaré et déclare ledit *Jean Chastel* atteint et convaincu du crime de lèze-majesté divine et humaine au premier chef, par le très-méchant et très-détestable parricide attenté sur la personne du roi. Pour réparation duquel crime a condamné et condamne ledit Jean Chastel à faire amende honorable devant la principale porte de l'église de Paris, nu en chemise, tenant une torche de cire ardente du poids de deux livres, et illec à genoux, dire et déclarer que malheureusement et proditoirement il a attenté ledit très-inhumain et très-abominable parricide, et blessé le roi d'un couteau en la face ; et par fausses et damnables instructions, il a dit au procès être permis de tuer les rois, et que le roi Henri IV, à présent régnant, n'est en l'église, jusqu'à ce qu'il ait l'approbation du pape, dont il se repent et demande pardon à Dieu, au roi et à justice : ce fait être mené et conduit dans un tombereau en la place de Grève, illec tenaillé aux bras et cuisses; et sa main dextre, tenant en icelle le couteau duquel il s'est efforcé commettre ledit parricide, coupée; et après, son corps tiré et démembré avec quatre chevaux, et ses membres et corps jetés au feu, et consumés en cendres, et les cendres jetées au vent : a déclaré, tous et chacun, ses biens acquis et confisqués au roi; avant laquelle exécution sera ledit Jean Chastel appliqué à la question, tant ordinaire qu'extraordinaire, pour savoir la vérité de ses complices, et d'aucuns des cas résultans du procès. A fait et fait inhibition et défenses à toutes personnes, de quelque qualité et condition qu'elles soient, sur peine de crime de lèze-majesté, de dire ni proférer en aucun lieu public lesdits propos, lesquels ladite cour a déclarés et déclare scandaleux, séditieux et contraires à la parole de Dieu, et condamnés comme hérétiques par les saints décrets.

« ORDONNE que les prêtres et écoliers du collége de Clermont[1], et tous autres soi-disant de

[1] Collége de *Clermont*, aujourd'hui de *Louis-le-Grand*.

ladite société, comme corrupteurs de la jeunesse, perturbateurs du repos public, ennemis du roi et de l'état, viendront dedans trois jours après la signification du présent arrêt, hors de Paris, et autres villes et lieux où sont leurs colléges, et quinzaine après hors du royaume; sous peine, où ils seront trouvés, ledit temps passé, d'être punis comme criminels et coupables dudit crime de lèze-majesté. Seront les biens, tant meubles qu'immeubles à eux appartenans, employés en œuvres pitoyables, et distribution d'iceux faite, ainsi que par la cour sera ordonné. Outre fait défense à tous sujets du roi d'envoyer des écoliers aux colléges de ladite société, qui sont hors du royaume, pour y être instruits, sous la même peine du crime de lèze-majesté. Ordonne la cour que les extraits du présent arrêt seront envoyés aux bailliages et sénéchaussées de ce ressort, pour être exécuté selon sa forme et teneur. Enjoint aux baillifs et sénéchaux, leurs lieutenans-généraux et particuliers, procéder à l'exécution dedans le délai contenu en icelui, et aux substituts du procureur-général, tenir la main à

Guillaume Duprat, évêque de Clermont, le fonda pour les jésuites.

ladite exécution, faire informer des contraventions, et certifier la cour de leurs diligences au mois, sous peine de privation de leurs états. »

Signé Dutillet.

« Prononcé audit Jean Chastel, exécuté le 29 de décembre 1594. »

Henri IV fut fort sensible à ce dernier attentat. Quelques jours après, madame de *Balagny* voyant ce roi accablé par la tristesse, se permit de lui en demander la cause.

Henri IV lui répondit alors avec véhémence : *Ventre-saint-gris, comment pourrai-je être content de voir un peuple si ingrat envers son roi, qu'encore que j'aye fait et fasse tous les jours tout ce que je puis pour lui, et pour le salut duquel je voudrais sacrifier mille vies si Dieu m'en avait donné autant (comme je l'ai fait assez paraître à sa nécessité), me dresser toutes fois tous les jours de nouveaux attentats! car depuis que je suis ici je n'oye parler d'autre chose.*

Le 5 janvier 1595, le roi allait à Notre-Dame, et comme il était au fond de son carrosse, un ligueur eut l'audace de crier, *le voilà déjà au cul de la charrette.*

Ce furieux ne put être saisi, parce que la

foule était trop grande. Cependant, mille cris de *vive le roi* retentissaient dans l'air, et semblaient vouloir racheter l'injure de ce ligueur. Jamais les cris de joie n'avaient été plus nombreux et plus expressifs. *Sire*, dit un seigneur, *voyez comme tout votre peuple se réjouit de vous voir.* Le roi, secouant la tête, lui répondit : *C'est un peuple. Si mon plus grand ennemi était là où je suis, et qu'il le vît passer, il lui en ferait autant qu'à moi, et crierait encore plus haut qu'il ne fait.*

Sixième attentat.

Le même jour, on fut averti qu'un soldat de la garnison de Bruxelles était venu exprès à Paris pour tuer le roi. Dans le signalement de ce soldat, on annonçait qu'il avait un *œil éraillé.* Il était dangereux à Paris d'avoir quelques marques à l'œil : on fit plusieurs recherches inutiles; un des gens du baron de Chouppes, et un moine, parce qu'ils avaient chacun un œil *éraillé*, furent pris et emprisonnés au Louvre, et bientôt relâchés.

Cependant les bons citoyens, effrayés des dangers qui menaçaient continuellement les jours de Henri IV, pensèrent aux moyens de les prévenir. Le corps de ville de Paris fut dé-

puté vers ce roi pour lui exposer la nécessité de chasser les ligueurs de la ville. Le roi répondit qu'il n'était point d'avis de chasser les ligueurs de Paris, « pour ce qu'il les reconnaissait tous
» pour ses sujets, et les voulait traiter et aimer
» également; mais qu'ils veillassent les mauvais
» de si près, qu'ils ne pussent faire mal aux
» gens de bien. »

Septième attentat.

Vers la fin du mois de mai de la même année, fut emprisonné à Paris un architecte, maître maçon, natif de Pontoise : il était accusé d'avoir formé quelques entreprises criminelles contre la personne du roi.

Huitième attentat.

Le 16 du mois de février de l'année suivante, 1596, un avocat d'Angers, nommé *Jean Guedon*, fut pendu en place de Grève, et son corps brûlé. Il était accusé et convaincu d'être parti exprès d'Angers pour venir tuer le roi : il fut pris comme il passait à Chartres.

Dans le même temps, il parut à Paris un jeune homme qui avait le projet de se faire proclamer roi de France; il se disait fils du feu roi Charles IX, et mettait tout en œuvre pour faire valoir ses prétentions. Voici comme on rapporte son origine.

« Un quidam nommé *Charles* avait été nourri
» en Bretagne, chez un gentilhomme nommé *la
» Ramée*, lequel se sentant près de sa fin, avait
» appelé ses enfans, et leur avait déclaré que
» jusqu'à présent ledit Charles avait été nourri
» au nombre des siens, mais qu'il n'était point
» son fils, et qu'ainsi il ne pouvait point s'atten-
» dre à succéder à aucune partie de son bien :
» cependant il lui donnait un cheval et des ar-
» mes pour aller chercher fortune ; et s'adres-
» sant à lui, il lui avait dit : *Vous n'êtes point
» mon fils, mais vous êtes le fils du feu roi Char-
» les IX. J'ai été chargé, par la reine Catherine,
» mère des rois défunts, de vous nourrir et de vous
» élever, sans révéler ce qui en était, qu'elle et les
» rois ne fussent morts.* Après cette déclaration,
» ce jeune homme (qui fut nommé *Charles la
» Ramée*) partit de Bretagne, et se rendit à Pa-
» ris où une dame de qualité voulut le voir ;
» mais ne trouvant pas de sûreté dans ses dis-
» cours, elle le renvoya. Il s'en alla à Reims où
» il commença à publier en secret qu'il avait
» eu des visions et des révélations qui l'assu-
» raient qu'il serait roi. Sur cela, il se trouva
» des gens assez crédules qui disaient qu'il avait

» guéri des écrouelles. Ce bruit attira beaucoup
» de gens auprès de lui, qu'il confirma, les as-
» surant qu'il était fils du roi Charles IX, etc.¹ »

Ce jeune insensé fut à Reims exprès pour se faire sacrer roi. Au lieu d'être oint avec la Sainte-Ampoule, il fut arrêté et condamné à être pendu. On le conduisit à Paris : le président *Riant* l'interrogea sur une écharpe rouge qu'il avait dans sa poche lorsqu'il fut pris : il répondit qu'elle signifiait qu'il était bon, franc catholique et ennemi juré des huguenots; qu'il en tuerait le plus qu'il pourrait, et les poursuivrait à feu et à sang. Le président lui ayant demandé de quelle autorité et par quel ordre il prétendait faire cette exécution, il répondit qu'il la ferait comme fils du roi Charles IX qui avait commencé la Saint-Barthélemy, laquelle il achèverait, si jamais Dieu lui faisait la grâce de rentrer en possession de son royaume qu'on lui avait volé.

Entre plusieurs autres folies, il ajouta qu'un ange lui avait révélé qu'il serait roi de France.

Henri IV ayant entendu cette histoire, se mit à rire, et dit que le fils de Charles IX venait trop tard.

¹ Chronologie novenaire, tome II, pag. 129.

Comme la folie de ce jeune homme pouvait avoir des conséquences graves dans les circonstances, et que d'ailleurs il était convaincu d'avoir voulu attenter à la personne du roi, ce qui *était la pire de toutes les folies;* on lui fit son procès, et, le 8 mars 1596, il fut pendu en place de Grève.

Ce qui doit être remarqué dans cette aventure, c'est que les historiens du temps, qui parlent de ce jeune homme, ne le contredisent point sur sa naissance; ils avouent qu'il était insensé, fanatique, furieux; mais ils ne nient point qu'il était fils de Charles IX. L'Estoile, qui était un des plus raisonnables historiens de son temps, semble ne guère douter de son origine distinguée. « Je le vis à la chapelle, dit-il; » à voir sa façon, il n'y avait celui qui ne le » jugeât, comme moi, issu de bon lieu, car il » avait même quelque chose de majesté écrit » au visage. Mais, à ces propos paraissait un » transport d'esprit qui l'envoya à la mort, le» quel en un autre temps, eût été châtié d'un » confinement en quelques moineries, qui sem» blait être assez de peine à ce pauvre fol, n'eût » été que les royautés de la ligue étaient encore » toutes fraîches; ce qui fut cause qu'on vit ce » jour à Paris un fils de France à la Grève. »

Le 4 juin 1596, on trouva encore quelques ligueurs qui manifestèrent leur fureur contre Henri IV. *Nicolas Rapin*, prévôt de la connétablie, homme brave et actif, découvrit, dans un cabaret de la rue de la Huchette, quatre buveurs qui vomissaient mille injures contre ce roi. L'un d'eux disait que si l'on avait pu s'assurer de la porte Saint-Martin, on eût fait un beau coup pour les catholiques. Ils furent pris et mis en prison.

Neuvième attentat.

Le 6 septembre de la même année, on pendit à Meaux un Italien, pensionnaire du cardinal d'Autriche. Cet Italien recevait de ce prince vingt-cinq écus par mois, comme il l'avoua lui-même, et s'était chargé, pour cette somme, de tuer le roi de France avec une arbalète de nouvelle invention. Henri IV voulut parler à cet assassin, et lui demanda si ce n'était pas lui qui, en Franche-Comté, lui avait un jour tenu l'étrier pour monter à cheval. L'Italien répondit que c'était lui-même. Le roi lui demanda encore s'il ne se souvenait point des moyens qu'il lui avait voulu donner pour prendre un fort, moyens que son conseil n'avait pas approuvés. L'Italien répondit qu'il s'en souvenait bien. Alors Henri IV se tourna vers ceux qui l'environnaient : *Je vous dirai bien plus*, leur dit-il, *et je crois qu'il lui en souvient bien : c'est lui qui me fit perdre six vingts chevaux que j'avais envoyés pour sonder le gué, et si j'y eusse été, comme le coquin m'en avait fait venir la pensée, indubitablement j'étais perdu.*

« En ce mois (de novembre 1596), dit l'Estoile, courut à la cour une prédiction d'un magicien des Pays-Bas, qui disait que le roi devait être tué dans son lit, sur la fin de cette année, par une conjuration des plus grands de son royaume, à laquelle on ajoutait une histoire faite à plaisir et à dessein d'une grande défaite de chrétiens par le Turc, laquelle était attribuée, par tous ceux du pays, à la justice que le grand-seigneur avait faite d'une garce qu'il entretenait, et qu'il avait tuée de sa propre main, pour contenter le peuple et ceux de sa cour, auxquels elle était fort odieuse, et que, depuis, tout bonheur l'avait suivi; lequel conte étant venu aux oreilles du roi, il s'en mocqua aussi-bien que de la prédiction, disant que pour cela il ne lairait de voir sa maîtresse, comme de fait, il la baisait devant tout le monde, et elle lui en plein conseil, etc.[1] »

[1] Journal de **Henri IV**, tome II, page 324.

Dixème attentat.

Le 4 janvier 1597, un tapissier demeurant rue du Temple, fut pendu en la place de Grève, et son corps réduit en cendres. Le jour de Noël, au retour de la messe de minuit, il avait dit publiquement qu'il voulait qu'on lui élevât aussi une pyramide comme à *Jean Châtel,* mais qu'il ne manquerait pas son coup comme lui. Il avait aussi été marchander chez un coutelier de Paris un couteau qu'il destinait, disait-il, à tuer le roi. A la mort, ce tapissier avoua qu'il avait prononcé ces paroles, mais que c'était le vin et le diable qui les lui avaient fait dire. Mauvaise excuse, surtout dans les circonstances.

Dans le même mois, le 17 janvier, on conduisit prisonnier, à la conciergerie du palais à Paris, un cordelier, qui avait dit en chaire, dans la ville de Beaune en Gâtinois, que le roi était un vrai excommunié, et qu'il n'était pas en la puissance de tous les papes de l'absoudre.

Onzième attentat.

Le 10 avril suivant, nouvelle conspiration contre Henri IV. Un avocat nommé *Charpen-*

tier, fils du médecin Charpentier, qui, pendant les massacres de la Saint-Barthélemy, avait fait assassiner le professeur *Ramus*, fut accusé et convaincu de projets criminels contre les jours de Henri IV : il fut exposé sur la roue en place de Grève, avec un nommé Defloges qui était son courrier. Un commissaire nommé *Bazin*, la femme d'un vendeur d'*Agnus Dei* près le palais, et un moine de Saint-Germain, furent compromis dans cette affaire ; mais comme on n'avait pas assez de preuves contre eux, ils furent élargis

Douzième attentat.

Au mois de mai, l'an 1599, un capucin de Milan, appelé Père *Honorio*, adressa une lettre à Henri IV, par laquelle il prévenait Sa Majesté qu'un *méchant garnement* était parti de Milan, pour venir l'assassiner à Paris : on fit en conséquence beaucoup de recherches dans les hôtelleries de cette ville.

Treizième attentat.

Le 15 mai 1600, une femme nommée *Nicole Mignon* fut conduite en prison, et le 2 du mois de juin suivant, elle fut brûlée vive en place de Grève. Elle était femme d'un cuisinier, et avait cherché à faire placer son mari dans la cuisine du roi, afin de pouvoir approcher des mets destinés à sa table, et y mêler du poison. N'ayant pu réussir de cette manière, elle s'adressa au comte de Soissons, grand-maître de France, et lui dit qu'il ne dépendait que de lui d'être le plus grand prince du monde. Le comte, étonné de sa proposition, lui donna rendez-vous, afin de la questionner plus à son aise. Il en parla au roi, et lui demanda un homme de confiance qu'il placerait dans un cabinet, pendant que cette femme l'entretiendrait dans sa chambre. Le sieur *Loménie* fut choisi pour cela. *Nicole Mignon* étant arrivée, le comte de Soissons lui demanda par quel moyen elle voulait le rendre le plus grand prince du monde. *En empoisonnant le roi,* répondit-elle, *vous serez le maître de le remplacer.* Elle ajouta que depuis longtemps elle cherchait quelqu'un qui voulût introduire son mari dans la cuisine du roi. M. le comte de Soissons la fit arrêter, et elle avoua, devant ses juges, toute la noirceur de ses desseins.

La même année, le 27 septembre 1600, on apprit que le roi avait été exposé, sinon au danger d'un assassinat, au moins à la peine que donnent les soupçons. Ce prince, étant à Grenoble, trouva dans sa chambre un billet, par lequel on l'avertissait que *Chazeul* et *Dubourg*, deux gentilshommes lyonnais, cherchaient l'occasion d'attenter à sa vie. Le roi ayant lu ce billet, et ayant appris que plusieurs autres semblables avaient été semés dans les appartemens, crut sur-le-champ que l'envie seule avait fabriqué cette calomnie atroce. En même temps il appelle *Chazeul*, qui était alors à sa suite, et lui montre le billet, en lui déclarant que ce qu'il contenait ne lui donnait aucun soupçon sur sa fidélité. *Chazeul* fut tranquillisé; mais *Dubourg*, qui était à Lyon, apprenant cette nouvelle, suspendit la levée de son régiment, et se rendit en poste auprès du roi, qui lui demanda, en le voyant, le motif de son voyage. *Sire,* répondit *Dubourg, le bruit court à Lyon que j'ai voulu tuer Sa Majesté : Je viens lui apporter ma tête. — Non,* répliqua le roi, *je n'ai pas cru ni ne croirai jamais les avis que les envieux me donnent : retournez à Lyon, achevez votre régiment, amenez-le en diligence; c'est la plus grande punition que vous puissiez donner à des ennemis inconnus, car il n'y a plus grand tourment pour un ennemi envieux que de bien faire.*

CHAPITRE LXXX.

Quatorzième attentat.

Au mois de mars 1603, un gentilhomme et un prêtre de Bordeaux conspirèrent la mort du roi : ils avaient pour cela fait fabriquer exprès une arbalète qui avait un pan de long : le maréchal d'*Ornano* découvrit la conspiration, fit enfermer au Château-Trompette les deux coupables, et envoya l'arbalète au roi.

Au mois de mai suivant, on rompit également les complots de plusieurs personnes étrangères qui s'assemblaient secrètement dans une maison près de Fontainebleau, qui avait été achetée exprès. On investit la maison, et parmi plusieurs choses suspectes, on trouva une grande quantité de lettres en chiffres.

Quinzième attentat.

Le 10 octobre suivant, fut pendu, puis brûlé en place de Grève, un nommé *François Richard*, seigneur de la Voulte, du régiment de Saint-Étienne, en Dauphiné, accusé d'avoir voulu empoisonner le roi. Ce gentilhomme communiqua son projet au duc de Savoie qui l'approuva d'abord; puis voyant qu'il n'était pas homme à venir à bout d'une pareille entreprise, il se décida à sacrifier l'auteur du projet; il le fit prendre et conduire à Paris, où il fut jugé criminel de lèze-majesté, et puni en conséquence.

Seizième attentat.

Le 19 décembre 1605, Henri IV, en revenant de la chasse, passait sur les cinq heures du soir sur le Pont-Neuf. Un procureur de Senlis, nommé *Jacques des Isles,* se jeta sur le roi, le saisit par son manteau qui était agraffé, et le secouant avec force, le renversa sur la croupe de son cheval. Les valets de pied coururent sur ce malheureux, qui fut obligé de lâcher prise. Ils le battirent, le fouillèrent, et trouvèrent dans sa poche un couteau. Lorsqu'on lui demanda quel était son dessein, il répondit qu'il voulait tuer le roi, parce qu'il possédait injustement son bien, et une grande partie de son royaume; puis il ajouta en riant qu'il lui avait fait une belle peur. Les paroles de cet homme firent croire qu'il était fou : les informations que l'on prit alors, confirmèrent cette opinion. Néanmoins on procéda contre lui, et on voulait le faire exécuter comme criminel de lèze-majesté, parce qu'on disait *que la graine de ces foux-là n'était pas de garde; et que leurs folies étaient par trop dangereuses et préjudiciables à l'État.* Cependant le roi ne voulut jamais permettre qu'on le fît mourir. Il fit observer qu'il serait injuste de condamner ainsi un homme reconnu pour insensé; que la saison était fertile en foux, et pour mieux excuser celui-là, il rappela l'aventure d'un homme bien vêtu qui, le dimanche auparavant, s'était jeté du Pont-Neuf, et noyé dans la Seine. Il ajouta que ses parens étaient plus coupables que lui, connaissant sa folie, et ne l'ayant point gardé à vue.

Cet événement causa beaucoup de rumeur dans Paris. Le même soir, on vint féliciter le roi d'avoir échappé à ce furieux. Le lendemain, on chanta le *Te Deum;* et ce fut à cette occasion que Malherbe composa une ode pleine de force et de noblesse, dont nous allons citer trois strophes, qui, malgré quelques tournures surannées, doivent plaire à tous les lecteurs.

Le poète, après avoir fait le tableau des mœurs corrompues de son temps, parle des vertus et de la clémence de Henri IV, et puis de l'ingratitude de ses sujets, qu'il peint de cette manière :

> Toutefois, ingrats que nous sommes,
> Barbares et dénaturés,

Plus qu'en ce climat où les hommes
Par les hommes sont dévorés ;
Toujours nous assaillons sa tête
De quelque nouvelle tempête ;
Et d'un courage forcené,
Rejetant son obéissance,
Lui défendons la jouissance
Du repos qu'il nous a donné.

    La main de cet esprit farouche [1],
Qui, sorti des ombres d'enfer,
D'un coup sanglant frappa sa bouche,
A peine avoit laissé le fer ;
Et voici qu'un autre perfide,
Où la même audace réside,
Comme si détruire l'État
Tenait lieu de juste conquête,
De pareilles armes apprête
A faire un pareil attentat.

Le poëte, après avoir peint les nymphes de la Seine, épouvantées par cet événement, les apostrophe ainsi :

    Revenez, belles fugitives,
De quoi versez-vous tant de pleurs ?
Assurez vos âmes craintives ;
Remettez vos chapeaux de fleurs.
Le roi vit ; et ce misérable,
Ce monstre vraiment déplorable,

[1] *Jean Chastel.*

Qui n'avait jamais éprouvé
Que peut un visage d'Alcide,
A commencé le parricide,
Mais il ne l'a pas achevé.

L'alarme que causa cet événement n'empêcha point quelques prêtres de Paris de prêcher encore séditieusement.

Le 10 décembre 1606, un théologien, surnommé *le Recteur*, natif d'Avignon, prêcha l'avent, à l'église de Saint-Pierre-aux-Bœufs, avec tant de licence et d'effronterie, qu'un échevin et un président, qui étaient au nombre des auditeurs, furent obligés de lui remontrer combien sa témérité était grande : il eut l'audace de répondre qu'il n'en avait pas assez dit. Cependant, on ne fit contre lui aucunes poursuites; les marguilliers se contentèrent de lui ôter la chaire et de la donner à un autre.

Dix-septième et dernier attentat.

Le 14 du mois de mai 1610, jour fatal à la France, le roi, sur les 10 heures du matin, alla entendre la messe aux Feuillans. En sortant de l'église, il rencontra, dans le jardin des Tuileries, le duc de Guise et le maréchal de Bassompierre, qui venaient au-devant de lui. Henri IV, après avoir plaisanté avec ces courtisans, leur dit : *Vous ne me connaissez pas maintenant, vous autres; mais je mourrai un de ces jours, et quand vous m'aurez perdu, vous connaîtrez alors ce que je valais, et la différence qu'il y a de moi aux autres hommes.* Bassompière lui répondit : *Mon Dieu, ne cesserez-vous jamais, Sire, de nous troubler, en nous disant que vous mourrez bientôt. Ces paroles ne sont bonnes à dire : vous vivrez, s'il plaît à Dieu, bonnes et longues années. Il n'y a point de félicité au monde pareille à la vôtre. Vous n'êtes qu'en la fleur de votre âge, et en une parfaite santé et force de corps, plein d'honneur plus qu'aucun des mortels, jouissant en toute tranquillité du plus fleurissant royaume du monde, aimé et adoré de vos sujets, plein de bien, d'argent, de belles maisons, belle femme, belles maîtresses, beaux enfans qui deviennent grands. Que vous faut-il plus? ou qu'avez-vous à désirer davantage?* Le roi se mit alors à soupirer, et dit : *Mon ami, il faut quitter tout cela.*[1]

Le roi, après avoir dîné, parut fort triste : il voulut, à plusieurs reprises, essayer de dormir, mais ce fut en vain. *Sire*, lui dit l'exempt des gardes, *je vois Votre Majesté triste et pensive; il vaudrait mieux prendre un peu l'air, cela la re-*

---

[1] Mémoires de Bassompierre, tome I.

jouirait.—*C'est bien dit; eh bien, faites apprêter mon carrosse, j'irai à l'arsenal voir le duc de Sully qui est indisposé, et qui se baigne aujourd'hui.*

Le carrosse étant prêt, le roi sortit du Louvre, accompagné du duc de *Montbazon*, du duc *d'Épernon*, du maréchal de *Lavardin*, de *Roquelaure, la Force, Mirebeau* et *Liancourt*, premier écuyer. Il chargea le sieur *Vitry*, capitaine de ses gardes, d'aller au Palais, afin de veiller aux apprêts qui s'y faisaient pour l'entrée de la reine, laissa ses gardes au Louvre, et ne fut suivi que d'un petit nombre de gentilshommes à cheval, et de quelques valets de pied.

Le roi avait malheureusement fait ouvrir les deux portières de son carrosse, parce que le temps était beau, et qu'il voulait voir les préparatifs que l'on faisait dans la ville pour l'entrée de la reine.

En passant de la rue Saint-Honoré à celle de la Ferronnerie, qui était alors fort étroite, le carrosse fut arrêté par deux charriots chargés, qui embarrassaient la rue.

Cet embarras fut cause que la plupart des valets de pied passèrent dans le cimetière des Innocens. De deux de ces valets qui étaient restés, l'un s'avança pour faire détourner les voitures qui arrêtaient la marche du roi, l'autre s'abaissa pour renouer sa jarretière.

Pendant que le roi se trouvait dénué de ses gardes, et abandonné aux courtisans placés dans son carrosse, un homme nommé *Ravaillac* saisit ce moment favorable à son projet ; il met le pied sur une roue de derrière, s'avance vers le roi, et le frappe d'un coup de poignard entre la seconde et la troisième côte, un peu au-dessus du cœur. *Je suis blessé*, crie le roi; mais le scélérat, sans s'effrayer, frappe un second coup dans le cœur; tente, dit-on, de frapper un troisième coup. Le roi fit un grand soupir et cessa de vivre.

L'assassin, troublé sans doute par l'énormité du crime qu'il venait de commettre, restait immobile, et ne cherchait pas même à se dérober aux regards de la foule. Les seigneurs qui se trouvaient dans le carrosse voulurent alors cacher au peuple la mort du roi; ils apaisèrent le tumulte en disant qu'il n'était que blessé; sur-le-champ, ils baissèrent les portières et retournèrent au Louvre.

Vers les neuf heures du soir, plusieurs courtisans se répandirent dans la ville, et disaient en passant dans les rues : *Voici le roi qui vient, il se porte bien.* Comme il était nuit, le peuple crut que le roi était à leur compagnie : on entendit les cris de *vive le roi* qui se répandaient avec un enthousiasme extraordinaire dans tous les quartiers de la ville, excepté dans le quartier du Louvre et dans celui des Augustins, où la funeste vérité était connue.

Ce mensonge, imaginé pour tranquilliser et contenir le peuple, qui, dans ce moment, aurait pu se porter à des extrémités violentes contre les instigateurs soupçonnés de la mort du roi, fut bientôt dissipé. Le lendemain, tous les habitans furent instruits de la fatale nouvelle, et firent éclater les regrets les plus sincères. « Bien
» des choses se sont passées en ce jour, dit
» l'Estoile, que le trouble, l'embarras et la dou-
» leur ont fait passer de ma mémoire ; mais ce
» que je n'oublierai jamais, sont les plaintes, les
» clameurs, les larmes, non-seulement du peu-
» ple de tout sexe, mais des gens de qualité qui
» ont pleuré ce bon roi, comme leur bon père,
» et qui donnèrent mille et mille malédictions
» aux instigateurs de ce parricide. »

Vingt-six médecins ou chirurgiens assistèrent à l'ouverture du corps du roi : ils en trouvèrent toutes les parties si bien constituées, qu'ils jugèrent que, suivant le cours ordinaire de la nature, ce prince aurait pu vivre encore trente ans.

Dans le malheur, tous les hommes sont frères. Une grande preuve de cette vérité, et de la douleur profonde dont les Français étaient pénétrés par la mort tragique de Henri IV, c'est le rapprochement qui se fit pendant quelque temps, de deux sectes ennemies.

La grande inimitié qui régnait entre les protestans et les catholiques, cessa tout-à-coup ; il semblait que la douleur fût le seul sentiment qui alors pût entrer dans le cœur des Français.

Les protestans, qui se rendirent aux prêches à Charenton, n'éprouvèrent aucun obstacle de la part des catholiques, comme à l'ordinaire, et comme ils l'appréhendaient en cette occasion. Le ministre *du Moulin* prêcha sur la mort du roi, et en fit un éloge si touchant, qu'il arracha des larmes à toute l'assemblée ; il exhorta ensuite le peuple à vivre plus religieusement : il recommanda surtout la paix et l'union qui devaient régner entre eux et les catholiques, qui, quoique d'une religion différente, n'étaient pas moins leurs concitoyens et leurs frères.

Les prédicateurs catholiques, dans la plupart des églises de Paris, s'accordèrent à pleurer la mort de Henri IV, et à recommander aux auditeurs la même union entre eux et les protestans : « Chose merveilleuse, dit l'Estoile, » et qui ne pouvait procéder que de Dieu, vu la » malice de ce siècle, et de ce monstre de peu- » ple bigarré et composé de tant de têtes ! »

CHAPITRE LXXXI.

PROJET D'UNE SECONDE SAINT-BARTHÉLEMI. MOINE INSOLENT.

Après la mort de Henri IV, les protestans de Paris, et tous les citoyens paisibles, eurent des craintes assez fondées de voir se renouveler les horreurs de la Saint-Barthélemi. Quelques grands seigneurs catholiques, soupçonnés d'avoir été les instigateurs de l'assassinat du roi, pour étouffer ces soupçons et prévenir les troubles qu'ils auraient produits, employèrent secrètement tous les moyens qu'ils crurent capables d'émouvoir le peuple, et de soulever les catholiques contre les protestans. Mais le souvenir des anciens massacres, celui des maux innombrables causés par la ligue, étaient trop bien conservés dans l'esprit des habitans, pour qu'ils désirassent encore de voir renaître les mêmes malheurs. L'effervescence du fanatisme était calmée; le règne heureux de Henri IV avait fait jouir les Parisiens d'une paix dont ils sentaient tout le prix. Ainsi les citoyens n'étaient guère disposés à s'entretuer pour servir l'ambition de quelques courtisans.

On mit en usage tout ce qui avait réussi autrefois à soulever le peuple : on eut recours aux prédicateurs; mais, soit que ce moyen fût usé, ou qu'il fût méprisé, il ne produisit aucun effet. Le jésuite *Gontier* eut beau vouloir rallumer le feu de la révolte, bien loin de séduire, ses sermons indignèrent. Le duc d'*Épernon* autorisait ce boutefeu, et assistait à ses prédications séditieuses. Tout fut inutile, les Parisiens n'étaient plus d'humeur de s'égorger.

Pendant plusieurs nuits, une foule de gentilshommes couraient les rues, tous armés, commettant mille insolences et cruautés, semant l'alarme dans les différens quartiers de Paris, et excitant les catholiques contre les protestans. « On voudrait bien, dit un écrivain du » temps, pousser le peuple à la danse, et le faire » de fête si l'on pouvait; mais pour néant, bien » et sagement pour lui et pour nous. »

CHAPITRE LXXXI.

La reine, instruite qu'il se répandait dans la ville des bruits d'un massacre projeté, en parut très-affligée. Le 17 juillet 1610, elle dit en dinant, « que c'était une chose à laquelle elle
» n'avait jamais pensé, et qu'elle ne voudrait
» faire quand elle pourrait, sachant qu'elle met-
» trait le feu dans le royaume de son fils, qu'elle
» lui voulait garder et conserver, et que ceux
» de la religion avaient bien servi le feu roi;
» aussi avait-elle promis de les maintenir, et
» leur en avait donné sa foi et sa parole, qu'elle
» voulait inviolablement tenir, et que tels dis-
» coureurs la tenaient pour femme de bien peu
» d'esprit et de jugement; mais que, Dieu merci,
» elle ne l'était pas jusque-là, et leur ferait pa-
» raître. » Cette princesse ajouta que si elle pouvait découvrir les auteurs de ces bruits, elle les ferait punir rigoureusement.

Cependant, ces bruits étaient si répandus, que la reine Marguerite en fit avertir la reine Marie Médicis; que les huguenots, pendant plusieurs jours, se barricadèrent dans leurs maisons. On prit au Louvre un homme qui assurait que vers la fin d'août il se ferait à Paris une seconde Saint-Barthélemi, plus complète que la première, et qu'on verrait abondamment couler le sang dans les rues. Il affirmait ces paroles, en ajoutant qu'il voulait être tiré à quatre chevaux si cette Saint-Barthélemi n'avait pas lieu.

Une aventure assez singulière qui se passa dans le même temps, prouve encore l'existence de ce projet de massacres.

Le 16 juillet 1610, un moine vint demander la quête à un horloger qui demeurait dans la cour du palais. L'horloger, qui, sans doute, n'était pas disposé à donner de l'argent au quêteur, résista à toutes ses importunités, et lui refusa l'aumône. Le moine en colère dit mille injures à l'horloger, l'appela *huguenot*, *luthérien*, quoiqu'il fût bon catholique romain ; le menaça d'une seconde Saint-Barthélemi, en lui disant qu'elle se ferait plus tôt qu'on ne pensait ; que le roi Charles IX n'était pas mort. Puis voyant que ces menaces étaient méprisées, il saisit une platine de cuivre qui était sur la boutique de l'horloger, la lui jeta au visage, le blessa dangereusement. La populace accourut au bruit : on voulait traîner le moine séditieux en prison, mais quelques âmes dévotes et monacales le firent évader.

Enfin, l'appréhension d'une nouvelle Saint-Barthélemi se manifesta de toutes parts ; les églises protestantes envoyèrent des députés à la reine pour savoir quelle confiance ils devaient ajouter à ces bruits; cette princesse les rassura. On peut croire que si le peuple eût pris goût à cette entreprise séditieuse, les menaces se seraient effectuées. *L'Estoile*, dans son Journal de Henri IV, ne balance pas à attribuer ce dessein à de grands seigneurs. « Les bruits, dit-il, » d'une Saint-Barthélemi proche, étaient fré- » quens à Paris, et ailleurs, semés et apostés à » dessein par quelques brouillons d'état, enne- » mis conjurez du repos d'icelui, qui, par tels » artifices, tâchaient d'y porter le peuple, sous » l'appui et l'instigation de quelques grands; » mais de la piperie desquels il était las, et re- » creus, étant fait sage par les exemples du passé, » qu'il n'était plus possible de faire mordre le » peuple à cet appas, qui au contraire criait » tout haut, en chantant le suivant vaudeville. »

> Vive le pape et le roi catholique;
> Vive Bourbon, vive la sainte ligue;
> Vive le roi, la reine et son conseil;
> Vivent les bons et vaillans huguenots;
> Vive Sully, avec tous ses suppots;
> Vive le diable, pourvu qu'ayons repos.

Enfin, si le peuple de Paris eût été moins instruit par de funestes expériences, moins éclairé sur ses propres intérêts, la nation aurait eu encore à rougir de nouveaux massacres ; et les habitans de la capitale eussent encore été victimes de l'ambition de quelques particuliers. Ainsi, pour jouir pendant quelques années d'une puissance onéreuse, chancelante et souvent fatale, un homme, de ceux qu'on a la bonhomie d'appeler *grands*, si les circonstances semblent favoriser ses projets, profitera des erreurs du peuple pour anéantir ce peuple ; sacrifiera, non ses devoirs, les ambitieux n'en connaissent point, mais le bonheur et l'existence d'une génération entière. Il détruira, il ravagera tout ce qu'il était obligé de conserver, de protéger ; pour soutenir quelques instans sa fortune agitée, il égorgera des milliers de citoyens. C'est ce que le duc d'Épernon aurait pu faire, si le fanatisme du peuple eût secondé ses projets criminels et ambitieux.

CHAPITRE LXXXII.

CLOCHETEURS DES TRÉPASSÉS.

Un homme vêtu d'une dalmatique blanche, chargée de têtes de morts, d'ossemens et de larmes noirs, tenant en main une clochette, parcourait pendant les nuits les rues de la capitale, réveillait tous les habitans en faisant retentir sa cloche, et criant : *Réveillez-vous, gens qui dormez, priez Dieu pour les trépassés.*

Cet usage lugubre et incommode existait encore à Paris pendant le dix-septième siècle. Dans une pièce intitulée *la Nuit*, le poète *Saint-Amant* se plaint ainsi du clocheteur des trépassés, qui fait peur aux enfans, et vient troubler un rendez-vous nocturne :

> Le clocheteur des trépassés
>   Sonnant de rue en rue,
> De frayeur rend leurs cœurs glacés,
>   Bien que leur corps en sue,
> Et mille chiens oyant sa triste voix,
> Lui répondent à longs abois.
>
> Ces tons ensemble confondus,
>   Font des accords funèbres,

> Dont les accens sont épandus
> En l'horreur des ténèbres
> Que le silence abandonne à ce bruit,
> Qui l'épouvante et le détruit.
>
> Lugubre courrier du destin,
> Effroy des âmes lasches,
> Qui si souvent soir et matin
> M'esveilles et me fâches,
> Va faire ailleurs, engeance de démon,
> Ton vain et tragique sermon.

Il paraît que vers la fin du dix-septième siècle, le son funèbre de cette cloche, la voix effrayante de ce crieur qui épouvantait les uns et troublait le repos des autres, et le peu d'avantage qui en résultait pour la religion, en éveillant ainsi les citoyens au milieu de la nuit, produisirent l'abolition de cette inutile et lugubre cérémonie.

Sauval, qui écrivait à peu près vers la fin du règne de Louis XIV, prouve, en parlant de la loi du *couvrefeu*, qui fut long-temps observée à Paris, que cet usage n'y était plus pratiqué de son temps, puisqu'il doute s'il y a même autrefois existé.

« Je ne sai pas, dit-il, si pour lors on ne
» faisait point roder dans les rues de Paris, de
» certaines gens qui réveillaient le monde pour

» les avertir de prendre garde au feu, en criant :
» *Reveillez-vous gens qui dormez, priez Dieu pour*
» *les trépassés.* Au moins, il est constant, ajoute
» le même auteur, qu'on le fait encore dans la
» plupart des petites villes du royaume, et dans
» quelques unes des plus grosses des Pays-Bas. »

On trouvait encore, avant la révolution, dans plusieurs petites villes de province, de semblables clocheteurs vêtus d'une dalmatique également blanche, bigarrée de larmes noires et de têtes de mort.

J'en ai vu qui ne se contentaient point de sonner, de crier : ils frappaient aux portes, afin de mieux éveiller les dormeurs,[1] et psalmodiaient du ton le plus lugubre leurs tristes lamentations ; quelquefois, en apercevant des jeunes gens ou des personnes de leur connaissance, ils cherchaient à s'égayer par une plaisanterie triviale, en parodiant ainsi leur triste et religieux dicton :

   Réveillez-vous, gens qui dormez,
   Prenez vos femmes, embrassez-les.

Je crois que, d'une manière comme de l'autre, les conseils du clocheteur étaient inutiles.

[1] Dans les villes où se trouvaient des pénitens, un des frères était chargé de cet emploi ; ailleurs, un sacristain, ou valet d'église.

CHAPITRE LXXXIII.

COURTISANES SUIVANT LES ARMÉES.

L'histoire des quatorzième et quinzième siècles offre plusieurs exemples d'armées qui étaient suivies de courtisanes en titre pour le service des troupes.

Jean de Troyes, auteur de la *Chronique scandaleuse,* dit que le mardi, quatorzième jour d'août de cette année 1465, il arriva à Paris deux cents archers, « tous à cheval, dont était
» capitaine *Mignon;* tous lesquels étaient assez
» en point, au nombre desquels il y avait plu-
» sieurs cranequiers, voulgiers et coulevriniers à
» main. Il ajoute : et tout derrière icelle com-
» pagnie allaient à cheval, *huit ribaudes, et un*
» *moine noir, leur confesseur.* » Ce n'était pas une petite affaire, pour un moine, d'administrer la confession à ces *ribaudes.*

Le poète *Molinet,* aumônier de Marguerite d'Autriche, et chanoine de Valenciennes, qui vivait vers le milieu du quinzième siècle, parle du même usage dans une pièce intitulée : *le*

Testament de la Guerre; c'est *la Guerre* personnifiée qui parle :

> Je laisse aux joyeuses fillettes,
> Suyvans armées, fort enclines
> De humer les œufs de poullettes,
> Et de rostir grasses gellines ;
> Puisque cy-après seront dignes
> De brimber [1] en plusieurs quartiers,
> Je feray tendre leurs gourdines
> Aux gargattes de ces moustiers [2].

Environ un siècle après, on trouve encore dans l'histoire un témoignage plus considérable et plus circonstancié de ce même usage.

Le duc d'Albe, à la tête d'une armée espagnole, marcha en Flandre contre les rebelles connus sous le nom de *Gueux*. Dans l'éloge que Brantôme fait de ce duc, il rapporte qu'alors, dans son armée, il y avait *quatre cents courtisanes à cheval, belles et braves comme princesses, et huit cents à pied bien en point aussi.*

---

[1] *Brimber,* demander l'aumône.

[2] *Aux gargattes de ces moustiers,* signifie lieu dans lequel les moines ou les gens d'église conservent leurs provisions de bouche. Ces deux derniers vers peuvent s'entendre ainsi : Je leur ferai demander l'aumône dans les couvens de moines où la cuisine est bonne.

François le *Poulchre* de la Motte *Messemé*, poète dont il est parlé dans la bibliothèque du Poitou, donne des détails curieux sur cette armée et sur le bataillon de femmes galantes qui la suivait. Il y avait, dit-il :

. . . . Deux gaillardes cornettes
De bien trois cents chevaux, à tous le moins complètes,
Sous lesquelles marchaient *des femmes de plaisirs*,
Pour servir le premier qui en avait désir,
Pourvu, cela s'entend, qu'il leur fût agréable.
J'en trouvai la façon si fort émerveillable,
Que pour les voir passer j'arrêtai longuement,
Considérant leur port, leur grâce et vêtement,
Enrichi de couleur sous mainte orfévrerie :
J'en remarquai bien là quelqu'une assez jolie.....
Mais plus que la blancheur, le brun les accompagne.
Leurs montures n'étaient des bêtes de Bretagne :
L'une avait un cheval, et l'autre lentement
Allait sur un mulet, ou sus une jument.
Les harnois, néanmoins, de la housse traînante,
Sous leurs pieds, paraissaient de velours reluisante
De cinq ou six clinquans cousus tout à l'entour.
Il les entretenait qui voulait tout le jour ;
Mais avec un respect plein de cérémonie.
Le *Barisel* major leur tenait compagnie.
Or, ces dames avaient tous les soirs leur quartier,
Du maréchal-de-camp, par les mains du fourier ;
Et n'eut-on pas osé leur faire une insolence.

Cependant, le duc d'Albe, voyant que telles

amazones contribuaient plutôt à énerver le courage qu'à l'enflammer, qu'avec elles les soldats ne s'occupaient guère de batailles, il résolut de s'en défaire comme on va le voir :

> Toutefois le duc las de telle magnigance,
> Leur donna ce sujet de prendre ailleurs parti,
> Pour les mal contenter ; moi-même l'entendi
> Crier publiquement, de mes propres oreilles,
> Et Dieu sait si cela leur déplut à merveilles ;
> C'est qu'entre elles ne fut pas une qui osât
> Refuser désormais soldat qui la priât
> De lui prêter sa chambre à cinq sous par nuitée,
> Tâchant, par ce moyen, les chasser de l'armée,
> Qui lui serait aisé, à ce que l'on disait,
> Et en avint ainsi : car telle se prisait
> Autant qu'autrefois fit cette Corinthienne.....

La conduite du duc d'Albe fut approuvée de quelques personnes, et blâmée de plusieurs. Les uns disaient que cette troupe de courtisanes était un scandale au milieu d'une armée, et présentait un piége dangereux où les personnes les plus sages pouvaient être entraînées.

D'autres, au contraire, soutenaient que dans une armée aussi peu disciplinée que l'était celle-ci, ces filles, offrant des jouissances volontaires et faciles, fixaient les soldats dans le camp, et les empêchaient de commettre ailleurs des violences, et d'assouvir leur brutalité sur des filles et femmes honnêtes, comme ils y étaient accoutumés. Voici comment, à cet égard, s'exprime notre rimeur.

>D'en avoir fait ainsi, le duc fut estimé
>D'aucuns tant seulement, des autres étant blâmé ;
>Et ceux qui admiraient en cela sa prudence,
>Alléguaient que c'était faire une grande offense
>Et déplaisante à Dieu, d'avoir incessamment
>Quant à soi [1] un tel train, de vice allèchement,
>Apportant à la fin, par un si grand scandale,
>Des gens les mieux vivans la ruine totale.
>Chacun en devisait suivant sa passion ;
>Car ceux-là qui tenaient la contraire opinion,
>Ne voulant confesser bonne cette ordonnance,
>Disaient que le soldat se donnerait licence
>De forcer désormais, par où il passerait,
>Celle qu'à son désir résister s'essayrait,
>Puisqu'il avait perdu son plaisir ordinaire,
>A lui permis long-temps, comme mal nécessaire,
>Qui serait irriter autant le créateur,
>En danger de tomber en bien plus grand malheur,
>Exerçant sallement un amour androgyne,
>En un sexe tout seul d'une ardeur masculine.
>Mais, pour ce qu'on en dit, le duc ne retrancha
>Son édit nullement.....

C'était avec des troupes dont les mœurs é-

[1] Avec soi.

taient corrompues au point de faire regarder six ou sept cents prostituées comme nécessaires pour empêcher de plus grands désordres, pour contenir la licence effrénée des soldats; c'était avec de pareilles troupes, dis-je, que le duc d'Albe partait d'Espagne pour venir dans les Pays-Bas venger la cause de la religion chrétienne. Sa conduite fit bien voir qu'il n'allait point, par des mœurs exemplaires et pieuses, prouver aux réformés la supériorité de la religion catholique sur la leur; mais il se contenta de leur prouver qu'il était le plus fort. Pendant six ans qu'il fut gouverneur du Pays-Bas, sans compter les protestans massacrés dans les combats, ou extrajudiciairement, il en fit périr dix-huit mille par la main du bourreau. Cet exemple, comme plusieurs autres, prouve que le fanatisme le plus cruel peut s'allier à la débauche la plus effrénée.

CHAPITRE LXXXIV.

MŒURS RELACHÉES DES MOINES ET DU CLERGÉ, A CERTAINES ÉPOQUES.

L'histoire nous offre dans de certains temps le clergé de France livré à des excès criminels, et dans d'autres, assujéti à une conduite assez régulière : l'ignorance générale, des circonstances particulières, causèrent ces variations. Au dixième siècle, les conciles nous ont conservé des preuves de la dépravation des églises et des monastères ; mais le témoignage le plus singulier, et auquel on ne devait pas s'attendre, c'est celui qui se trouve dans la vie de *saint Odon*, second abbé de Clugni. L'auteur des *Nouvelles Fleurs des Vies des Saints* ne peut être suspect en cette occasion. Il raconte que le saint et son compagnon cherchèrent un monastère en France pour y vivre dans la perfection de la religion chrétienne ; mais leurs recherches furent vaines, et ils n'en rencontrèrent aucun où les mœurs fussent respectées : *Tout était, dans les monastères de ce temps-là, si dépravé*, dit-il, *qu'à la réserve de la tonsure et de l'habit, il n'y avait presque plus de religion.* Ce qui fit résoudre le compagnon de saint Odon d'aller en Italie *pour y chercher ce qu'il ne pouvait trouver en France.*[1]

Dans le siècle suivant, saint Bernard se récriait contre la richesse des églises des moines. « O vanité ! ô folie ! disait-il, l'église est brillante dans les édifices, et désolée dans les pauvres. Elle couvre d'or les pierres du temple, et laisse ses enfans nus. Les curieux trouvent de quoi repaître leurs yeux, et les misérables ne trouvent pas de quoi rassasier leur faim. »

Le même saint fait un portrait bien plus vigoureux des évêques de son temps. « S'agit-il d'amasser du bien, d'accumuler des richesses ? ils se conduisent en *laïcs.* Faut-il recevoir des dixmes et les revenus de l'église ? alors, ils sont *ecclésiastiques.* Dans leurs équipages, ils sont des *militaires;* pour le luxe de leurs habits, ils sont *femmes.* Cependant, ils ne travaillent point comme les *laïcs*, ils ne prêchent point comme le doivent faire les *ecclésiasti-*

---

[1] Nouvelles fleurs des Vies des Saints, *par le Père Ribadneyra*, et augmentées par *le Père Simon Martin*, tome II, page 911.

» *ques*, ils ne combattent pas comme *les mili-*
» *taires*, ils n'enfantent pas comme les *femmes*,
» parce qu'ils ne sont d'aucun ordre; mais s'ils
» ne sont d'aucun ordre, où iront-ils? ils iront
» où il n'y a aucun ordre. »

Dès les commencemens du treizième siècle, les moines mendians de Saint-Dominique et de Saint-François parurent et inondèrent toute l'Europe. Leur première ferveur excita, pendant quelque temps, celle des anciens monastères; mais ces beaux commencemens ne furent pas de longue durée. Saint Bonaventure, un des plus zélés franciscains, reprocha bientôt aux cordeliers leur avarice, leur oisiveté et leur relâchement. L'université de Paris les avait charitablement accueillis et instruits. A peine furent-ils un peu puissans, qu'ils déchirèrent leur bienfaitrice en faisant servir l'autorité du pape à leur propre animosité. Leur injustice étant enfin reconnue, et ne pouvant nuire davantage à l'université de Paris, ces enfans de saint François, divisés en deux sectes, se querellèrent, se battirent, se persécutèrent, parce que la plupart ne voulaient pas croire que les alimens qu'ils mangeaient étaient à eux, et parce qu'ils refusaient de tailler leurs capuchons en forme ronde plutôt que pointue. Ils firent, en 1318, brûler vif, à Marseille, quatre de leurs pères cordeliers qui n'avaient pas voulu rogner de quelques pouces leurs sales capuchons.

Les guerres du quatorzième siècle, les ravages, les profanations que les Anglais, les Français, les Bourguignons, faisaient tour-à-tour dans les églises et les monastères de France, forçaient les prêtres et les moines à se défendre et à combattre, et leur inspiraient un caractère soldatesque qui bannit insensiblement les vertus humbles et pacifiques, la bonne discipline, et introduisit la discorde, le brigandage et la débauche.

Les prostitutions, les crimes de toute espèce, dont fut souillée la cour de Rome sous les pontificats d'Alexandre VI, de Léon X, etc., autorisaient les désordres des évêques qui, voyant ces papes donner l'exemple d'une licence effrénée, faire un trafic honteux des indulgences et des pardons, et vendre pour ainsi dire la vie éternelle au prix de l'or, toléraient les débauches de leur clergé, ou vendaient eux-mêmes à leur tour aux ecclésiastiques subalternes le droit d'avoir publiquement des concubines[1].

---

[1] *Sleidan* rapporte que les magistrats de Strasbourg

Le goût de la littérature profane qui commençait à naître en Europe, dut encore contri-

ayant cité, devant le cardinal *Campegge*, leur évêque, parce qu'il voulait punir quelques prêtres de son diocèse, qui s'étaient mariés, ils représentèrent à cette éminence que les prêtres qui vivaient dans le célibat menaient une vie infâme, et entretenaient, au grand scandale du public, plusieurs femmes libertines dans leur maison. Le cardinal répondit que la conduite de ces prêtres était répréhensible, qu'à la vérité il savait bien que *c'était la coutume des évêques d'Allemagne de permettre la fornication à leurs prêtres, en recevant quelque argent.....* Cependant, qu'il ne s'ensuivait pas qu'il fût permis aux prêtres de se marier. Que le mariage est pour eux un plus grand péché que l'usage d'entretenir plusieurs concubines en leur maison; car ceux-ci savent qu'ils font mal, et confessent leurs fautes, tandis que les autres s'imaginent bien faire; et qu'au reste, tout le monde ne peut pas être aussi chaste que Jean-Baptiste.

Dans le *Catalogus testium veritatis*, est une pièce intitulée : *Centum Gravamina*, dans laquelle, à l'article 75, on trouve la même chose exprimée ainsi : *Les officiaux, en tirant des religieux et des prêtres séculiers un tribut annuel, leur permettent d'entretenir publiquement des concubines et des femmes de joie, dont ils ont des enfans*, et à l'article 91, *La plupart des évêques et leurs officialités ne permettent pas seulement aux prêtres d'avoir des concubines en payant un tribut, mais même, s'il y a quelques prêtres sages qui veulent vivre en continence, on ne laisse pas de leur faire payer le tribut du concubinage, sous prétexte* buer à éloigner les ecclésiastiques de leur devoir. Le respect qu'on portait alors aux poëtes païens et à ceux qui les étudiaient, consacraient en quelque façon la morale relâchée et les préceptes peu religieux qu'on trouve dans leurs ouvrages. On citait à tout propos *Virgile*, *Ovide*, *Tibulle*, etc., et ces citations étaient souvent confondues ou mises en parallèle avec des passages de l'écriture ou des pères de l'église. Les sermons des prédicateurs, ainsi que les autres productions du temps, offraient partout ce mélange monstrueux. Les cordeliers *Mennot*, *Maillard*, le jacobin *Barlette*, etc., citaient dans leurs sermons, recherchés aujourd'hui pour leur ridicule, *Virgile* et *saint Paul*, plaçaient *Hercule* à côté de *Moyse*, et par leurs quolibets, leurs satires contre les bénéficiers et les évêques, leurs contes indécens et leurs plates bouffonneries, travestissaient la chaire de l'évangile en tréteaux de vils baladins. Ainsi, la littérature ancienne ne commençait à répandre ses lumières que pour don-

---

que M. l'*Évêque a besoin d'argent*. Cette pièce que nous citons, fut composée en 1522, à la diète de Nuremberg, et paraît avoir de l'authenticité. Il faut noter que ces reproches ne portent que sur les évêques d'Allemagne.

ner plus d'éclat aux mœurs grossières et à l'ignorance de l'Europe, que pour laisser des témoignages plus multipliés de la barbarie des siècles précédens.

Les désordres qu'avaient introduits les guerres civiles, les vices de la cour de Rome, et la renaissance des lettres, produisirent en conséquence dans l'opinion, dans le goût et dans les mœurs, une révolution considérable. Cette révolution, dans un siècle où la routine avait bien plus d'empire que la raison, ne fut d'abord pas plus avantageuse à la manière d'écrire, de penser, qu'à la manière de se conduire.

Les mœurs du clergé étaient corrompues à un excès qui doit étonner, non parce qu'aujourd'hui elles sont plus pures, mais parce qu'elles le paraissent davantage, et que, d'après l'opinion générale, on croit qu'elles étaient beaucoup plus exemplaires qu'elles ne sont à présent. Voici comme *Brantôme*, avec son style naïf, nous peint les mœurs des évêques qui vivaient avant le règne de François Ier. « Dieu » sait quelles vies ils menaient. Certainement, » ils étaient bien plus assidus en leur diocèse » qu'ils n'ont été depuis, car ils n'en bougeaient : » mais quoi, c'était pour mener une vie toute

» dissolue, après chiens, oiseaux ¹, banquets,
» confrairies, noces et put...., dont ils faisaient
» des sérails; ainsi que j'ai ouï parler d'un, dans
» ce vieux temps, qui faisait rechercher de jeu-
» nes belles petites filles de l'âge de dix ans, qui
» promettaient quelque chose de leur beauté à
» l'avenir, et les donnait à nourrir et élever, qui
» çà, qui là, parmi leurs paroisses et villages,
» comme les gentilshommes de petits chiens,
» pour s'en servir lorsqu'elles seraient grandes. »

La richesse des évêques produisit chez eux le luxe que l'usage de la cour semblait autoriser. Aux vertus épiscopales, aux cérémonies, aux prédications, succédèrent l'égoïsme, les équipages de chasse, les habits somptueux, etc. Ils oublièrent qu'ils étaient évêques pour se

---

¹ Brantôme veut parler ici des oiseaux de proie, autrefois en usage pour la chasse du vol. Quoique plusieurs conciles défendent cette chasse aux ecclésiastiques, ils l'ont pratiquée tant qu'elle a été en vogue en France. Dans un discours prononcé aux états de Blois, sous Henri III, en parlant des mœurs des prélats du royaume, on dit : « Leurs maisons ne résonnent plus d'hym-
» nes et de cantiques à l'honneur de Dieu; mais d'abois
» de chiens, de *réclamations d'oiseaux*, et de toute voix
» de dissolution. Bref, il n'y a qu'ignorance, que vomis-
» sement, paillardise et scandale en eux. »

rappeler qu'ils étaient riches. On pouvait bien dire alors ce que saint Boniface disait des prélats de son temps, et ce qu'on a, depuis, rimé de cette manière :

> Au temps jadis, au siècle d'or,
> Crosses de bois, évêques d'or ;
> Maintenant ont changé les lois,
> Crosses d'or, évêques de bois.

Coquillart, poète et official de l'église de Reims, qui vivait au même temps dont parle Brantôme, c'est-à-dire, vers le milieu du quinzième siècle, fait souvent mention des évêques et du clergé de France, et nous prouve que Brantôme n'a point exagéré. Dans sa pièce intitulée *les Droits nouveaux*, il demande si une femme entretenue par un prélat doit lui préférer un homme plus aimable et moins riche :

> Ung prélat veut entretenir
> Quelque grant dame ou damoyselle,
> Et va deviser avec elle.
> Ung monsieur d'ung prunier fleury [1] ;
> Un simple écuyer sans sequelle,
> Survient léans à l'estourdy [2].

[1] *Ung monsieur d'ung prunier fleury*, un homme d'une médiocre fortune, seigneur d'un *prunier fleuri*.

[2] *Survient léans à l'estourdy*, survient dans la maison en étourdi.

CHAPITRE LXXXIV.

Assavoir mon s'on doit celuy
Qui est évesque ou grant seigneur
Laisser seul pour aller ainsy
Entretenir ce gaudisseur [1] ?

L'official de Reims dit que, suivant les nouveaux usages, la femme ne doit point laisser l'évêque pour le jeune homme, excepté dans deux occasions,

. . . . . Que du mignon
Elle ait ou plaisance ou prouffit.
S'il plaist, s'il est beau, il suffit.
S'il est prodigue de ses biens,
Que pour le plaisir et déduit,
Il fonce, et qu'il n'épargne rien.

Partout où ce poète satyrique nous peint le libertinage de son siècle, il place naturellement les évêques, les abbés, etc. S'agit-il de simples bourgeoises dont le luxe était beaucoup au-dessus de leurs fortunes, il en fait honneur aux évêques et aux archidiacres, etc.

Elles ne couchent d'autre dez [2]
Archidiacres ou abbez.

---

[1] *Gaudisseur* doit se prendre comme ami de la joie, du plaisir.
[2] *Dez*, dais, lit : elles ne couchent dans d'autre lit.

> Semble, à ouir langaiges tels,
> Quelles ayent, feste et dimanche,
> Toujours un évesque aux costés,
> Ou archidiacre en leur manche.

Si la luxure se montrait ouvertement chez les évêques et autres dignitaires du clergé, elle dut régner avec bien plus d'empire dans les monastères où l'ignorance, l'ivrognerie et l'oisiveté, lui offraient une foule de sujets remplis de zèle et de talens pour son culte.

Robert Gaguin, moine de l'ordre des mathurins, qui vivait dans le même siècle, nous a laissé dans ses ouvrages un témoignage incontestable de la débauche des moines de son temps. Pendant que *les cordeliers* et *les jacobins*, qui n'auraient guère dû se mêler de *conception*, se disputaient avec chaleur sur la question de savoir si la conception de la Vierge-Marie était *immaculée* ou *maculée*; le moine *Gaguin* composa sur cette matière un poëme en vers latins, dans lequel il tranche la difficulté et soutient cette conception *immaculée*. Mais, parmi un fatras de discussions théologiques, il étale dans ce sujet religieux une infinité d'images licencieuses, d'idées sales, d'expressions obscènes, et ne laisse aux lecteurs aucuns détails à désirer sur la matière délicate qu'il traite.

CHAPITRE LXXXIV. 339

Ce que l'on doit remarquer dans cette pieuse production, c'est que l'auteur, historien considéré, moine respecté, général des mathurins à Paris, y mêle l'éloge d'une *cabaretière de Vernon*, sa maîtresse. Cette galanterie, quoique très-déplacée, serait peut-être excusable en faveur de l'esprit et du sentiment qui l'auraient produite, surtout si la manière dont elle serait exprimée, pouvait répondre à la gravité du sujet principal ; mais le moine y parle de sa belle cabaretière avec les expressions d'un libertin grossier qui ne sait rien taire, rien voiler. Les meubles commodes à ses plaisirs, le bon vin, les appas les plus secrets de son amante, reçoivent dans ses vers tour-à-tour son hommage : voici quelques-uns de ces traits qui, par leur trop grande naïveté, ne doivent point se traduire :

Risus, verba, jocos, fulcra, cubile, merum,
Albentes coxas, inguina, crura, nates.
Et veneris, etc.

Après des expressions dignes de l'Aretin, le bon moine, en se rappelant les momens fortunés qu'il dut à l'amour, regrette que des affaires multipliées l'éloignent de l'objet de ses tendres désirs. *Si une foule d'occupations*, dit-il, *ne me retenait ailleurs, je contemplerais encore les charmes de ma divinité :*

Si me non alio curarum turba vocasset,
Comtemplarer adhuc sedulus ora Deæ.

Si un historien des plus estimés de son temps, un homme employé, par les rois Charles VIII et Louis XII, à des négociations importantes et difficiles, enfin, si un moine, décoré des premiers emplois de son ordre, et généralement respecté, peut montrer impunément, aux yeux du public, le mélange monstrueux de la religion et du libertinage ; s'il n'a pas honte, en traitant d'un mystère du christianisme, de faire avec un style de corps-de-garde le récit de ses amoureuses fredaines ; et si les lecteurs et les écrivains contemporains ne trouvèrent dans cette conduite indécente rien d'étrange et de répréhensible, quelle idée doit-on se faire des mœurs des ecclésiastiques de ces temps-là ?

La plupart des auteurs satiriques des quinzième ou seizième siècles, tels que *le Poge, Bocace, la reine de Navarre, Rabelais*, etc., ne parlent que d'aventures monacales. S'agit-il de bons tours et de prouesses en fait de galanterie, les cordeliers, les carmes, etc., y jouent les premiers rôles. M. *Dreux du Radier*, dans ses *Récréations historiques,* dit que l'*Heptameron,* ou les nouvelles de la reine de Navarre, aïeule d'Henri IV, offre l'image la plus fidèle des règnes de Louis XII et de François I*er*. « Il ne » faut pas prendre, dit-il, pour des *contes imagi-* » *nés,* les récits de cette princesse; ils sont en- » tièrement ou presqu'entièrement historiques, » et il serait aisé de le prouver avec quelques » observations sur chaque nouvelle. » Il ajoute que ce qu'on y dit des désordres du clergé, et surtout des moines de ce temps, *n'est que trop véritable.* Il assure que l'aventure des *cordeliers de Catalogne,* qui percevaient la dîme sur les plaisirs matrimoniaux, ne doit point être regardée comme une fable, et qu'elle est confirmée par des auteurs très-graves (1). *Chasseneux*, dans son commentaire sur la coutume de Bourgogne, sur les *droits appartenans à gens*

---

¹ Tout le monde connaît cette aventure singulière, si agréablement contée par La Fontaine, et qu'il commence ainsi :

> Je vous veux conter la besogne
> Des cordeliers de Catalogne ;
> Besogne où ces frères en Dieu
> Témoignèrent en certain lieu
> Une charité si fervente,
> Que mainte femme en fut contente, etc.

mariés, article premier, en parlant du pouvoir du mari sur la femme, pose quelques espèces, et décide, d'après les canonistes, qu'une femme *qui se couperait les cheveux par dévotion,* malgré son mari, est excommuniée ; qu'elle ne pourrait pas faire vœu de ne jamais ôter sa chemise dans le lit : ***Ce sont-là,*** dit-il, *de ces fantaisies auxquelles il est bien difficile de remédier, et si une femme s'avisait* DE FAIRE VŒU *d'aller chaque jour chez un chanoine, ou chez un autre prêtre, il faudrait bien prendre patience, parce que ce serait par motif de religion qu'elle le ferait, c'est-à-dire, pour aller à confesse ; or, il n'est pas défendu d'aller souvent à confesse.*

Le grave commentateur ajoute que ces dévotions ont été dangereuses de tous temps ; il en cite plusieurs exemples, et surtout celui rapporté dans le supplément des chroniques de *Philippe de Bergame,* où l'on peint les fourberies des moines appelés *Fraticelli,* qui, sous prétexte de religion, abusaient des femmes, et se livraient avec elles à la débauche.

M. Dreux du Radier cite encore *Rofred de Benevent,* qui, dans ses livres du droit canonique, au titre *de Decimis,* parle d'une femme qui réservait la dîme du plaisir conjugal à son curé. *Quæ reservabat decimarum actum cum marito, pro sacerdote.*

Si l'on en croit d'autres écrivains du quinzième siècle, les carmes et les cordeliers de Paris étaient aussi adroits que les *cordeliers de Catalogne.* L'official de l'église de Reims, *Guillaume Coquillart,* que j'ai déjà cité, après avoir peint le libertinage de quelques curés de son temps, avec les femmes mariées, parle ainsi des dames de Paris qui vont secrètement passer la nuit chez les carmes :

>Mesdames sans aulcun vacarme,
>Vont en voyage bien matin
>En la chambre de quelque carme
>Pour apprendre à parler latin.
>Frère Berufle et Damp Fremin,
>Les attendent en lieu célé
>Sur la queue de leur parchemin,
>Leur baillent leur beau blanc scellé.
>Ont ilz bien gaudy et gallé,
>En lieu de dire leurs matines,
>Le vin blanc, le jambon sallé,
>Pour festoyer ces pèlerines.
>Après on reclost les courtines [1] ;
>. . . . .
>. . . . .

---

[1] On *reclost les courtines,* on tire les rideaux du lit.

Le grand diable y puist avoir part.
Le jour poingt, on fait le départ;
La cloche sonne le retour;
On s'abille de part en part :
Adieu, bon jour, jusqu'au retour.
Mes bourgeoises, sans nul séjour,
Partent, et se mettent en voye,
Ung peu devant le point du jour,
Afin que nesung ne les voye;
Et sans prendre charbon ne croye,
Au ruisseau crottent leurs souliers,
Afin que *Jennin Dada,* croye [1]
Qu'elles viennent de Aubervilliers [2].
Moynes, prebstres et cordeliers
Prennent avec elles déduyt, etc.

Le poète raconte ensuite comment chacune de ces *bourgeoises de Paris* est accueillie par son mari : l'une s'excuse en disant qu'elle vient de prier Notre-Dame à Aubervilliers, et l'autre, d'accomplir un vœu qu'elle a fait à l'abbaye de

[1] *Jennin Dada,* épithète ridicule donnée à un mari trompé, qui répond parfaitement à celle de *George Dandin.*

[2] *Aubervilliers,* village à une lieue et demie de Paris, dans la plaine de Saint-Denis, autrefois célèbre par des pèlerinages nombreux, et par les visites fréquentes qu'y faisaient, en grande dévotion, les femmes de Paris et des environs.

Saint-Maur-des-Fossés, pour être guérie de la goutte :

>..... Toujours vous tensez
>Ennement que bien le sachez ;
>De travail, le front me dégoutte ;
>Je viens de Saint-Mor-des-Fossés,
>Pour être allégée de la goutte [1].
>Le mari la croit.....

C'est ainsi, dit le poète, que plusieurs maris sont dupes de la dévotion de leurs femmes ; ce n'est pas tout :

>Après disner par bonne guise
>S'en va veoir quelqu'autre escolier [2],
>Disans je m'envoys à l'église,
>Au sermon du bon cordelier.

[1] Les Parisiens, et surtout les Parisiennes, faisaient, dans les siècles derniers, à Saint-Maur-des-Fossés, comme à Aubervilliers, de fréquens pèlerinages. Notre-Dame-des-Miracles, dont la chapelle s'y voit encore, avait la réputation de guérir les épileptiques, les goutteux et autres malades. Ce pèlerinage à Saint-Maur-des-Fossés, se faisant la nuit de la Saint-Jean, était accompagné de tant d'indécences, qu'il fut supprimé. C'était toujours la dévotion qui servait autrefois de prétexte aux galanteries des bourgeoises de la capitale.

[2] *Escolier* doit être pris comme jeune moine, ou moine étudiant.

> Puis après on monte au solier [1] :
> Bien venez, car je vous attends ;
> Avec le chien au grand collier
> Elles se donnent du bon temps.

Les productions littéraires du temps nous offrent plusieurs autres témoignages du déréglement, et surtout de l'impudence des moines et des ecclésiastiques qui vivaient aux quinzième et seizième siècles.

Le péché de galanterie n'est pas le seul que l'on puisse leur reprocher. Les haines, les jalousies entre moines ou entre communautés, les querelles ridicules ou puériles, n'ont que trop souvent allumé le feu de la discorde, et ensanglanté les monastères.

Les augustins de Paris ont soutenu deux combats meurtriers. Les cordeliers de la même ville se sont battus différentes fois, et plusieurs sont tombés morts sur le champ de bataille [2].

Plus récemment, les capucins qui occupaient la communauté de la rue Saint-Jacques, ont donné aux habitans de ce quartier un exemple mémorable de leur fureur. Il n'a manqué pour

---

[1] *Solier*, chambre haute ou grenier.
[2] Voyez la *Description des curiosités de Paris*, articles *Grands-Augustins* et *Cordeliers*.

la célébrité de ce combat qu'un poète pour le chanter.

Les minimes de Clermont se sont battus, et quelques-uns ont voulu mettre au feu le père correcteur, parce qu'il voulait, en observateur exact de sa règle, retrancher la cuisine trop succulente des moines.

Les capucins de Nevers se sont livré bataille dans leur capucinière. Il y eut un mort et plusieurs blessés. Feu M. *Tinsseau,* ci-devant évêque de cette ville, fut obligé de faire sortir de Nevers tous ces champions encapuchonés, et de les disperser en différentes maisons. On ferait des volumes si l'on voulait rapporter en détail toutes les querelles violentes, tous les combats sanglans qui ont troublé les monastères. Un des plus singuliers, des moins connus, et des plus authentiques de ces combats, est celui qui se donna en 1601, proche la ville d'Angers, entre les cordeliers et les récollets.

Les récollets, introduits en France en 1595, avaient déjà établi quelques maisons de leur règle, lorsqu'en 1601 ils vinrent occuper, sous la protection de l'évêque d'Angers, le couvent *de la Baumette,* fondé par le roi *René,* et abandonné depuis quelque temps par les cordeliers. Ces cordeliers, jaloux et furieux de voir leur ancien domicile occupé par des moines ennemis et rivaux, se munirent de toutes les choses nécessaires à leur entreprise, et vinrent en troupe, assiéger le monastère de *la Baumette*. Ils l'attaquèrent de deux côtés. Tandis que les uns s'occupaient à enfoncer les portes, les autres posaient les échelles, et tâchaient d'escalader les murs.

Les récollets, en cette occasion, déployèrent tout leur courage; ils firent pleuvoir, sur les cordeliers assaillans, une grêle de pierres, et opposèrent avec acharnement la force à la force; le vacarme était grand; ce saint monastère allait être profané par le meurtre et le sang, lorsque les habitans du lieu accoururent en foule, et parvinrent, après bien des efforts, à séparer ces bons moines qui se tuaient pour la gloire de leurs ordres [1].

Cette affaire devint considérable, et fut plaidée au parlement avec solennité. L'avocat du roi, *Servin*, conclut en faveur des cordeliers, et la cour condamna les récollets. Quelques années après, ces récollets obtinrent de Henri IV, qui passait à Angers, la permission d'occuper

[1] Histoire de Henri IV, par *Mathieu*, livre IV, page 86.

le monastère de *la Baumette*, où ils sont toujours restés depuis.

La dépravation du clergé était moins apparente au seizième, qu'au quinzième siècle. Les nouvelles opinions du protestantisme opérèrent un changement considérable dans les mœurs et dans les esprits. Les premiers réformés, plus faibles et en plus petit nombre, durent montrer des vertus, pour les opposer aux vices et aux exactions des prêtres catholiques; ils durent se montrer plus savans qu'eux pour les combattre avec plus de succès. Les catholiques voyant que leur conduite, leurs pieuses ruses et leur ignorance, les mettaient souvent en défaut, furent alors intéressés à paraître vertueux, à être savans [1]. On étudia, on commenta,

---

[1] « On a obligation, disait l'abbé de Longuerue, à *Lu-*
» *ther*, qui nous a mis dans la nécessité d'étudier la reli-
» gion. On n'étudiait que les païens, et la religion était
» tournée en dérision : tous les contes roulaient là-dessus.
» Voyez *Bocace, Dante, Politien*, etc. Il y avait à Padoue,
» comme le remarque *Louis Vives*, une chaire fondée
» pour enseigner *Averroes*, et il n'y en avait point pour
» enseigner l'Écriture. » Le cardinal *du Perron* est du
même sentiment. « Si ce n'était, dit-il, la crainte de l'a-
» rianisme et du mahométisme, l'hérésie aurait apporté
» un bien; c'est d'avoir fait renaître les lettres qui étaient

on traduisit avec zèle les monumens écrits du christianisme; on les discuta avec passion, et on épuisa la matière. Tous les raisonnemens que les deux partis avaient réciproquement à s'opposer, furent allégués et opposés avec beaucoup de soin. Le feu de la dispute empêcha long-temps de discerner la vérité; mais aujourd'hui ce feu est amorti, les querelles sont oubliées, et la vérité reste.

On peut remarquer que dans ces querelles théologiques, souvent assaisonnées d'injures grossières, et quelquefois suivies de massacres affreux, toujours les moines se montrèrent avec distinction. Ce sont encore les moines, et surtout les mendians, qui, dans l'histoire du fanatisme, jouèrent le rôle le plus odieux. Il semble que chez eux la fureur avait succédé à la galanterie, et qu'ils voulaient se venger sur les réformés, de la contrainte dans laquelle la censure de ces êtres clairvoyans les obligeait de vivre.

Il serait sans doute déplacé de rechercher avec trop de curiosité, et de présenter avec empressement, les anecdotes nombreuses que peu-

» grandement déchues, et d'avoir été cause que la doc-
» trine de l'église a été plus examinée et plus prêchée. »

vent fournir les différens monastères de France. Maintenant que le contraste entre les mœurs monacales, et le respect qu'on accorde aux moines, est beaucoup moins frappant, que leur influence dans le monde est presque nulle, et qu'à leur égard l'opinion publique est absolument fixée; les anecdotes qu'offriraient leurs fréquentes contraventions aux vœux qu'ils ont juré d'observer, les détails de leurs bachiques ou amoureuses fredaines, seraient également inutiles à la société, et indifférens aux lecteurs.

Seulement on observera que les moines d'à présent sont moins querelleurs, moins arrogans, moins turbulens, moins fanatiques que ceux des siècles passés : ils sont aussi moins studieux, moins instruits et moins respectés [1].

En province, ce caractère est moins sensible que dans la capitale, car on voit encore dans de petites villes des moines intrigans et débauchés, qui joignent à ces vices le ridicule du bel esprit et de la fatuité; qui rou-

[1] On excepte de cette règle, les savans bénédictins, qui s'occupent plus des recherches historiques que de procès; les trinitaires, les frères de Saint-Jean de Dieu, et tous les moines qui, par leurs travaux, sont utiles à la société; mais ici l'exception n'emporte point la règle.
Il ne faut pas oublier que ce tableau était publié en 1788.

gissent de leur règle, se glorifient de la transgresser, et affichent leur mondanité et leurs débordemens. On y trouve plutôt qu'à Paris, des *capucins petits maîtres*, *des carmes galans*, *des cordeliers à bonne fortune*.

CHAPITRE LXXXV.

MONASTÈRES DE FILLES.

Si la discorde et la licence ont établi leur empire dans des monastères d'hommes, elles ont dû régner plus souverainement dans les couvens de filles, dont le sexe plus faible offre à la séduction un accès plus facile. Les mêmes causes qui ont produit le désordre chez les moines et dans le clergé, ont également influé sur les mœurs des religieuses : ce sont surtout les guerres civiles. Nos guerriers français, qui, pour la plupart, se distinguaient autrefois par des massacres et des brutalités, se faisaient un jeu d'enfoncer les grilles, et, de leurs mains robustes ou encore teintes de sang, de meurtrir, et souiller par de violentes caresses, ces faibles et innocentes épouses du Seigneur. Plusieurs de ces malheureuses victimes, fugitives et déshonorées, abandonnaient leurs monastères, ou, entièrement livrées au désordre, elles y continuaient par goût, ce qu'elles avaient d'abord éprouvé par force. C'est ce qui arrivait dans la plupart des couvens de filles, lorsqu'après les troubles des règnes de Charles VI et de Charles VII, on les soumit à des réformes dont ils avaient grand besoin.

Les guerres de la ligue introduisirent le relâchement dans les communautés de filles. Plusieurs abbayes de France furent en proie aux galanteries des guerriers ligueurs ou royalistes. Les amours de l'abbesse de *Saintes* avec l'évêque de la même ville, et celles des religieuses de la même maison avec les militaires du temps, donnèrent de la célébrité à l'abbaye [1]. Les couvens de *la Trinité de Poitiers*, de *Villemur* en Albigeois, et celui du *Lys* [2], etc., eurent aussi

---

[1] On croit que cette abbesse était *Françoise de la Rochefoucauld*, et l'évêque, *Nicolas le Cornu*, qui fut nommé à l'évêché de Saintes, en 1576.

[2] On appela cette abbaye du *Lys, vrai séminaire des Enfans-Rouges*. Elle est située proche les bords de la Seine, presque en face de Melun. *Catherine de la Trémouille* en était alors abbesse. On raconte que Henri IV lui demanda le nombre des religieuses et celui de leurs directeurs. Par sa réponse il se trouva que le nombre des directeurs était moindre que celui des religieuses ; le

une semblable réputation. Les monastères des environs de Paris, pendant que Henri IV tenait la ville assiégée, furent encore plus exposés. Les abbayes de *Maubuisson* [1], de *Longchamp*, de *Montmartre* [2], de *Saint-Antoine-des-Champs*,

roi en parut surpris. — *Votre étonnement, Sire, est assez juste*, dit l'abbesse fort ingénument; *mais Votre Majesté ne fait pas réflexion qu'il faut bien quelques religieuses pour les survenans; que feraient-ils, si chacune avait le sien?*

[1] L'abbesse de *Maubuisson* était alors *Angélique d'Estrées*, sœur aînée de *Gabrielle d'Estrées* qui fut maîtresse de Henri IV. Pendant tout le temps du siége de Paris, la cornette du roi logea dans cette abbaye. *D'Aubigné* dit que pendant le siége de Pontoise, il y demeura huit religieuses que la v..... retenait, et cinq qui étaient en couches. Sauval raconte la même chose.

[2] Lorsque Henri IV fit le siége de Paris, il se campa sur la montagne de Montmartre. Quelques religieuses se réfugièrent à Paris, et y oublièrent leur règle et leur devoir. Celles qui restèrent accueillirent si bien le roi et ses officiers, qu'on appelait cette abbaye le *Magasin des engins de l'armée*, ou l'*Académie des p...... de l'armée*. Henri IV l'appelait son monastère, et disait qu'il en avait été religieux. Il y devint amoureux d'une jeune sœur, nommée *Marie de Beauvilliers* qu'il conduisit à Senlis, l'avouant publiquement pour sa maîtresse; mais ce roi, frappé des charmes de *Gabrielle d'Estrées*, oublia bientôt la jeune religieuse, qui, se voyant délaissée, re-

etc., devinrent, comme on disait alors, des *lieux de plaisirs*, et offrirent les désordres les plus scandaleux.

La paix enfin rétablie, ramena la réforme et le bon ordre dans les monastères de France: à la même époque, plusieurs couvens de filles de Paris et des environs, éprouvèrent des changemens rigoureux. Pour bannir avec plus de succès l'incontinence des cloîtres, et rétablir

---

vint à Montmartre dont elle fut abbesse quelque temps après. Sauval assure qu'il lui a entendu dire, qu'en 1598 la communauté n'avait que 2000 livres de rente, et en devait 10,000; « que le jardin était en friche, les murs
» par terre, le réfectoire converti en bûcher, le cloître, le
» dortoir et le chœur, en promenade; à l'égard des reli-
» gieuses, que peu chantaient l'office, les moins déréglées
» travaillaient pour vivre, et mouraient presque de faim.
» Les jeunes faisaient les coquettes, les vieilles allaient
» garder les vaches, et servaient de confidentes aux jeu-
» nes. » Elles ne remplissaient plus les devoirs de religieuses. Au lieu d'être vêtues en noir, elles portaient un habit blanc. Lorsque l'abbesse voulut les soumettre à une conduite plus régulière, elles en devinrent si furieuses, qu'elles essayèrent de l'empoisonner. L'abbesse prit des antidotes qui lui sauvèrent la vie, mais qui ne la préservèrent point d'une difficulté de respirer et de parler. Voyez *Antiquités de Paris*, par *Sauval*, livre IV, page 554, et la *Description des environs de Paris*, article *Montmartre*.

la discipline relâchée, on dispersa les religieuses indociles, et dans les monastères déréglés furent introduites des religieuses étrangères, tirées de différentes maisons et dont les mœurs n'avaient point été infectées par la contagion des temps; ainsi, par ce mélange salutaire, la règle dans les couvens triompha de la licence.

On ne doit pas cependant conclure de ces réformes générales, que, depuis, aucun monastère n'a donné des preuves de déréglement. Quoique les mêmes causes ne subsistent plus, il est des circonstances particulières qui peuvent produire des effets moins universels, mais aussi pernicieux. La séduction qu'éprouvèrent les religieuses de *Sainte-Catherine-lez-Provins* en offre un exemple bien authentique.

Depuis long-temps, les cordeliers de Provins dirigeaient, dans la plus parfaite union, les consciences des sœurs de *Sainte-Catherine;* cependant les rivalités, la jalousie, introduisirent la discorde dans le couvent. Quelques religieuses mécontentes se réunirent pour demander, en 1648, au parlement, l'éloignement des cordeliers; mais les cabales des pères firent avorter tous les projets des sœurs. Le parlement rendit plusieurs arrêts; l'archevêque de Sens interposa son autorité; les cordeliers bravaient tout. Lorsqu'enfin les religieuses, de concert avec ce prélat, publièrent un *factum* dont nous allons donner une idée, et où se trouvent dévoilés tous les mystères de la galanterie claustrale; mystères que, sans cette querelle, l'œil des profanes n'aurait peut-être jamais pénétrés [1].

Les religieuses, après avoir proposé leur intention de rentrer sous la conduite et la direction de l'archevêque de Sens, après avoir prouvé, avec beaucoup d'érudition, que la surveillance des monastères appartient de droit aux évêques, et après avoir répondu aux bulles, signifiées par les cordeliers, sur lesquelles ils appuyaient leur prétendue juridiction dans le couvent de Sainte-Catherine; elles racontent comment ces cordeliers se sont rendus indignes de les diri-

---

[1] Sans la persécution du cardinal de Richelieu, on ne se serait jamais douté de ce que les religieuses de *Loudun* étaient capables de faire. Sans la jalousie de quelques religieuses de *Beaumont-lez-Clermont*, qui intentèrent un procès à leur abbesse, on n'aurait jamais pensé aux travestissemens secrets, aux intrigues galantes, et à toutes les pratiques mystérieuses et singulières que le cloître peut seul faire imaginer, et que les mémoires publiés dans le temps ont mis au grand jour.

ger, et elles rapportent fidèlement les preuves du libertinage que ces pères ont introduit dans leur cloître.

Pour avoir une idée générale de ces déréglemens, « on n'a qu'à se figurer, lit-on dans le » *factum*, tous les maux que sont capables de » causer les passions humaines, lorsqu'elles sont » couvertes du prétexte de la piété, et qu'elles » abusent des choses les plus saintes, les plus » sacrées, pour se satisfaire, et pour corrompre, » autant qu'il est en elles, des âmes innocentes; » on n'a qu'à se représenter toutes les manières » les plus honteuses et les plus criminelles dont » on peut se servir pour renverser l'ordre et la » régularité dans une maison religieuse; enfin, » on n'a qu'à s'imaginer tous les abus que des » gens qui ne sont retenus ni par la crainte de » Dieu, ni par celle des hommes, peuvent faire » d'une autorité usurpée, et qu'ils emploient » pour inspirer le vice, et faire régner le pé- » ché. »

Voici ce que dit une des religieuses dans sa déposition :

Les confesseurs s'amusaient à caresser les pensonnières qu'on leur envoyait pour les instruire à la sainte communion, et leur faisaient toutes sortes de contes ridicules. Quand, par occasion, elles sortaient, et allaient au couvent de ces pères, ils usaient avec elles de toutes sortes de privautés malséantes, comme pour leur ôter de bonne heure cette pudeur naturelle à notre sexe, afin de se les rendre ensuite plus complaisantes, etc.

La même déposante continue:

Je puis dire, comme en ayant connaissance assurée, que trois novices prêtes à faire profession, ayant été vers le père N.., confesseur, pour être instruites à cette sainte action, il leur fit cent cajoleries, et leur donna à chacune un gage de son amitié, les obligeant de les porter sur elles; leur conseilla fort de prendre de bons amis, leur disant que cela était commode pour eux, et divertissant pour elles... Il les instruisit de la manière qu'il se fallait conduire dans ces amitiés. Il en demanda une des trois en particulier, pour lui déclarer l'inclination qu'il avait prise pour elle.. Il dit à un autre père, qui trouvait aussi cette novice à son gré, qu'il n'avait rien à y prétendre, qu'il l'avait retenue pour lui, etc.

D'autres religieuses firent à peu près la même déposition sur le même sujet, avec cette différence, que l'une ajoute que, pour avoir journellement ces novices à son parloir, ce père se plaignait à la mère maîtresse de leur peu de vocation, afin de la déterminer à les lui envoyer plus souvent.

Les cordeliers ne négligeaient aucun genre de séduction pour soumettre à leurs désirs les jeunes religieuses qui résistaient encore. « Leur » passion les a portés, dit le *factum*, jusqu'à cet » excès, qu'ils leur ont donné *les Maximes d'A-* » *mour*, *l'École des Filles*, *le Catéchisme d'A-* » *mour*, qui sont des écrits abominables... Ils » leur ont même donné des livres de magie pleins » de mille curiosités et de mille recherches in- » fâmes et diaboliques, et l'un d'eux a été assez » brutal pour donner à une fille un chiffre » pour écrire des ordures. »

On les a ouïs, dit une déposante, *à la grille, un nombre infini de fois, chanter devant les religieuses, et leur apprendre des chansons déshonnêtes, et on ne pouvait presque y aborder en leur présence qu'on entendît une sottise.*

Une fois, en bonne compagnie, sur le refus qu'une religieuse fit de passer ses doigts à un qui les lui demandait, il se moqua fort d'elle, et lui dit qu'elle devait savoir que depuis la ceinture jusqu'en haut elle appartenait tellement au bon ami, qu'on ne devait lui en refuser ni la vue ni l'attouchement. La même déposante ajoute : *Nos mè-*

res m'ont assurée que les cordeliers leur donnaient pour leçon à bien pratiquer, que le sein, la bouche et la main devaient être à un ami.

Mais cela ne suffisait pas à des moines : continuons.

« Ils avaient soin de faire qu'il n'y en eût pas une seule dans la maison qui, dès son noviciat..., n'eût quelque cordelier pour ami particulier, et avec qui elle ne contractât aussi une alliance toute particulière. Ceci se faisait avec toutes les formalités possibles; et comme, dans la suite, ils se devaient traiter de *maris et de femmes,* selon l'ordre établi par eux depuis long-temps dans ce monastère, on observait les mêmes formalités que l'on garde dans les mariages du monde. »

Voici de quelle manière étaient célébrés les mariages des religieuses avec les cordeliers.

Les nouveaux amans, c'est une déposante qui parle, *s'adressaient aux amies de celles qu'ils désiraient, pour se les rendre favorables. On faisait des épreuves d'amitié, des demandes, des conventions. On prenait des jours pour dresser des articles, faire des fiançailles, et enfin les noces, où il se faisait des festins, où l'on disait mille impertinences.* La même religieuse cite quelques exemples de cette cérémonie. Nous rapporterons celui d'une sœur qui, après avoir été long-temps recherchée par un cordelier, gardien de..., consentit enfin à l'épouser.

.... *On fit, dit-elle, les solemnités de leur mariage. Un cordelier, comme père du père épouseur, fit la demande à l'abbesse, qui passait pour la mère de cette sœur. Un autre cordelier servit de notaire pour passer le contrat. On publia les bancs au parloir de ladite dame abbesse, et dans la salle basse. Le père... servit de curé, qui les maria, leur faisant dire les mêmes paroles, et faisant de son côté les mêmes prières et les mêmes cérémonies dont on use dans les véritables mariages. On donna la bague qui fut mise au doigt de l'épousée. Une sœur, déguisée en cordelier, leur fit une exhortation sur les devoirs du mariage, et ils furent renvoyés ensuite seul à seul à un autre parloir, pour consommer le mariage.*

Le passage suivant donnera une idée de l'abandon et de la folie qui régnaient dans ces dévotes orgies.

« On y mangeait ensemble aux grilles, on y
» buvait avec des chalumeaux dans un même
» verre; on y portait des santés à genoux, et on
» cassait les verres après les avoir bues; on
» usait de petits artifices pour faire lever les
» guimpes. On leur reprochait qu'elles n'étaient

» que des oisons, en comparaison des dames
» cordelières de...., chez qui dix ou douze cor-
» deliers couchaient tous les jours. On leur ci-
» tait ensuite les exemples des débauches qui se
» faisaient dans les autres maisons de leur or-
» dre, pour les obliger à les imiter. On passait
» de ces entretiens à des discours plus libres et
» plus insolens; on dansait de part et d'autre
» aux chansons, on jetait bas le froc et l'habit
» de cordelier, on paraissait avec des habits de
» satin, et des garnitures de rubans de couleur;
» quelquefois les cordeliers passaient leurs ha-
» bits aux filles, et les filles les leurs aux corde-
» liers. Quelques-unes, à la sollicitation des
» pères, se sont déguisées en séculières, et ont
» paru devant eux au parloir, la gorge nue, et
» semée de mouche comme le visage, etc... On
» jouait en cet état des baisers, aux cartes, et à
» d'autres petits jeux, jusqu'à cinq heures du
» matin, on rompait les grilles pour exécuter
» les choses avec plus de facilité, et l'on passait
» les jours et les nuits tout entières dans ces
» exercices. »

Les supérieurs et les provinciaux des cordeliers, loin de proscrire ces abus, lorsque dans
leurs visites, des religieuses, jalouses ou repen-
tantes, venaient les leur dénoncer, étaient les

premiers à plaisanter celles qui venaient se plaindre, à les cajoler eux-mêmes si elles étaient jolies, et à les exhorter à prendre chacune un ami. *Le provincial N...*, dit une religieuse dans sa déposition, *donnait des amis à toutes les jeunes professes. Il prêcha à ma profession; il m'appelait sa fille pour cette raison. Il me dit, aussitôt que j'eus fait profession, qu'il me voulait donner un cordelier pour ami, qui était beau garçon, galant, bien fait, et qu'il me voulait marier avec lui. Il parlait souvent de ces sortes de mariages.*

Pour maintenir cet esprit de galanterie dans le couvent de ces filles, les provinciaux avaient toujours soin de nommer des abbesses et des maîtresses qui pouvaient s'accommoder de cette joyeuse vie. Voilà comme à ce sujet s'explique une des religieuses :

Il y a dix années qu'au temps de l'élection de madame d'Ossonville, première abbesse de ce nom, ils firent tous leurs efforts pour mettre en sa place madame...., qui avait fait le dernier mal avec le père...., cordelier....

La sœur N... montrait *librement les lettres d'amour qui lui étaient écrites par les cordeliers, racontait tous les songes qu'ils faisaient pour elle. Elle leur donnait accès dans sa chambre nuit et jour, et pour récompense, elle fut faite maîtresse des novices.*

Il y a eu des cordeliers qui, *après avoir entendu la confession d'une malade, ont été au lit des autres, et après leur avoir dit tout haut quelques mots de piété, se sont approchés pour les baiser, et ont voulu leur mettre la main dans le sein.*

Nous ne parlerons pas de ceux qui sont entrés la nuit ou le jour avec des fausses clefs, avec des échelles, soit dans les jardins ou dans les chambres des religieuses, pendant qu'elles étaient au lit, etc. Le mémoire n'est rempli que de faits de cette nature. Nous ne finirions point si nous voulions extraire tous les détails scandaleux qu'il contient, et présenter tous les moyens singuliers, violens ou impies que l'amour ou la luxure suggérait aux cordeliers et aux religieuses, pour adoucir la rigueur de leurs vœux. Nous citerons seulement quelques fragmens de lettres écrites par les moines amoureux à leurs tendres recluses : d'après leurs expressions ridiculement précieuses ou mystiques, on jugera quelle force, quelle tournure l'amour prend sous le froc.

« Mon cœur est tout à vous, écrivait un cor-
» delier à sa bonne amie religieuse; tout en vous
» et tout pour vous, puisqu'il ne respire que pour
» vous. N'en doutez non plus que des sermens

» que je vous ai faits, et que je renouvelle, de
» vous honorer et sans pair, et sans fin.....

» Comme vous m'avez amoureusement rendu
» vos armes, et comme je les ai reçues et rete-
» nues, etc. »

Un autre moine écrivait : « Je pars de ce pas
» pour porter mes thèses de théologie chez l'im-
» primeur. Je la dois soutenir le 6 d'octobre, et
» je veux que ce soit sous vos auspices. Si je
» n'appréhendais point les langues, je mettrais
» votre nom et vos mérites en lumières dans le
» titre et l'épître dédicatoire de ladite thèse; mais
» je me contenterai de vous la dédier tacite-
» ment, en mettant pour figure une Magdelei-
» ne, et pour titre ces paroles : *multùm dili-*
» *genti* ; à celle qui aime beaucoup. » Dans une
autre lettre, le même moine envoie la thèse à
sa bien aimée, avec un titre plus ample, et qui
désigne plus particulièrement son amour et ses
feux. L'affectation du bel esprit se rencontre
partout dans les épîtres citées dans ce *factum*.
Voici quelques fragmens de celles qui indiquent
une plus grande intimité entre les moines et
les religieuses.

« Mais ma chandelle est toute fondue ; mi-
» nuit est sonné ; je m'en vais voir si le chevet
» me donnera des rêveries approchantes des

» agréables délices que vous m'avez fait goûter
» dans votre charmant entretien.

» Notre fille est toute jolie de m'envoyer ces
» deux petits vaisseaux. Je ne suis pas content
» de si peu de douceurs ; et qu'elle ne pense pas
» me persuader qu'elle ait tout petit Notre fils
» a l'encre gelée ; et je n'entends plus parler de
» lui. Qu'elle sache qu'elle aura bien le fouet à la
» première vue, et ne sais si elle pourra l'échap-
» per... Dites la vérité. Elle vous ressemble,
» elle est belle toute nue comme vous.

» .... Si la froideur vous empêche d'écrire,
» n'importe, pourvu qu'elle ne soit point au
» cœur. Pour moi, je n'ai jamais froid.....
» .... »

A ce *factum*, qui n'est pas plus avantageux aux mœurs des religieuses qu'à celles des cordeliers, on pourrait joindre plusieurs autres exemples aussi véritables ; je me borne au suivant.

Les désordres du couvent de Sainte-Catherine-lez-Provins ne sont que de légères peccadilles, si on les compare à ceux qui, vers le milieu du dix-septième siècle, souillèrent la communauté des religieuses de Saint-Louis-de-Louviers. L'imagination la plus féconde ne peut rien concevoir de plus révoltant ; le libertin le plus effréné, le plus audacieux des impies, reculeraient d'étonnement et d'effroi, au récit du mélange monstrueux de la débauche la plus recherchée aux pratiques religieuses, aux objets les plus vénérés du christianisme. Par respect pour les convenances, je m'abstiendrai de décrire les scènes, les orgies sacriléges dont ce couvent fut le théâtre.

Un prêtre nommé *Pierre David*, directeur de cette maison, en fut le premier corrupteur. *Mathurin Picard*, curé de Mesnil-Jourdan, lui succéda, et de concert avec Boullée, son vicaire, il y accrut les désordres. Ces faits furent dénoncés, le curé *Picard*, fut, en 1647, par arrêt du parlement de Rouen, condamné à mort; il expira avant l'exécution. Son vicaire *Boullée* fut brûlé vif [1].

La nature contrainte dans les cloîtres, à la première occasion produit un débordement désastreux.

---

[1] Voyez *Histoire de Madeleine Bavent, religieuse au couvent de Saint-Louis-de-Louviers, avec sa confession générale et testamentaire,* Paris, chez Le Gentil, 1652.

FIN.

TABLE
DES MATIÈRES.

A

Abbayes de Saintes, du Lys, de Maubuisson, de Longchamp, de Montmartre, de Saint-Antoine-des-Champs; — devenues, suivant l'expression du temps, lieux de plaisir, 353, 354, 355.

Abbé des Cornards, de la Malgouverne, des fous, etc. Note de la page 48.

Ablon, bourg. Les protestans y avaient leur temple avant d'avoir celui de Charenton, 205.

Achon (Chevalier d'), fait danser la gaillarde au jeune d'Aubigné qu'il avait fait prisonnier avec plusieurs autres calvinistes, 121.

Adrets (Le fils du baron des), massacre Antoine de Clermont-Renel, calviniste, 112.

Albe (Duc d'). Quatre cents courtisanes à cheval suivaient l'armée espagnole qu'il commandait pour soumettre les rebelles de la Flandre, connus sous le nom de Gueux, 323. — Le Poutre, poète, parle aussi d'un bataillon de femmes qui suivait le duc d'Albe, 324. — Sa cruauté, 327. — Ses conférences avec Catherine de Médicis, relatives à l'extermination des calvinistes, 99.

Albigeois. Cérémonies célébrées aux sabbats des sorciers leur sont reprochées, 241. — Crus présidés par le diable, 243.

Albret (Jeanne d'), reine de Navarre, se rend à la cour; — meurt peu de jours après son arrivée à Paris; — sa mort attribuée, non sans fondement, au poison, 104.

Alchimiste récompensé par Louis XII, 215.

Alops de Mons, femme d'Enguerand de Marigny, accusée de magie, 228.

Alexandre VI. La cour de Rome souillée de toute espèce de crimes pendant son pontificat, 331.

Amours (d'), conseiller au parlement, se range du parti de Henri IV, 156.

Anabaptistes, 178.

Ancre (Maréchal d'), 252, 268.

Ancre (Maréchale d'), protectrice de Ruggiéri, astrologue, 231. — Brûlée comme sorcière, ibid.

Andelot (d'), chef du parti calviniste, frère de l'amiral de Coligny, et La Rochefoucauld, ne réussissent point dans la tentative qu'ils font de chasser les Guises et de s'emparer du Roi, 101.

24

Ane (Fête de l'), 48.
Angers (Ville d'). Massacre des calvinistes, 116.
Anglais à Paris, 87, 89, 91.
Anglais (l'), échevin, se range du parti de Henri IV, 156.— Traverse la garde espagnole, et se saisit de la porte Saint-Denis pour y faire entrer Vitry qui s'en empare, ainsi que du rempart, et des Espagnols chargés de leur garde, 158.
Angoulême (Comte d'), frère bâtard du roi, membre d'un conciliabule où l'exécution de la Saint-Barthélemi est arrêtée, 108.
Angoulême (Duc d'), malade, est guéri en riant, 168.
Anjou (Duc d'), accompagne le roi lors de sa visite chez Coligny, 106; —complice de l'attentat commis sur la personne de cet amiral, d'après l'aveu de la reine, 107; — membre du conciliabule où le massacre de la Saint-Barthélemi est arrêté, 108.
Antipéristase, Traité de galanterie, ouvrage de Bugnet, cordelier apostat, 207.
Antoine, roi de Navarre, frère du prince de Condé et père de Henri IV, l'un des chefs du parti calviniste, 100.
Arbalète, d'un pan de long, fabriquée par les ordres d'un gentilhomme et d'un prêtre bordelais, et destinée à l'assassinat de Henri IV, 303.
Arc (Jeanne d'), dite la Pucelle d'Orléans, se trouve au siége de Paris; — blessée; — injuriée, 48. — Sermon prêché contre elle par un jacobin, 49. — Deux femmes arrêtées à Corbeil, pour avoir cru et dit qu'elles la croyaient envoyée de Dieu; — accusée d'être sorcière, 54.—Brûlée à Rouen, 55.

Archevêque de Sens. S'élève contre le déréglement des cordeliers de Provins, 356.
Archevêques qui se battent dans une assemblée du clergé, 210.
Architecte, maître maçon, natif de Pontoise, accusé d'avoir formé quelques entreprises criminelles sur la personne du roi, emprisonné à Paris, 293.
Argenson (M. d'), lieutenant de police. Informe contre des étudians en droit qui avaient fouetté des jésuites, 200. — Ses efforts pour purger la capitale des astrologues et tireurs d'horoscope, 233.
Armagnac (Mademoiselle d'), fouettée dans les Tuileries par un laquais condamné, pour ce fait, au carcan et aux galères, 189.
Aristote. Deux de ses livres sur la physique sont condamnés au feu, 17.
Armagnac (Bernard comte d'), accuse Géraud d'Armagnac, comte de Ferensaque, d'emploi de moyens magiques pour le faire mourir, 228, 229.
Armagnac (Géraud d'), comte de Ferensac, accusé de magie par Bernard, comte d'Armagnac, 229.
Armagnacs. Leur massacre à Paris, 66. — Bourguignons (Faction des), *ibid.*
Armoiries de Henri III, arrachées par les ligueurs, foulées aux pieds et traînées dans le ruisseau, 150.
Arnoul, astrologue de Louis XI, 225.
Arnoux, jésuite, confesseur de Louis XIII, 254.
Arrêt du parlement de Paris contre Jean Châtel et contre les Jésuites, 287.
Assemblée du clergé. Combat à coups de poing, 209.
Assiette de bouillie jetée au

visage de Louis XIV, par son frère, Monsieur, 176.

Astrologie en vogue sous le règne de Louis XI, 225.

Astrologues. Figures magiques en cire ;—Martinistes, 223.—Égyptiens, Grecs et Romains, 224.— En nombre sous Louis XIV ;—Efforts de M. d'Argenson, lieutenant de police, pour en purger la capitale, 233.

Auvergne (Comte d'), fait tapage à la Foire-Saint-Germain, 185.

Attentat immoral sur la personne de Louis XIV, 176.

Attentats à la vie de Henri IV, 270.— Premier attentat, 271 ; —deuxième, 273 ;—troisième, 274 ;—quatrième, 275 ;—cinquième, 276 ;—sixième, 292 ;—septième et huitième, 293 ;—neuvième, 297 ; —dixième et onzième, 299 ; —douzième et treizième, 300 ;—quatorzième et quinzième, 303 ; —seizième, 304 ; —dix-septième et dernier, 307.

Avarice des anciens évêques de Paris, 123.

Aubervilliers, village près Paris, où les femmes allaient autrefois en pèlerinage, 344.

Aubigné (d'). Enfant devenu célèbre dans la suite par sa valeur, sa fermeté, son esprit et ses ouvrages, 120, 121, 122. — Est l'un des prisonniers du château de Courance, pour fait de religion ;—menacé du feu ; — répond avec fermeté qu'il ne changera pas sa religion ;—chante une *gaillarde* ;—attendu par le bourreau qui lui montre l'appareil du supplice ;—attendrit un officier de la compagnie d'Achon ; — est sauvé par cet officier, ainsi que les autres prisonniers, et conduits sains et saufs à Montargis ; — accueillis par la duchesse de Ferrare, qui prend plaisir à l'entretien du jeune d'Aubigné ; — les fait conduire à Gien d'où ils arrivent à Orléans ; — d'Aubigné y trouve son père, 121, 122, 123. — Ce qu'il dit des religieuses de l'abbaye de Maubuisson, 354.

Aventure d'une dame de la cour, 171.

Aubry (Christophe), curé de Saint-André-des-Arts, prédicateur de la ligue, 140.—Consulté par Barrière, pour savoir s'il pouvait, sans blesser sa conscience, tuer Henri IV, après sa conversion, traite ce scrupule de bagatelle, 144.— Encourage Barrière à cet attentat, 272. — Fait assassiner et jeter dans la rivière un nommé Mercier. — Sa réponse à la présidente Séguier qui lui remontrait que cet homme était catholique ;— fait brûler, comme huguenotes, deux sœurs nommées Foucaudes, 145.

Aventures monacales, rapportées par la plupart des auteurs du 15e siècle, 340.

Aventuriers célèbres, 214.

Aveugles. Acteurs d'un spectacle, 45.

Augustins de Paris. Deux combats meurtriers qu'ils ont soutenu, 346.

Aumale (Chevalier d'), chef des ligueurs, se faisait une partie de plaisir des processions de la ligue. — Dragées musquées qu'il lançait aux demoiselles qui y assistaient, 127, 154. — S'empare du château de Fresne, appartenant à François d'O, surintendant des finances ; fait tuer huit soldats en sa présence, le pille et dévaste la chapelle, 155.

Avocat battu à la Foire-Saint-Germain, 185.

B

Baille (Pierre), grand-trésorier du Maine, fait l'office de bourreau; — frappe le patient et l'exécuteur de coups de bâton, 92, 93.

Balagny (Madame de), 291.

Bandés, du parti d'Armagnac, ainsi appelés parcequ'ils étaient porteurs d'une bande ou écharpe, 67.

Baptême administré à des veaux, cochons et moutons, 155.

Barlette, jacobin, mêle dans ses sermons le sacré et le profane, 333.

Barrière (Pierre), forme la résolution d'attenter à la vie d'Henri IV, 271; — se rend à Melun, où était le roi, pour exécuter ce projet; — est arrêté muni d'un couteau d'un pied de long, tranchant des deux côtés et fraîchement émoulu, 272.

Barthélemi (Massacres de la Saint-), 98; — événemens qui la précédèrent, *ibid*.; — qui la suivirent, 120.

Bassompierre (maréchal de), emprisonné pendant dix ans pour un bon mot contre le cardinal de Richelieu, 257. — Sa réponse à Henri IV qui lui faisait part, ainsi qu'au duc de Guise, de ses pressentimens, de sa mort prochaine, 308.

Bastille (Révolte des prisonniers de la), 86. — Anglais, prisonniers, en sortent avec sauf-conduit, moyennant rançon, 91.

Battus ou Pénitens, 128.

Bazin, commissaire, accusé de complicité dans un complot contre les jours d'Henri IV, élargi faute de preuves suffisantes, 300.

Bazine, mère de Clovis Ier, sorcière, 224.

Beaune (Renaud de la), archevêque de Sens, 210.

Béatrix, forçat, chargé de découvrir les auteurs de sortilèges, 220.

Beaurepaire (de), échevin, membre des assemblées tenues pour faciliter l'entrée d'Henri IV à Paris, 156.

Beauté (Château de), près Vincennes, 51.

Beauvilliers (Marie de), jeune religieuse de Montmartre, dont Henri IV devient amoureux; l'abandonne pour *Gabrielle d'Estrées*, 354.

Bellièvre (Claude de), archevêque de Lyon, 210.

Bénéfices donnés à des magiciens, à des athées, à des hérétiques, gentilshommes, capitaines, soldats, maçons, artisans et poètes dissolus, etc., à des femmes, à des enfans nés ou à naître, 211.

Bergamasque, danse populaire du 17me siècle, 265.

Bergers sorciers, 222.

Bernard de Percin de Montgaillard, dit *le petit feuillant*, prédicateur de la ligue, 140, 147.

Bernard (Saint-). Se récrie contre la richesse des églises des moines; — contre la cupidité et le luxe des évêques, 329.

Beroalde (Mathieu), précepteur du jeune d'Aubigné, 120.

Berri (Duc de), 247.

Berthe (la reine). Accouchée d'un oison, bruit absurde, 225.

Bertrade, réputée sorcière, 225.

Bertrand d'Avignon, cordelier de Paris, apostat, 207.

Bérulle (Cardinal de). Fait venir les carmélites d'Espagne, 265.

Besme, assassin de Coligny, 109.
Bianto, sorcier, 222.
Bible des Harangères, 153.
Biron. Négociateur pour les calvinistes de la paix, appelée boiteuse, parce qu'il boitait, 103.
Biron (Duc de), accusé *Lafin*, son confident et son secrétaire, d'être en commerce avec le diable, d'avoir été ensorcelé par lui, de posséder des figures de cire parlantes, etc., 232.
Boucher, cordelier du grand couvent de Paris, apostat, 205.
Boucher (Jean), curé de Saint-Benoît, prédicateur de la Ligue, 140, 141. — Chassé de Paris après l'entrée d'Henri IV, fait en Flandre l'apologie de Jean-Châtel, 142.
Boullée, vicaire, brûlé vif, comme corrupteur de religieuses, 368.
Bourges, ville. Massacre des calvinistes, 116.
Bouguignons et des Armagnacs (Faction des), 66 et 67.
Bourreau épouvanté, 95; — mordu par le patient, 95; — de Lyon refuse de massacrer les calvinistes, 116.
Bourreaux attendris, 94.
Boutefeu (Jean), ou *Jean des serpens*, inventeur des feux d'artifices, 248.
Brantes, frère de Luynes, partage, avec son autre frère, Cadenet, l'autorité suprême, 253.
Brantôme, rapporte qu'à la suite de l'armée du duc d'Albe il y avait 400 courtisanes, 523. — Comment il peint les mœurs des évêques qui vivaient avant le règne de François Ier, 554.
Bras-de-Fer, sorcier, 220, 221, 222.
Blanche de Castille, mère de Saint-Louis, sauve des malheureuses victimes de la tyrannie des chanoines de Notre-Dame de Paris, 8; — empêche son fils de voir librement Marguerite de Provence, son épouse, 250.
Bodin, auteur de la Démonographie, 237.
Bonaventure (Saint), franciscain, reproche aux cordeliers leur avarice, leur oisiveté, leur relâchement, 330.
Boniface (Saint). Ce qu'il dit des évêques, 336.
Bruno (Saint). Fable merveilleuse qui lui est attribuée, 20.
Brie (Province de la), autrefois peuplée de sorciers, 219.
Brigandages des troupes de Charles VII, 57, 72. — De quelques troupes de la Ligue, 155.
Bontemps, officier du roi Louis XIV, 178.
Brissac (le Comte de), gouverneur de Paris, traite secrètement avec Henri IV, pour lui en faciliter l'entrée, 156; — fait sortir une partie de la garnison espagnole, 157; — prend les précautions nécessaires pour apaiser la rumeur que la prochaine entrée du roi avait occasionée à Paris, *ibid.*; — présente une écharpe au roi qui lui donne la sienne en échange et le nomme maréchal de France, 159.
Brisson, président, pendu au Châtelet, 141.
Brouillard, conseiller, tué par Croiset, le père, ligueur, 207.
Borghèse (Barthélemi). Son vrai nom était *Lancesque*, 218.
Braves. Ce qu'étaient ceux qu'on désignait ainsi, 183.
Braves armés. Assassins soudoyés, 184.
Bugnet (Baptiste), cordelier de Paris, apostat, auteur de l'ouvrage intitulé *Antipéristase*, traité de galanterie, 207.
Bussy-d'Amboise, massacre son propre cousin Ant. de Clermont-Renel, calviniste, 112.

C

Cabaretière de Vernon. Ses charmes sont vantés par un moine, dans un poëme sur l'immaculée Conception, 339.

Cadenet, frère de Luynes et de Brantes, partage avec eux l'autorité suprême, 253.

Calvinistes égorgés sans distinction d'âge ni de sexe, 110. — Plus de 60,000 sont égorgés, victimes de la Saint-Barthélemi, 117.

Camardon, gentilhomme, 195.

Cambius (Pierre), évêque de Paris, renouvelle les défenses de célébrer la fête des sous-diacres, 50.

Cauchemar, suffoquement attribué par la superstition à des démons ou esprits malfaisans, 224.

Campegge, cardinal, évêque de Strasbourg; ce qu'il répond aux magistrats de cette ville, relativement à la conduite déréglée des prêtres et des moines, 330.

Capucin fouetté, 203. — Mis au For-l'Evêque, 204. — de Lyon, exhorte Barrière à l'assassinat de Henri IV, 272.

Capucins de Paris, fouettent un de leurs religieux qui proposait en plein chapitre de reconnaître Henri IV, 203. — Se battent, 346. — Capucins de Nevers. Bataille qu'ils se sont livrée dans leur couvent; — dispersés par leur évêque, 347.

Carbonnet, religieux de Sainte-Geneviève, convaincu de trahison, et condamné à une prison perpétuelle, 170.

Cardinal malade, guéri en riant, 169.

Carme billette. Combat entre ce moine et un docteur de Sorbonne, 201. — Apostat, 205. — De Lyon, exhorte Barrière à l'assassinat de Henri IV, 272.

Carmelites d'Espagne appelés en France par le cardinal de Berulle; — prennent possession de leur monastère en s'y rendant en procession interrompue par un événement plaisant, 265.

Carmes de la place Maubert. Douze d'entre eux mis au For-l'Evêque, comme libertins et indociles, 202.

Carrosses en grand nombre sous le règne de Henri IV, 187.

Cassolettes qu'on prétendait servir aux sorcelleries dont Henri III était accusé, 151.

Catalogus Testium veritatis, contient une pièce intitulée: *Centum gravamina*, où se trouvent de graves reproches contre les évêques d'Allemagne, 332.

Cattho (Angelo), astrologue, 225.

Caumont de la Force et son fils aîné, égorgés comme calvinistes. Le plus jeune échappé à la mort est devenu maréchal de France, 113, 114.

Cérémonie troublée, 265.

César, fils naturel de Henri IV, 185.

Chabot-Charni, commandant de province, se refuse à l'exécution des massacres de la Saint-Barthélemi, 118.

Chanoinesse ingrate, 183.

Chanteleu (Dame de), sœur d'Enguerand de Marigny, accusée de magie, 228.

Charlatanisme, 77, 80.

Charles s'annonçant comme fils de Charles IX, 293; — ce que l'on raconte de son origine,

294; — va à Reims pour s'y faire sacrer; — arrêté et conduit à Paris; — interrogé par le président Riant; — ses déclamations folles et furieuses; — ce que dit Henri IV à ce sujet, 295.—Reconnu comme fanatique et furieux; mais convaincu d'avoir voulu attenter aux jours de Henri IV, il est condamné à être pendu et est exécuté à la Grève, 296. — Sa naissance n'est contestée par aucun historien; ainsi, dit l'Estoile, on vit un fils de France à la Grève, *ibid*.

Charles VI. Sa démence attribuée à des sortiléges, 225.

Charles VII. Brigandage de ses troupes, 57, 72.—Leur entrée à Paris, 87.

Charles VIII. Sous son règne, se manifeste la maladie vénérienne, appelée mal de Naples, ou mal français, 39.

Charles IX, roi de France, complice et exécuteur des massacres de la Saint-Barthélemi, 98. — Son entrevue à Bayonne avec sa sœur Élisabeth, femme de Philippe II, *ibid*.—Ce qu'il dit à Coligny, qui se rend à la cour à Blois, 104.—Promet à Coligny vengeance de l'attentat commis sur sa personne, 106, 170. — Se met en fureur lorsque sa mère lui révèle que cet attentat a été commis par les ordres des ducs d'Anjou et de Guise; dit qu'il ne suffisait pas de tuer l'amiral, qu'il fallait frapper de mort tous les huguenots, 108.—Sa mère et lui acceptent les bijoux précieux arrachés aux victimes de la Saint-Barthélemi; — le troisième jour, déclare au Parlement que la Saint-Barthélemi s'est faite par son ordre, pour déjouer une conspiration dont il eut la lâcheté d'accuser l'amiral, 117.— Remords qu'il éprouve; — meurt baigné dans son sang, 119.

Charolais (Comte de), 247.

Charpentier, avocat, fils d'un médecin, et qui, pendant la Saint-Barthélemi, avait fait assassiner le professeur Ramus,—accusé et convaincu de projets criminels contre les jours de Henri IV, — est roué vif et exposé sur la roue, en place de Grève, avec le nommé Delloges, son courrier;— un commissaire nommé Bazin, la femme d'un vendeur d'*Agnus Dei*, et un moine de Saint-Germain, compromis dans cette affaire, élargis faute de preuves suffisantes, 299, 300.

Charron, prévôt des marchands, reçoit ordre de faire armer les compagnies bourgeoises, 108.

Chasse au cerf dans le cimetière des Innocens, lors de l'entrée de Henri IV, 81.

Châsse de Saint-Sébastien, 79. — De Saint-Quentin, 80.

Châtel (Jean), assassin de Henri IV, le blesse à la bouche, 276;—exécuté, la maison de son père rasée, pyramide élevée sur la place, 278. — Inscriptions placées sur cette pyramide, 279. — Arrêt du parlement qui condamne Jean Châtel, et ordonne l'expulsion des Jésuites de la France, 287.

Châtenai-lez-Bagneux, village dont les habitans sont emprisonnés par les chanoines de Notre-Dame, et délivrés par Blanche de Castille, 8.

Chatillon (Maison de), dont l'amiral de Coligny était le chef, 99.

Châtillon-sur-Long. Séjour de l'amiral Coligny; — s'y trouvait lorsque Langoiran, l'un des protestans qui avaient

conservé toute leur défiance contre la cour, demanda son congé, *aimant mieux*, disait-il, *se sauver avec les fous, que de périr avec les sages*, 105.
Chazeul, gentilhomme lyonnais, dénoncé à Henri IV, à la suite de qui il se trouvait à Grenoble, comme voulant attenter à sa vie; — est rassuré par le roi, qui lui déclare n'avoir aucun soupçon sur sa fidélité, 302.
Chemise de Notre-Dame-de-Chartres, 96.
Chevalier du Guet, 181.
Chavaucheur de Ramon, d'Escouvettes; ce que c'est, 236.
Chien qui danse devant un malade, le fait rire et provoque ainsi sa guérison, 169.
Chilperic, 1.
Chronique scandaleuse, par Jean de Troyes, rapporte que huit ribaudes et un moine noir, leur confesseur, suivaient une compagnie de 200 archers, arrivant à Paris, commandée par leur capitaine Mignon, 322.
Cimetière des Innocens. Chasse au cerf qui y est faite, 81; — fermé pendant quatre mois par l'avarice de l'évêque de Paris, 123. — Aubépine fleurie à la fin d'août, proclamée le lendemain de la Saint-Barthélemi par les prêtres et les moines comme un miracle, signe certain, disaient-ils, de l'approbation par le ciel, des massacres de la veille, qui duraient encore, 125. — Les Parisiens crient au *miracle!* et disaient que la fleur de cet arbrisseau signifiait que par les massacres des Huguenots la France allait refleurir. — La rage des fanatiques redouble, le carnage recommence; furieux, ils courent chez Coligny, mutilent son corps étendu dans la cour et le traînant à la voirie; — s'y assemblent pour la procession de la ligue au nombre de trente mille, 126.

Clameci (Gilles), prévôt de Paris, 180.

Clercs (les), chassent du palais et maltraitent Concini, 268.

Clergé. Sa corruption au 13me siècle, 38. — (Assemblée du) Combat à coups de poing, 209. — Ses mœurs relâchées à certaines époques, 328.

Clermont Renel (Antoine de), calviniste, massacré par le fils du baron des Adrets, et par son propre cousin Bussy-d'Amboise, 112.

Cloche de l'horloge du palais, donne le signal de la Saint-Barthélemi, 110; — de Saint-Germain l'Auxerrois, répond à ce signal de mort, *ibid.*

Clocheteurs des trépassés, 319; — vers satiriques du poète Saint-Amand sur cet usage qui existait encore au 17me siècle, 320. — Avant la révolution on trouvait dans quelques petites villes de province de ces Clocheteurs, vêtus d'une dalmatique blanche, bigarée de larmes noires et de têtes de mort, 321.

Clovis, fils de Chilpéric et d'Andouère, accusé par Frédégonde de sortilège et de complicité avec des sorciers, 225.

Cochons privilégiés, 41; — acteurs dans un spectacle, 45; — prêtres contraints au péril de leur vie de baptiser des cochons, des veaux, des moutons, etc., et de leur donner des noms de poissons, 155.

Coconas, un des massacreurs de la Saint-Barthélemi. Caumont de la Force et ses deux fils lui sont livrés au nom du duc d'Anjou, et deux d'entre eux massacrés, 114.

Cœuilly (Jacques), curé de Saint-Germain-l'Auxerrois, prédicateur de la Ligue, 140, 153. — Sermons grossiers, séditieux qu'il prêche contre Henri IV; — méritent le titre que leur donne madame de Montpensier; recueillis par les crocheteurs; — mis au nombre des prédicateurs qui étudiaient la Bible des harangères, 153. — Éprouve plusieurs fois les effets de la clémence du roi, 272.

Coligny (l'Amiral de), l'un des chefs du parti calviniste, averti par Henri IV, alors prince de Béarn, du projet de massacre des protestans, 99. — Accusé de complicité de l'assassinat du duc de Guise; s'en défend avec serment; — en défiance de la cour où il ne veut pas se rendre, 103. — Y est attiré par la reine (Catherine de Médicis), qui le flatte par des marques simulées de confiance, et par la proposition du mariage de Marguerite de Valois avec le prince de Béarn, 104. — Sa mort est résolue dans un conciliabule, 105. — Est assassiné par Maurevel, gentilhomme de la Brie, surnommé *le tueur de roi;* — n'est que blessé, 106. — Le prince de Condé et le prince de Béarn portent plainte au roi de cet assassinat; — est visité par le roi, la reine et toute la cour, 106, 107. — Assassiné par Besme, à qui Cosseins, chargé de le garder, l'avait livré, 109. — Trois jours après sa mort est accusé au parlement de trahison, est condamné à être pendu après avoir été traîné sur une claie; — ses enfans déclarés roturiers; — sa maison de Châtillon-sur-Loing rasée; — son corps traîné dans les rues par le peuple et pendu à Montfaucon, spectacle horrible auquel le roi et la cour assistent; — malgré l'arrêt, la fille de Coligny, veuve de Téligny, épouse le prince d'Orange, 118.

Collège de Clermont; — de Louis-le-Grand, 174.

Combat entre un carme et un docteur de Sorbonne, 201.

Commissaire de police. De quelle manière on lui fait faire amende honorable, 191.

Commolet (Jacques), jésuite, prédicateur de la Ligue, 140, 152. — Met Jacques-Clément au rang des saints; — comment madame de Montpensier intitule ses sermons, 153.

Comparaison des mœurs anciennes avec les mœurs d'aujourd'hui, 76.

Complots de plusieurs personnes étrangères contre la personne d'Henri IV, et qui s'assemblaient secrètement dans une maison près Fontainebleau; — sont découverts et déjoués, 303.

Conception immaculée de la Vierge; — disputes des jacobins et des cordeliers à son sujet; — poëme de Robert Gaguin, 388.

Concino-Concini, plus connu sous le nom de maréchal d'Ancre, favori de Marie de Médicis, 252. — Battu et chassé du palais par les clercs, 268.

Condé (Le grand), 254.

Condé (Prince de), l'un des chefs du parti calviniste, averti par Henri IV alors prince de Béarn, du projet de massacre des protestans, 99. — Perd contre le maréchal de Tavanne, commandant l'armée catholique, la bataille de Jarnac, 102. — Assassiné par Montesquiou, capitaine des gardes du duc

25

d'Anjou, 103. — Porte plainte à Charles IX de l'assassinat de Coligny, 106. — Est arrêté et forcé, pour éviter la mort, d'abjurer le protestantisme, 112.

Conduite impartiale d'un curé de Saint-Germain-l'Auxerrois, 43.

Confrérie de Saint-André, établie à Saint-Eustache, 68.

Contay (Seigneur de), 248.

Coquillart, poète et official de l'église de Reims; — peinture qu'il fait des mœurs du clergé de son temps, 336, 345.

Corbeil, ville. Femmes qui y sont arrêtées, parce qu'elles disaient la Pucelle d'Orléans envoyée de Dieu, 54. — Les écorcheurs y transportent les toiles qu'ils ont volées, 72.

Cordelier qui prêche publiquement contre Henri IV; — autre qui marchande le portrait de ce prince; — ce qu'il en dit, 274, 275. — Cordelier arrêté et conduit à la conciergerie pour avoir dit en chaire, dans la ville de Beaune, en Gâtinais, que le roi était excommunié, et qu'il n'était pas en la puissance de tous les papes de l'absoudre, 299.

Cordeliers apostats, 207. — (Gardien des), conspire contre Henri IV; — Saint-Bonaventure, franciscain, leur reproche leur avarice, leur oisiveté, leur relâchement; — ingrats envers l'Université de Paris, 330. — Quatre d'entre eux brûlés vifs à Marseille, et pour quoi? 331. — Se disputent avec les jacobins sur l'immaculée conception, 338. — De Provins, portant le désordre dans le monastère de Sainte-Catherine de cette ville; — réclamations infructueuses de quelques religieuses de ce couvent, réunies à l'archevêque de Sens pour demander l'éloignement de ces cordeliers, 356. — Cajolent et caressent les religieuses, puis les épousent; — leur écrivent des lettres galantes; — factum publié contre eux par l'archevêque de Sens et quelques religieuses, 358. — De Catalogne, 341, 343. — De Paris; — reçoivent des femmes chez eux, 343. — Se battent à outrance différentes fois; — plusieurs, morts sur le champ de bataille, 346. — D'Angers, assiégent les récollets de cette ville, 347.

Cordonnière de Loudun. Satire contre le cardinal de Richelieu; — son auteur, conduit au bûcher par ce cardinal et par les voies les plus iniques, montra au milieu des flammes la plus grande fermeté et le plus grand sang-froid, 258.

Corruption du clergé au 15me siècle, 33.

Cosseins, chargé par le roi de la garde de l'amiral de Coligny, le livre à ses assassins, 109.

Couet, ministre protestant, 205.

Coups de bâtons que se donnent mutuellement des aveugles, 45.

Cour (Aventure d'une dame de la), 171.

Courance, bourg de Milly, en Gâtinois. — Le château servit de prison à quelques fugitifs échappés au poignard des meurtriers, 120.

Cour de Rome, souillée de crimes de toute espèce sous les pontificats d'Alexandre VI et de Léon X, 331.

Couronnes de roses, 68.

Courtisanes. La Neveu, 192. — Louise Darquin, 195. — Madelon Dupré, *ibid.*, 197, 198.

Courtisannes suivant les armées, 322. — Au nombre de 400 suivaient l'armée espagnole,

commandée par le duc d'Albe, chargé de soumettre les rebelles de la Flandre connus sous le nom de gueux, 325.
Courtisans, leur bassesse, 262, 310, 311.
Cruautés atroces, 75.
Croiset, cordelier apostat, se retire à Bourg en Bresse, et y devient ministre des protestans; il était fils d'un des plus furieux assassins de la Saint-Barthélemi, qui tua 400 protestans, parmi lesquels se trouvait le conseiller Brouillard, (voir la note), 207.
Crucé, orfèvre, l'un des massacreurs de la Saint-Barthélemi, 116. — Lors de l'entrée d'Henri IV, est arrêté, 141. — Capitaine ligueur, 162.

D

Dadon (Nicolas), premier régent des classes du collége du cardinal Lemoine; — pendu et brûlé pour crime de sodomie, 173.
Dame fouettée par un laquais, 189.
Danse dans les églises, 70.
Darquin (Louise), courtisane sous Louis XIV, 195.
David (Pierre), prêtre; corrupteur de religieuses, 368.
Débauches (Lieux de) sous Louis XIV, 195.
Desloges, courrier de Charpentier, avocat, roué comme complice d'un projet d'assassinat sur la personne de Henri IV, 300.
Demochares ou Mouchy, inquisiteur de la foi en France; — de son nom on a fait Mouche, puis Mouchard, 120.
Des Isles (Jacques), procureur fou, attente à la vie de Henri IV, 304. — Son procès lui est fait et on voulait le faire exécuter comme criminel de lèze-majesté; — le roi s'y oppose à raison de la folie bien constatée de ce malheureux, 304, 305.
Desmoutins, évêque de Paris, 79.
Dévotes courant les rues, et cherchant à soulever le peuple contre les calvinistes, 166. — Réponse du premier président à leurs plaintes, 167.
Diable, 235, 237, 239.
Diableries et sabbats des sorciers, 236.
Diacres (Fête des Sous-), 46.
Dicton (Vieux), parodie de celui des Clocheteurs des trépassés, 321.
Dimes perçues par les moines et autres prêtres, sur les plaisirs matrimoniaux, 341, 342.
Docteur de Sorbonne (Combat entre un) et un carme, 201.
Dormy (Claude), moine de Clugni, prieur de Saint-Martin-des-Champs, puis évêque de Boulogne; — sa liaison mystérieuse avec une demoiselle Montpellier; — non accusés de conspiration, arrêtés et mis à la Bastille; — mis en liberté, lorsqu'il fut reconnu que leur liaison n'était que galante, 208.
Dragées musquées lancées avec une sarbacane, par le chevalier d'Aumale, aux demoiselles de sa connaissance qui suivaient les processions de la Ligue, 128.
Dreux-du-Radier, 229, 247, 322.
Dubourg, gentilhomme lyonnais, occupé à Lyon à lever un régiment pour le service de Henri IV, est dénoncé à ce prince, comme cherchant

l'occasion d'attenter à sa vie. Dubourg, instruit de cette délation, accourt à Grenoble, est rassuré par le roi, 502.
Duchesses amenées à leur insu dans un lieu de prostitution, par suite d'une gageure, 195, 196.
Du Moulin, ministre protestant, fait dans le temple de Cha-
renton, l'éloge funèbre de Henri IV, 312.
Duprat (Guillaume), évêque de Clermont, 173.
Dupré (Madelon), courtisane sous Louis XIV, 195, 197.
Duval, docteur de Sorbonne, servant de bedeau aux carmelites, 267.

E

Ecoliers. Troubles suscités par eux dans Paris, 14. — Emprisonnés pour s'être moqués de Henri III, 184. — Se battent contre des laquais; un d'eux a les oreilles coupées; poursuivent les laquais et en tuent beaucoup; soldats aux gardes se joignent à eux, 186.
Ecorcheurs. Troupes militaires sous Charles VII, ainsi nommés à cause de leurs brigandages et de leurs cruautés, 72.
Eglise des Saints-Innocens fermée par l'avarice de l'évêque de Paris, 125.
Eglise du Saint-Esprit, 211. — Superstition; combat entre deux prêtres, ibid.
Eglises (Danse dans les), 70.
Enfans sans-souci, 48.
Enfant de la nature, 217.
Entrée des troupes de Charles VII dans Paris, 87.
Entrée de Henri IV à Paris, par la porte Saint-Honoré, 159.
Entrée de Henri VI à Paris, 81.
Epernon (Duc d'), était dans le carrosse de Henri IV lors de l'assassinat de ce prince, 309. — Séditieux; ses efforts pour rallumer le feu de la révolte et à exciter les catholiques contre les protestans, 314.
Espagnols sortent de Paris, 163. — Ce que dit une femme espagnole à Henri IV, 164.
Espion. Le comte de Rochefort, espion en service du cardinal de Richelieu.
Estrées (Gabrielle d'), maîtresse de Henri IV, succède à Marie de Beauvilliers, religieuse de Montmartre; 354. — vient se promener à la Foire-Saint-Germain avec le roi et leur fils César, 185. — Jean Châtel attente aux jours du roi dans la chambre de Gabrielle, 276. — Est embrassée publiquement par le roi, 300. — Sœur d'Angélique d'Estrées, abbesse de Maubuisson, 354.
Estrées (Angélique d'), abbesse de Maubuisson, sœur de Gabrielle, maîtresse de Henri IV, 354.
Etampes (Bourgeoise d'), accusée de magie et pendue, 224.
Etudians en droit, sortant de l'école, fouettent deux jésuites, 198.
Evêque des fous, 48.
Evêque galant, 208.
Evêque de Saintes, amoureux de l'abbesse de cette ville, 353.
Evêques. Leur mauvais gouvernement, 87; — qui se battent dans une assemblée du clergé, 209. — Ce que Saint-Bernard dit des évêques de son temps, 529. — Qui vendent à leur clergé le droit d'avoir publiquement des concubi-

DES MATIÈRES.   581

nes, 331, 332. —Leurs mœurs corrompues sous François I*r, 554. — Ce que Saint-Boniface reproche aux évêques de son temps, 336.
Evêques de Paris. Leur avarice, 123.
Excommunication. Conduite impartiale d'un curé de Saint-Germain - l'Auxerrois dans cette circonstance, 45.
Exécutions singulières, 92.
Exécutions et enterrement, 95.
Exempt des gardes-du-corps, exhorte Henri IV, triste et pensif, à sortir et à prendre l'air; —le monarque y consent, 308, 509.

F

Fabroni, astrologue de Marie de Médicis, 233.
Famines sous le règne féodal, 26.
Fava (François), aventurier célèbre, 216.
Favas, capitaine. La garde de la porte Saint-Honoré lui est confiée par Louis de Montmorenci, 158.
Femme morte de faim, dont les enfans sucent le sein, 60. — Dévorée par un loup, 76. — Qui mange ses enfans, 146. — Discours d'une femme espagnole à Henri IV, 164. — D'une autre femme à ce prince, 166.
Femmes impudiques de la cour, promenant leurs regards sur les cadavres des calvinistes égorgés, et recherchant les signes de la prétendue impuissance de Dupont-Quellence, l'un d'eux portant le nom de Soubise dont il avait épousé l'héritière, 111.
Femmes violées, 58, 59. — Nues en chemise aux processions des ligueurs, 114. — Dévotes, 166. — Hypocrites pour couvrir leur libertinage avec des moines, 342, 343.
Feria (Duc de), 163, 165.
Ferier (Jean), avocat, l'un des massacreurs de la Saint-Barthélemi, 116.
Féronnerie (Rue de la). Henri IV y est assassiné par Ravaillac, 309.

Ferrare (Duchesse de), fille de Louis XII, accueille avec humanité, à Montargis, des prisonniers calvinistes, au nombre desquels était le jeune d'Aubigné, 123.
Fêtes de Saint-Leu et Saint-Gilles, 45.
Fêtes publiques, 159. — Des sous-diacres; — des fous; — de l'âne; — de l'abbé des cornards, 46, 47, 48.
Feuardent, cordelier, prédicateur de la Ligue, 140.
Feu d'artifice. Le premier en France, 248.
Feuillant (Bernard de Percin de Montgaillard, surnommé le petit) prédicateur de la Ligue, 140. — Proclame en chaire les Guises comme des saints, 147.
Figures magiques en cire, 127, 123. — Figures, lettres et caractères tracés sur une peau de vélin, ou d'un enfant écorché, portés par Catherine de Médicis; — représentant les personnes dont on souhaitait la mort; on croyait que par des moyens magiques, les coups portés à ces figures, frapperaient les personnes dont ils avaient la ressemblance et le nom, 227. — Action détestable, au moyen d'une figure en cire, attribuée aux juifs de Rouen par la chronique de Maillezais, 227,

228. — Autres figures, 230, 231, 232, 233.
Filles pénitentes, 40.
Filles publiques, sous Philippe-Auguste, 19. — Suivaient la cour, 19. — Obligées, par ordonnance de Saint-Louis, de porter certains habits pour les distinguer des honnêtes femmes, 20.
Filles violées, 57, 58, 59. — Une d'elles tue un capitaine qui vient de la violer; — une autre sauve son amant du supplice, *ibid.*; — nues aux processions, 134. — Fille fouettée, 200. — Fille pendue, 201. — Filles publiques suivant les armées, 322. — Entretenues par des évêques, 335.
Fils de France, à la Grève, 295.
Fioti (César). Le même que François Fava, 216.
Flagellans, 128.
Foi. Maxime abominable qu'elle ne doit pas être gardée aux hérétiques, et que c'est une action pieuse et utile de les tuer, 102.
Foire Saint-Germain, 183.
Foix (Duc et Duchesse de), 195.
Folle du roi Henri IV, 277.
Fontainebleau (Maison près de la ville de), où s'assemblaient des conspirateurs contre les jours de Henri IV, 303.
Fort Lévêque. Douze carmes libertins y sont emprisonnés, 202.
Fou qui se prétend fils de Charles IX et roi de France, 295. — Attente à la vie d'Henri IV, 296.
Foucaudes, deux sœurs brûlées comme huguenotes, d'après le certificat d'Aubry, curé de Saint-André-des-Arts, 145.
Fouet donné à des pages et à des laquais par ordre d'Henri III, 131, 132.
Fous (Fête des), célébrée à Paris; — évêque et pape des fous, 48.
Fraises de papier, 184.
Frédégonde, femme de Chilpéric, 2. — Accuse Clovis, un des fils de Chilpéric et d'Andouère, de sortilège et de complicité avec des sorciers, 225.
Fresnes (Château de), appartenant à François d'O, surintendant des finances, 154.
Froumenteau, auteur du livre intitulé: *Secret des finances*, 322.
Funambules étonnans, 42.

G

Gaguin (Robert-Mathurin), parle des charmes de sa maîtresse dans un poëme sur l'immaculée conception, témoignage incontestable de la débauche des moines de son temps, 338.
Galanterie épiscopale, 208.
Gaillarde, chanson que fait chanter le capitaine d'Achon au jeune d'Aubigné, 121.
Geneviève (Abbaye de Sainte-). Cause de sa réformation, 25. — Sa châsse, 80.
Gentilhomme pendu, 92. — Décapité pour avoir tué sa femme, 94. — Voleur, 95. — Conspirateur contre Henri IV, de concert avec un prêtre, 303.
Gentilshommes barbares, 73. — Pendus, 76. — Attachés au roi de Navarre et au prince de Condé, calvinistes, massacrés dans l'appartement de leurs maîtres, 112. — Armés, courant les rues, excitant les catholiques contre les protestans, 314.

DES MATIÈRES.   383

Gerson, chancelier de l'université; — écrit contre les confréries des pénitens, 110.
Gontier, jésuite, prédicateur séditieux, 314.
Gordes, commandant de province, se refuse à l'exécution des massacres de la Saint-Barthélemi, 118.
Grégoire XIII, pape, fait chanter une messe solennelle en action de grâces de la Saint-Barthélemi, 119.
Guedon (Jean), arrêté à Chartres; accusé d'être venu exprès d'Angers pour tuer Henri IV; — pendu et brûlé en place de Grève, 293.
Guerchy, calviniste; — massacré, 112.
Gueret (Jean), jésuite, précepteur de Jean Châtel, assassin d'Henri IV, 288.
Guérisons singulières, 167.
Guerre civile (Sentiment des Parisiens sur les malheurs de la, 60.
Guerres civiles. Malheurs qu'elles occasionent, 57.
Gueux, rebelles de la Flandre espagnole, contre lesquels le duc d'Albe fut envoyé, 327.
Guise (François, duc de), et son frère le cardinal de Lorraine, chefs du parti catholique, 99. — Assassiné en présence de son fils Henri sur le pont de Montereau, par Poltrot de Méré, 100. — De l'aveu de la reine un des ordonnateurs de l'assassinat de Coligny, 107. — Un des chefs de la Saint-Barthélemi, 108, 109. — Prévient l'heure du massacre, se fait ouvrir les portes de l'amiral pour le faire assassiner, et après il foule aux pieds le corps inanimé de sa victime, 108, 109. — Ses troupes égorgent les calvinistes, 370.
Guise (Cardinal de), porte la croix à une procession de pénitens, 131.
Guises (les), auteurs des massacres de la Saint-Barthélemi, 98. — Projet des calvinistes de les chasser de France, échoue par la bonne contenance des Suisses, 101. — Continuent d'exercer l'autorité sur le roi et la reine, 103.

H

Hamilton (Jean), écossais, curé de Saint-Côme, prédicateur de la Ligue, 140; — s'arme contre Henri IV, lors de son entrée à Paris; — est arrêté, et forcé de sortir de Paris, 140. — Fait l'office de sergent, arrête Tardif, conseiller au Châtelet, l'y conduit et le fait pendre sur-le-champ, entre le président Brisson et le conseiller Larcher, 141.
Harlay (Premier président), contraint de jurer, dans l'église, de venger la mort des deux princes lorrains, massacrés à Blois par le tyran (Henri III).
Hautefort (Mademoiselle d'), aimée de Louis XIII.
Harcourt (Comte de). Son projet de voler sur le Pont-Neuf, 193.
Henri II. Sa mort, signal funeste de trente ans de guerre civile, 99.
Henri III, maudit par les ligueurs, 127. — Établit une confrérie de pénitens, 130. — Assiste à une de leurs processions, 131. — Fait fouetter jusqu'à 120 pages et laquais qui s'étaient moqués de ces processions, 131, 132. — Maltraité par les prédicateurs de

la Ligue, 139. — La Sorbonne manifeste sa haine contre lui, *ibid.* — Réprimandée par le roi, mais inutilement, 140. — Ses armoiries arrachées par les ligueurs, 150. — Accusé de sorcellerie, 151. — Son nom rayé des prières de l'église par les mêmes, 232.

Henri IV, prince de Béarn, révèle à sa mère ce qu'il a entendu de relatif au massacre des calvinistes, 99. — Devient, par la mort du prince de Condé, chef du parti calviniste, 103. — Attiré en France pour y être compris dans le massacre de la Saint-Barthélemi, 104. — On hésite pour le comprendre dans le massacre, 108. — Son entrée à Paris, 156. — Détails y relatifs, 158 à 162. — Ce qu'il dit à Concini au sujet de l'humiliation que les clercs du palais ont fait éprouver à celui-ci, 270. — Pardonne à Cœuilly, prédicateur séditieux, 272. — Ce qu'il dit à ceux qui lui remontrent que sa trop grande clémence offense ses fidèles serviteurs, 273. — Ce qu'il dit à un voleur qui avait tenté de l'assassiner et qui se prétendait apothicaire, 276. — Ce qu'il dit des jésuites après l'assassinat tenté par Jean Châtel, 277. — Se plaint de l'ingratitude du peuple, 291. — Insulté par un ligueur, *ibid.* — Ce qu'il pense des acclamations du peuple, 292. — Refuse de chasser les ligueurs de Paris, 293. — Rit de l'histoire de ce fou qui se prétendait fils de Charles IX et roi de France : le dit arrivé trop tard, 295. — Interroge lui-même un italien pensionné pour l'assassiner, 297. — Embrasse sa maîtresse devant tout le monde, 300. — Rassure deux gentilshommes dénoncés comme voulant l'assassiner, 301, 302. — Excuse un de ses assassins, 305. — Fait part au duc de Guise et à Bassompierre de ses pressentimens sur sa mort prochaine, 307. — Se propose de visiter Sully ; — noms des seigneurs qui l'accompagnaient dans son carrosse. — Charge Vitry, capitaine des gardes, de veiller aux apprêts qui se faisaient pour l'entrée de la reine, 309. — Est assassiné rue de la Féronnerie par Ravaillac. — Sa mort est dissimulée pour empêcher l'insurrection du peuple, 310. — Les médecins jugent qu'il aurait pu vivre encore 50 ans, 312. — Après sa mort, les protestans et les catholiques cessent quelque temps de se haïr, et confondent leurs regrets, *ibid.*

Henri VI. Son entrée à Paris, 81.

Hocque (Étienne), sorcier, 220, 221, 222.

Honorio, capucin de Milan ; — sa lettre à Henri IV, par laquelle il prévenait ce prince qu'un méchant garnement était parti de Milan pour l'assassiner, 300.

Horloger maltraité par un moine qui le menace d'une seconde Saint-Barthélemy, 3 6.

Huvier, médecin de Bâle, ce qu'il pense des sorciers, 225.

I

Illuminés, remplacent, malgré les lumières du siècle, les magiciens et les astrologues, et renouvellent à peu près

DES MATIÈRES. 385

leurs erreurs, 234.—Persécutés en Espagne, se réfugient en France, dans les villes de Roye et de Montdidier, *ibid.*

Images en cire représentant Henri III, placées sur l'autel, et piquées en prononçant quelques paroles de magie, par des prêtres ligueurs qui croyent faire ainsi mourir ce prince, 127, 252.

Imposteurs, 81.

Imprimeur condamné à être pendu pour avoir imprimé un libelle contre le cardinal Mazarin, sauvé du supplice, 261.

Indécences des processions des ligueurs, 127.

Ingratitude des jésuites, 171.

Inimitié des catholiques et des protestans, anéantie par la mort de Henri IV, 312.

Innocens (Cimetière des), fermé par l'avarice de l'évêque de Paris, 123. — (Église des Saints-), fermée par la même cause, 125.

Inquisiteur de la foi en France, 120.—Dans la province d'Artois, grand fourbe, 241.

Inquisition établie dans la province d'Artois, fait brûler plusieurs Vaudois, 241.

Isabeau de Bavière, reine de France, veuve de Charles VI, 84.

Iste Saint-Louis. Les écorcheurs y volent des toiles, 72.

Italien pensionné par le cardinal d'Autriche, pour tuer Henri IV; — interrogé par ce prince, répond affirmativement à toutes ses questions; — est pendu à Meaux, 297.— Ce que rapporte l'Estoile à ce sujet, 298.

J

Jacobin, maître en théologie, inquisiteur de la foi, fait, à Saint-Martin-des-Champs, un sermon virulent contre la pucelle d'Orléans, 54.—Assassin de Henri III, 275.

Jacobins (Église des), 208.— Empoisonnent un de leurs religieux, parce qu'il était royaliste, 277.

Jarnac (Bataille de), perdue par le prince de Condé, chef des calvinistes, 102.

Jean de Troyes, auteur de la chronique scandaleuse, 322.

Jennin-Dada, synonyme de Georges-Dandin, nom ridicule donné jadis aux maris trompés, 344.

Jésuite séditieux, 314.

Jésuites. Leur ingratitude, 173. —Changent le titre de leur collège de Clermont, en celui de Louis-le-Grand, 174. Fouettés, 178. — Complices de Jean Châtel, assassin de Henri IV;—pyramide élevée sur la maison du père de Jean Châtel, pour perpétuer la mémoire de cet attentat, 278. —Font détruire ce monument et les inscriptions qui y étaient placées, et enlever toutes les épreuves de la gravure qui le représentait, 279.—Arrêt contre eux, 289. —Expulsés de France, comme corrupteurs de la jeunesse, perturbateurs du repos public, ennemis du roi et de l'état, 289.

Jeux de hasard défendus par un concile, 71.

Joseph (le père), capucin. Confident du cardinal de Richelieu, 258.

Joyeuse (François, cardinal de), 209.

26

Juif brûlé vif, en 1290, pour un crime supposé, 35.
Juifs de Rouen. Action détestable faite au moyen d'une figure en cire, et que leur attribue la chronique de Maillezais, 228.

L

La Baumette, monastère, objet d'un combat entre les cordeliers et les récollets d'Angers, 348.
La Bottière, gentilhomme poitevin, pendu, 94.
La Fayette (Mademoiselle de), aimée par Louis XIII, 171. — Pisse sous elle en riant, 172.
La Ferté (Duc et Duchesse de), 195.
La Ferté Milon, ville. Asile des illuminés fugitifs d'Espagne, 256.
Lafin, confident et secrétaire du duc de Biron : son délateur, accusé par ce duc de sorcellerie, et de posséder des figures en cire, 253.
La Force (Caumont de), massacré, lors de la Saint-Barthélemi, avec son fils aîné. Le plus jeune échappe aux bourreaux, en contrefaisant le mort, 113.
La Force, était dans le carrosse d'Henri IV, lors de l'assassinat de ce prince par Ravaillac, 309.
La Guiche (De), commandant de province, se refuse à l'exécution des massacres de la Saint-Barthélemi, 118.
Lattier (Michel), 84.
Lamotte (Boniface), gentilhomme, décapité en place de Grève, 230.
Lancesque, aventurier célèbre; se faisait appeler Barthélemi Borghèse, 218.
Langoiran, calviniste, 105.
Laporte, officier du roi; — fait qu'il raconte dans ses mémoires sur Louis XIV, 177. — Ce qu'il dit des gens de la cour et d'un religieux, 262.
Laquais fouettés, 131. — Insolens; — insultaient et maltraitaient les citoyens; — battaient les écoliers et les clercs du Palais; — coupables de plusieurs meurtres; — le port d'armes leur est interdit, 187, 188. — Un d'eux insulte, par gageure, deux dames et en fouette une dans les Tuileries; — est condamné aux galères, 189.
Larcher (Jean), lieutenant du prévôt de Paris; — est tué par ses ordres, 89.
Larcher, conseiller, pendu au Châtelet, 141.
Larena, secrétaire d'un aventurier, condamné à assister à son exécution et envoyé aux galères, 213.
La Rochefoucauld, 101.
La Rochefoucauld (Françoise), présumée abbesse du Lys, 355.
La Rochette (Catherine de), pucelle, ayant des visions comme Jeanne d'Arc, et suivant l'armée de Charles VII, brûlée, 55.
La Trémouille (Catherine de), abbesse du Lys; — ce qu'elle répond à Henri IV; — aimée de Nicolas Le Cornu, évêque de Saintes, 353.
Lavardin (Maréchal de), était dans le carrosse d'Henri IV lors de l'assassinat de ce prince, 309.
Lavardine (Marquis de), calviniste massacré, 112.
Laubardemont, conseiller-d'état, créature du cardinal de Richelieu, 258.

DES MATIÈRES.

Lavaux, pendu comme sorcier, 222.

Le Cornu (Nicolas), évêque de Saintes, amant de l'abbesse du Lys, 353.

Légat du pape à Lyon, invite un boucher massacreur à dîner, comme récompense des assassinats nombreux de calvinistes qu'il avait commis, 117.

Le Maistre, président du parlement, se range du parti d'Henri IV, 156.

Léon X. La cour de Rome, souillée de toutes sortes de crimes pendant son pontificat, 331.

Le Poulcre de La Motte Messemé (François), poète, parle de l'armée du duc d'Albe et du bataillon de femmes qui la suivait, 324.

L'huillier, prévôt de Paris, présente les clefs de la ville à Henri IV, 159.

Liancourt, premier écuyer, était dans le carrosse d'Henri IV lorsque ce prince fut assassiné par Ravaillac, 309.

Libelles contre les ministres de Louis XIII ; — contre Sully, 252.

Lieux de débauches, 195.

Ligue (Différentes processions de personnes nues faites pendant la), 152. — Prédicateurs de ce temps, 156. — Ses guerres introduisent le dérèglement dans les monastères de religieuses, 352.

Ligueur qui insulte Henri IV allant à Notre-Dame ; — ne peut être arrêté, 291.

Ligueurs. Indécence de leurs processions, 127. — Leurs profanations, 154. — Contraignaient avec violence les prêtres des paroisses à baptiser toutes sortes d'animaux, 156. — Quelques-uns d'entre eux manifestent leur fureur contre Henri IV ; — sont arrêtés par Nicolas Rapin, prévôt de la connétablie, 297.

Lincestre ou *Wincestre*, curé de Saint-Gervais, prédicateur de la Ligue, 140. — Obtient cette cure au préjudice du légitime possesseur peu ami de la Ligue ; — prêche dans l'église de Saint-Barthélemi contre Henri III, qu'il traite de vilain Hérode, anagrame du nom Henri de Valois, 150. — Prêche une autre fois dans la même église ; et après avoir déclamé contre Henri III, il fait lever la main aux assistans et exige qu'ils jurent de venger la mort des deux princes Lorrains, massacrés par le tyran, à Blois ; — exige un serment particulier du premier président de Harlay assis devant lui dans l'œuvre, 150. — Autres faits et paroles atroces qui lui sont reprochés, 151, 152. — Regarde le scrupule de se venger d'Henri III comme ridicule, 153.

Livres. Leur rareté, 38.

Loménie (le sieur), choisi par le roi pour écouter secrètement la conférence entre le comte de Soissons et Nicole Mignon, qui voulait empoisonner Henri IV, 301.

Longchamps (Abbaye de), 354.

Loré (Ambroise), prévôt de Paris, 180.

Lorraine (Cardinal de), l'un des auteurs des massacres de la Saint-Barthélemi, 98.

Louis VII. Songe affreux de ce prince, 23. — Anecdote sur le même, 31.

Louis IX (Saint). Moyen que ce monarque employe pour voir librement Marguerite de Provence, son épouse, 250.

Louis X. Sévérité de ce roi contre plusieurs membres de sa famille, 57.

Louis XI. Veut emprunter à la

faculté de médecine les œuvres de Rhasès : celle-ci exige une somme considérable et la caution d'un seigneur, 39. — Son entrée à Paris, 80. — Sous son règne l'astrologie était fort en vogue, 205.
Louis XII récompense un alchimiste, 215.
Louis XIII. De quelle manière il était amoureux, 171.
Louis XIV, dans sa jeunesse, n'aimait pas le cardinal Mazarin, appelé par lui le grand turc, 179. — Sa querelle avec *Monsieur*, 175. — Attentat immoral commis sur sa personne, 176.
Louviers, ville. Religieuses corrompues par des prêtres, 368.

Lucain (Guillaume), docteur, prédicateur de la Ligue, 140.
Luxe sous Philippe-Auguste, 18.
Luynes (De), nommé le roi Luynes, succéda à Concini dans le ministère, et partagea l'autorité suprême avec ses frères Brantes et Cadenet, 253.
Lyon (Massacres des calvinistes à). Le bourreau refuse de les tuer, 116. — Quatre mille personnes y sont égorgées; un boucher, massacreur, reçoit du légat une invitation à dîner, 117.
Lys (Abbaye du). Ce que l'abbesse dit à Henri IV; — appelé vrai séminaire des Enfans rouges, 353.

M

Madame, sœur du roi Henri IV, 167.
Magiciens, 235.
Maillard, cordelier. Ses sermons renferment un mélange monstrueux du sacré et du profane, 333.
Maillezais (Chronique de), 228.
Maladie vénérienne. Son origine, 39.
Malades guéris en riant, 167.
Malherbe, poète. Son ode relative à l'attentat de Jacques des Isles sur la personne d'Henri IV, 305.
Malheurs des guerres civiles (Sentiment des Parisiens sur les), 57.
Marcel, ancien prévôt des marchands, reçoit l'ordre de faire armer les compagnies bourgeoises, 108.
Marguerite de Provence, épouse de Saint-Louis, empêchée par sa belle-mère, Blanche de Castille, de se trouver seule avec lui, 250.

Marguerite de Valois, reine de Navarre, amante de La Mole, fait enlever sa tête pour l'enterrer elle-même dans la chapelle des Martyrs de Montmartre, 97. — Figure de cire trouvée sur La Mole, et dont la fabrication, suivant lui, avait pour objet de se faire aimer de cette reine, 250. — Avertit Marie de Médicis du projet d'une seconde Saint-Barthélemi, 315.
Mariage des cordeliers avec les religieuses de Sainte-Catherine de Provins, 361. — Mêmes cérémonies observées qu'aux mariages des laïques, 362.
Marigny (Enguerand de), accusé d'avoir un démon familier avec lequel il fascinait l'esprit du roi, 228.
Marionnettes jouées en chaire, 244.
Marsillac, comte de La Rochefoucauld. Le roi a quelque envie de le sauver, mais le

DES MATIÈRES.

laisse poignarder, 111 et 112.

Martin, Maquignon, demande à Caumont de La Force mille écus pour le sauver de la mort, lui et ses enfans; — les livre ensuite au duc d'Anjou : le plus jeune des fils est sauvé par sa présence d'esprit, 114.

Martinistes, 223. — Nom que prennent, dans ce siècle, les sorciers ou magiciens, de celui de Martin Swedenborg, savant suédois, 234.

Martin Swedenborg, savant suédois. Faits merveilleux qui lui sont attribués, 234, 235.

Massacres de la Saint-Barthélemi. Événemens qui la précédèrent, 98. — Événemens qui la suivirent, 120.

Mathurine, folle d'Henri IV. Soupçonnée par ce prince de l'avoir blessé; — le nie et court fermer la porte de la chambre, et fait ainsi arrêter le coupable, Jean Châtel, 277.

Matignon (Maréchal de). Henri IV lui demande s'il avait donné bon ordre à la porte Saint-Honoré, 159.

Maubuisson (Abbaye de), 37. Voir la note, 354.

Mazarin (Cardinal de), italien, succède dans le ministère au cardinal de Richelieu, 258. — Soupçonné d'un attentat immoral sur la personne de Louis XIV, 176. — Principale cause de la guerre de la Fronde; — son portrait, 258. — Chansons, libelles, satires contre lui, 259.

Mayenne (Duc de), maître des cérémonies à une procession de pénitens, 131. — Excuse le brigandage de ses troupes; ce qu'il répond à ceux qui s'en plaignent, 155.

Meaux (Ville de). Près de cette ville était autrefois un grand orme appelé l'arbre de Vauru, 75. — Prise par les Anglais, les deux *Vauru* y sont pendus, 76. — Massacre des calvinistes, 116. — Italien, pensionné pour assassiner Henri IV, pendu dans cette ville, 296.

Médaille frappée à Rome, pour perpétuer le souvenir de la Saint-Barthélemi, 119.

Médicis (Catherine de), complice et exécutrice des massacres de la Saint-Barthélemi, 98. — Ses conférences à ce sujet avec le duc d'Albe, 99. — Lève 6000 Suisses, pour en assurer l'exécution, 101. — Révèle à Charles IX que Coligny a été assassiné par ses ordres et ceux des ducs d'Anjou et de Guise, 107. — Accepte des bijoux provenant des victimes de la Saint-Barthélemi, 117. — Adonnée à la magie, 226. — La colonne conservée à la halle aux blés lui servait d'observatoire, 225, 226. — Portait un talisman fabriqué par l'astrologue Régnier, *ibid.* — Sa lettre au procureur-général du parlement de Paris, relative à une figure de cire trouvée sur Lamolle, et fabriquée, disait-on, dans l'intention d'attenter à la vie de Charles IX, 230. — Voulait comprendre le prince de Béarn (depuis Henri IV), dans le massacre de la Saint-Barthélemi; ne l'avait attiré en France, et ne lui avait fait épouser Marguerite de Valois, sa fille, que dans la vue de ce massacre, 272.

Médicis (Marie de), épouse de Henri IV, gardait toujours près d'elle-même en exil, un magicien nommé Fabroni; — n'obtient son rappel à la cour de son fils Louis XIII, qu'à la condition de livrer Fabroni qui avait prédit la mort du cardinal de Richelieu, 235.

—Fêtes et bals préparés au palais, pour célébrer la cérémonie de son entrée à Paris, 218, 309. — Instruite des bruits qui se répandent d'un massacre projeté, en paraît très-affligée; ce qu'elle dit à ce sujet. — Avertie par Marguerite de Valois de ces bruits de plus en plus répandus, 315.

Melun (Ville de). Barrière s'y rend pour assassiner Henri IV, 272.

Mennot, cordelier. Ses sermons offrent le mélange monstrueux du sacré et du profane, 333.

Mercier, maître d'école, assassiné par ordre du curé Aubry, 145.

Mère folle (Fête de la), 48.

Mignon (Nicole). Ses tentatives pour empoisonner Henri IV; — brûlée vive en place de Grève, 500.

Minimes de Clermont, veulent mettre leur correcteur au feu, 347.

Ministres. Libelles contre eux, 252.

Miracles. Faux miracles, miracles manqués, 125, 268.

Miraille (Dominique), italien, condamné à être pendu et brûlé pour crime de magie, 226.

Mirebeau était dans le carrosse de Henri IV, lorsque ce prince fut assassiné par Ravaillac, 309.

Mirmidots. Leur définition, 259.

Mœurs relâchées des moines et du clergé à certaines époques, 328.

Moine de Saint-Germain, compromis dans un complot contre les jours de Henri IV, élargi faute de preuves suffisantes, 300.

Moine insolent, menace un horloger qui refusait de lui donner l'aumône, d'une nouvelle Saint-Barthélemi, l'appelle huguenot, luthérien, annonce une nouvelle Saint-Barthélemi, en disant que le roi Charles IX n'était pas mort, 316.

Moine noir, confesseur de huit ribaudes, 322.

Moines de Couloms, conservent le prépuce de Notre-Seigneur, 78. — Apostats, 205. — Qui jouent des marionnettes en chaire, 244. —Leurs mœurs relâchées à certaines époques, 328.—Saint Bernard se récrie contre la richesse de leurs églises, 329. — Mendians de Saint-Dominique et de Saint-François (jacobins et cordeliers), inondent l'Europe; — accueillis par l'université, les paient d'ingratitude; — leurs querelles; — se battent entre eux; — leurs débauches, 330, 331.

Molé, conseiller au parlement, se range du parti de Henri IV, 166.

Motinet, aumônier de la reine Marguerite d'Autriche, parle dans une pièce intitulée *Testament de la guerre*, des Courtisanes suivant les armées, 323.

Monastères de filles, 352.— De France, dépravés, en quel temps, 352.

Monnaie de Singe (Payer en). D'où vient ce proverbe, 22.

Monsieur, frère de Henri III, 58.—Cruauté d'un de ses capitaines, 59.

Monsieur, frère de Louis XIV. Sa querelle avec le roi, 175.

Montbazon (Duc de), était dans le carrosse de Henri IV lorsque ce prince fut tué, 309.

Montdidier (Ville de), asile des Illuminés fugitifs d'Espagne, 234.

Montereau (Pont de). Le duc

DES MATIÈRES.

de Guise y est assassiné par Poltrot de Méré, 100.

Montesquiou, capitaine des gardes du duc d'Anjou, assassine le prince de Condé, 103.

Montfaucon. Le corps de Coligny y est pendu. Charles IX assiste à cet horrible spectacle, 118.

Montmartre (Abbaye de). *Voir* la note. Henri IV l'appelle son monastère, dit qu'il en a été religieux, 354.—Ce que Sauval dit de cette abbaye, 355.

Montmorenci (Louis de), entre dans Paris par le quai de l'École; éprouve de la résistance, la surmonte et va s'emparer du palais et des ponts, 158, 159.

Montpellier (Mademoiselle de), accusée de magie et de sorcellerie; maîtresse de Claude Dormy, évêque de Boulogne, 208.

Montpensier (Madame de), comment elle intitule les sermons du curé Cœuilly; — ceux de Commolet, 153.—Dévouée à la Ligue; touchée de la clémence et de la généreuse bonté de Henri IV pour elle, se range du parti du roi, 163.

Moreau, officier du roi Louis XIV, 178.

Moret (Comtesse de), maîtresse de Henri IV, 186.

Morlet, imprimeur, surpris imprimant un libelle contre le cardinal Mazarin; — condamné à être pendu; — délivré, ainsi qu'un de ses complices, par le peuple, 261, 262.

Mouchards, Mouches. Origine de ce nom, 120.

Moulins (Assemblée de), 99.

Moutons, cochons et veaux baptisés, 155, 156.

Mystères. Spectacles, 44.

N

Nemours (le Duc de). Fait tapage à la foire Saint-Germain, 185.

Nemours (Madame de), touchée de la générosité d'Henri IV envers elle, abandonne la Ligue, 163.

Nemours (Raoul de), prêtre, espion près de nouveaux sectaires, 17.

Neret (Denis), marchand et bourgeois de Paris, accompagné de ses enfans et de ses amis, s'empare de la porte Saint-Honoré, 158.

Nevers (Duc de), membre du conciliabule où l'exécution de la Saint-Barthélemi est arrêtée, 108.

Nevers (Duchesse de), amante de Coconas, fait enlever sa tête pour l'enterrer elle même dans la chapelle des Martyrs à Montmartre, 97.

Neveu (La), courtisane fameuse, 190.

Nez coupé, 184.

Notre-Dame de Paris, 6. — Les chanoines en refusent l'entrée à Louis VII, 31. — Fête des sous-diacres y est célébrée, 47. — Dite des fous, 48.

Nouvelles fleurs des vies des saints. L'auteur de cet ouvrage rend compte de la dépravation des monastères en France, 528.

Neuilly (Étienne de). Sa fille, maîtresse de Rose, évêque de Senlis, 143.

O

O (François d'), surintendant des finances, seigneur du château de Fresnes, 154.
Odon, évêque de Paris, renouvelle les défenses de célébrer la fête des sous-diacres à Paris, 50.
Odon, second abbé de Clugni, et son compagnon, cherchent vainement en France un monastère pour y vivre dans la perfection, 328.
Oie grasse. Prix d'un jeu public, 45.
OEil éraillé. Signalement d'un soldat qu'on annonçait comme devant tuer Henri IV. — Dangereux, à Paris, d'avoir, dans ce temps, quelques marques à l'œil. Plusieurs personnes qui en avaient, prises et emprisonnées au Louvre, et bientôt relâchées, 292.
Oiseaux de chasse, 333.
Oliva (Catherine), femme de François Fava, Génois, aventurier, 216.
Omelette chaude mangée sur le ventre du colonel Wallon, 191.
Orange (Prince d'), épouse la fille de l'amiral de Coligny, veuve de Téligny, 118.
Orgies entre des cordeliers et des religieuses, 362.
Orléans, fameux ligueur, auteur d'un livre abominable contre Henri IV, 144.
Orléans (Duc d'), frère de Louis XIV en débauche, 191. — Ce qui lui arrive chez la Neveu, *ibid.* — Veut se donner le plaisir du prince, ce qui signifiait dans ce temps-là faire une chose extravagante, *ibid.* —Aventure sur le Pont-Neuf, 193, 194.
Orléans, ville. Massacre des calvinistes, 116.
Ornano (le Maréchal d'), découvre une conspiration contre Henri IV, 302.
Orthe (Vicomte d'), se refuse à l'exécution des massacres de la Saint-Barthélemi; — est empoisonné, 118.

P

Paci. Hameau, proche Brie-Comte-Robert, où se tenaient les sabbats et assemblées des bergers, prétendus sorciers, 219.
Pages et laquais, fouettés par l'ordre de Henri III, pour s'être moqués de la procession des pénitens, 131, 132.
Paix fourrée, ainsi nommée parce qu'elle fut conclue en hiver entre les catholiques et les protestans; — est un piége tendu à ceux-ci; — sermons séditieux où l'on avançait qu'on ne doit pas garder la foi aux hérétiques, et que c'est une action pieuse et utile de les tuer; — 10,000 personnes périssent en conséquence par le poignard ou le poison, 102. — Boiteuse et mal assise, conclue à Saint-Germain en Laye entre les mêmes, par allusion à Biron qui boitait, et au seigneur de Malassise, négociateur de la cour; — a pour but de détruire les soupçons des protestans qui sont effectivement trompés, 103.
Pape des fous, 48.

DES MATIÈRES.

Pardaillan (Marquis de), victime de la Saint-Barthélemi, 112.
Paris. Le massacre des calvinistes dure un mois, 116. — Rendu à Henri IV, 159.
Parisien. Son sentiment sur les malheurs de la guerre civile, 60. — Jeune Parisien, a le poing coupé et est banni à perpétuité de la capitale pour avoir enlevé de dessus la statue de Saint-Eustache l'écharpe que les Armagnacs y avaient fait placer, 67.
Parisiens. Le prévôt de Paris se met à leur tête contre les écoliers, 14. — Leurs anciens spectacles, 44. — Leur sentiment sur Agnès Sorel, 51. — Leur opinion sur Jeanne d'Arc, dite la Pucelle, 52. — Malheureux, 64. — Cruels, 69. — Crédules, 80. — Agréablement surpris, 90. — Furieux et fanatiques, crient au miracle; — maudissent Henri III, lors de la procession de la Ligue; — font des vœux pour l'extermination de sa race, 126. — Pleurent la mort d'Henri IV, 312. — Ne veulent pas renouveler les massacres de la Saint-Barthélemi, 314. — Vaudeville qu'ils chantent à ce sujet, 317.
Pasquier (Nicolas), fait dans ses lettres un long récit de la mort de Ruggieri, qu'il qualifie de méchant homme, athée et grand magicien, 231.
Patin (Guy). Ce qu'il dit du cardinal Mazarin. (Voir la note) 259.
Pelletier (Jacques), curé de Saint-Jacques-la-Boucherie, prédicateur de la Ligue, 140. — Du conseil des 40; — ce qu'il dit du parlement et de la cour; — propose de les chasser et de les jeter à la rivière, 148. — Condamné, par contumace, à être rompu vif, comme complice de l'assassinat du président Brisson, 149.
Pénitens à Paris (Processions des). Pages et laquais qui s'en moquent, 128.
Perche. A quoi employée dans les jeux publics, 45.
Pharamond, réputé fils d'un incube, 224.
Philippe-Auguste. Du luxe sous son règne, 18, 19.
Philippe II, roi d'Espagne, l'un des provocateurs des massacres de la Saint-Barthélemi, 98.
Picard (Mathurin), curé corrupteur de religieuses. — Condamné à mort, meurt avant l'exécution, 368.
Pie IV, pape. L'un des provocateurs des massacres de la Saint-Barthélemi, 98.
Pierre, cardinal et légat, défend la fête des sous-Diacres dans l'église de Paris, 50.
Pierre philosophale, 215.
Pigenat, docteur de Sorbonne, curé de Saint-Nicolas-des-Champs, assiste tout nu à une procession; — un des six prédicateurs gagés par la Ligue, et l'un des plus furieux du conseil des 40, 135, 140, 146; — remplace à la cure de Saint-Nicolas-des-Champs, un théologien de Navarre, nommé Le Ceai, qui n'était point ligueur, et à qui elle avait été résignée, 146.
Piqûres faites à des images en cire, représentant Henri III, par des prêtres ligueurs qui croyaient, en y ajoutant quelques paroles de magie, faire mourir ce prince, 127.
Plaisirs du prince; ce que c'est, 191.
Plaisirs des seigneurs de la vieille cour, 189.
Police (Ancienne) de Paris, foire Saint-Germain, 185.
Poltrot de Méré, assassin du duc de Guise; — accuse l'amiral

27

de Coligny de complicité, 100.

Poncet (Maurice), curé de Saint-Nicolas-des-Champs, déclame contre l'hypocrisie des pénitens, 131, 137. — Prédicateur célèbre par sa franchise et son fanatisme, 136. — Prêche contre l'édit de pacification entre les huguenots et les catholiques mécontens, 137. — Dit en chaire qu'il faut traîner à la voirie Maugiron, mignon d'Henri IV, mort en reniant Dieu, ainsi que ses compagnons, *ibid*. — Traité de vieux fou par Henri III, et relégué dans le monastère des saints pères de Melun; — ce que lui dit le duc d'Épernon à son départ; — sa réponse. — Est rappelé au bout de quelques mois, avec injonction de ne plus prêcher séditieusement, 138.

Porte Saint-Jacques; — abattue, 90.

Porteurs de reliques, 77.

Potences proposés par le chevalier du Guet, pour le lieutenant civil et le lieutenant criminel, 182.

Prêches dénoncés par des dévotes, 166. — Établis à Charenton, 182. — Et d'abord à Ablon, 203.

Prédicateurs catholiques dans la plupart des églises, s'accordèrent à pleurer la mort d'Henri IV et à recommander l'union entre les catholiques et les protestans, 313.

Prédicateurs du temps de la Ligue; — excitent le fanatisme et la fureur des Parisiens; — prodiguent en chaire des injures à Henri III; — placent sur l'autel des images en cire qu'ils piquent au cœur, avec quelques paroles de magie, croyant faire mourir ce prince, 127, 136. — Noms de plus fameux d'entre eux, 140. —

Prélats qui se battent, 210.

Prépuce de Notre-Seigneur, 77, 78. — Les porteurs de cette prétendue relique délivrent à Paris des lettres de pardon; — l'évêque de Paris oblige les acquéreurs de ces lettres de les lui remettre, sous peine d'excommunication, afin de les examiner; — refuse ensuite de les rendre, 78, 79.

Prêtre qui conspire contre Henri IV; — enfermé au Château-Trompette, 303.

Prêtres adonnés aux jeux de hasard, 70. — Ligueurs, 127. — Qui se battent, 211. — Et moines débauchés; voir la note. — Ce qui cause leur déréglement, 331.

Président (Premier.) Ce qu'il dit à des femmes dévotes, 167.

Prévôt de Paris. Veut arrêter le massacre des Armagnacs; — ce qu'on lui répond, 69. — Fait tuer Jean Larcher, 89.

Prévôt de Paris, 180.

Preux et Proues, dames à l'entrée d'Henri IV à Paris, 81.

Prince des sots; — des enfans sans souci, 48.

Prisonniers à la Bastille sous Charles VII. Leur révolte, et leur mort, 86.

Privilége des clercs du palais, 268.

Procession des carmélites prenant possession de leur monastère, interrompue par un événement plaisant, 265.

Processions des ligueurs. Leur indécence, 127. — Des pénitens à Paris, 128. — De personnes nues, faites à Paris pendant la Ligue, 132.

Procureur de Senlis. Fou, attente à la vie d'Henri IV, 304.

Profanations commises par des ligueurs, 154. — Du chevalier d'Aumale, leur chef, *ibid*. — Tolérées par le duc de Mayenne qui désignait Henri III par le nom de tyran, 155.

Professeur sodomite, 173.
Projet d'une seconde Saint-Barthélemi, 313. — La reine Marie de Médicis en est instruite; le désavoue en déclarant qu'elle ferait punir rigoureusement les auteurs de ce bruit; — est annoncée comme prochaine, par un homme arrêté dans le Louvre, 315.
Protestans. Éloge d'Henri IV par leur ministre Dumoulin à Charenton tellement touchant, que les auditeurs fondirent en larmes; — recommande l'union entre les catholiques et eux quoique d'une religion différente, 312.
Provins, ville. Désordres dans le monastère de Sainte-Catherine, 356.
Pucelle qui, dix années après la mort de la Pucelle d'Orléans, se fait passer pour elle; — reçue comme telle par les habitans d'Orléans; — l'université de Paris l'y fait conduire de force; — montrée publiquement dans la grande salle du palais et placée exprès sur la table de marbre; — discours prononcé en sa présence et dans lequel on rapporte plusieurs de ses aventures; — retourne ensuite à l'armée, 55, 56.
Pucelle (Autre), montrée au palais et réprimandée publiquement, 55 et 56.
Pucelle d'Orléans (Jeanne d'Arc). Opinion des Parisiens sur elle, 52. — Se trouve au siége de Paris; injuriée par les Parisiens et blessée, 53. — Accusée d'être sorcière, brûlée comme telle à Rouen, 233.
Pucelles, autres que celles d'Orléans, prises et brûlées, 55.
Pyramide élevée sur la place de la maison qu'habitait Jean Châtel, assassin d'Henri IV, 278, 279. — Après sa destruction obtenue par les jésuites, ceux-ci firent enlever toutes les épreuves de la gravure qui en avait été faite, afin qu'il n'en restât pas de traces, 179.

Q R

Quêteur insolent, 316.
Quêteurs de pardons, 80.
Quélus, mignon d'Henri III, 137.
Querelle entre Louis XIV et *Monsieur*, 175.
Rattart (Gauthier), chevalier du Guet, 181.
Ramée (Charles La), déclare au lit de la mort que Charles qui passait pour l'un de ses fils, était le fils de Charles IX, 294.
Rapin (Nicolas), prévôt de la connétablie, arrête quelques ligueurs qui manifestaient leur fureur contre Henri IV, 297.
Rapines, violences et exactions des seigneurs et de leurs satellites au 13e siècle, 10.
Ravaillac assassine Henri IV, 309.
Récollets (Gardien des), guéri en riant, 169. — D'Angers, assiégés dans leur couvent par les cordeliers, 347. — Protégés par Henri IV, 348.
Recteur (Théologien surnommé le). Prêche contre Henri IV, 307.
René, parfumeur de la reine, massacreur de la Saint-Barthélemi, 116.
Retz (comte de), membre du conciliabule où est arrêtée l'exécution de la Saint-Barthélemi, 108.
Révolte des écoliers, 14. — Des prisonniers de la Bastille, 86.
Riant, président, interroge le fils prétendu de Charles IX, 295.

Ribaudes suivant les armées, 322.

Ribauds. Homme courageux dont s'entoure Philippe-Auguste pour défendre sa personne, 19. — (Roi des), *ibid.*

Richard (François), seigneur de la Voulte, du régiment de Saint-Étienne, en Dauphiné, accusé d'avoir voulu empoisonner Henri IV, pendu et brûlé en place de Grève, 303.

Richelieu (Cardinal de), évêque de Luçon, succède à de Luynes dans le ministère sous Louis XIII; — son caractère, ses violences, 256. — Satire contre lui, intitulée : *la Cordonnière de Loudun* ; — en fait condamner au feu l'auteur, 258.

Richemond (Comte de), 87.

Rieux (Chevalier de). Son projet de voler sur le Pont-Neuf, 193. — Ce qui lui arrive, 194.

Rigonthe, fille de Chilpéric, 1.

Rochefort (Comte de). Son projet de voler les passans sur le Pont-Neuf, 193. — Est arrêté et reste quatre mois en prison, 195. — Ennemi du cardinal Mazarin, *ibid.* — Espion du cardinal de Richelieu, préface, x.

Roi de la Basoche, 48. — Des ribauds, 19.

Roquelaure était dans le carrosse d'Henri IV lorsque ce roi fut tué, 309.

Rose (Guillaume), évêque de Senlis, prédicateur de la Ligue, 140. — A la tête des ligueurs qui passèrent en revue devant le cardinal Cajetan, 42. — Prêche au collège de Navarre contre Henri IV, qui lui reproche son insolence; — implore son pardon, l'obtient et est nommé par le roi évêque de Senlis, 143. — Son commerce amoureux avec la fille du premier président de la cour des aides, Étienne de Neuilly ; il la rend mère, 143. — Sujet à des attaques de folie; — les bienfaits du roi ne l'apaisent point; — est banni de Paris; — rappelé peu de temps après ne se rend point digne de cette faveur; — approuve un livre composé par un ligueur nommé d'Orléans, 144. — Condamné par arrêt à cent écus d'or et à ne pas prêcher de quelques temps Il comparait au parlement en habits pontificaux; reçoit l'ordre de les quitter; refuse d'obéir; on le conduit à la grande chambre, où son arrêt lui est prononcé : puis un huissier le dépouille ignominieusement de ses habits, 144.

Religieuses de Sainte-Catherine de Provins, 358. — Se marient avec les cordeliers, 361.

Religieux de Sainte-Geneviève, livre aux Anglais le château de Saint-Germain en Laye, 170. — Convaincu de cette trahison, est condamné à une prison perpétuelle, 171.

Reliques (Porteurs de), 77.

Regnier, astrologue, 227.

Rose Croix (Frères de la), 234.

Roses (Couronnes de), 68.

Rouen, ville. La Pucelle d'Orléans y est brûlée, 55. — Massacre des protestans, 116.

Roye (Ville de), asile des illuminés fugitifs d'Espagne, 234.

Ruggieri (Cosme), magicien; — condamné aux galères; ne subit point sa peine; — est gratifié de l'abbaye de Saint-Mahé en Bretagne, 230, 231. — Reçoit une pension de 3,000 livres au commencement du règne de Louis XIII, par la protection de la maréchale d'Ancre, *ibid.*

Ruses pieuses, 267.

S

Sabbats des sorciers, 236.
Saint-Amand, poète, se plaint, dans une pièce de vers intitulée *la Nuit*, des clocheteurs des trépassés, 319.
Saint-André (confrérie de), établie à Saint-Eustache après le massacre des Armagnacs, 68.
Saint-Antoine-des-Champs (Abbaye de), 354.
Saint-Barthélemi (Massacres de la), évènemens qui les précèdent, 98. — Commandans de provinces, en petit nombre s'y refusent, 118.— Qualifiée par un écrivain du 19e siècle de rigueur salutaire, 120.—Suites de cette journée, *ibid.*
Saint-Barthélemi (Projet d'une seconde), 313. — Est annoncée par un homme arrêté dans le Louvre, 515.
Saint-Eustache. Sur sa statue est placée l'écharpe des Armagnacs; en est enlevée et déchirée, 67.—Après le massacre des Armagnacs, une confrérie de Saint-André y est établie, 68.
Saint-Germain-en-Laye (château de), paix boiteuse y est conclue, 103.—Pris par les Anglais, et livré par la trahison d'un religieux génovéfin de Nanterre, 170.
Saint-Geniers (Chevalier de), arrêté par six braves, armés, dont le chef tente de lui couper le nez avec un couteau; mais il ne peut y parvenir complètement, 184.
Saint-Jean en Grève, 128.
Saint-Leu, Saint-Gilles (Fêtes de), 45, 46.
Saint-Louis de Louviers. Communauté de religieuses. Un prêtre, Pierre David, en fut le premier corrupteur. Mathurin Picard, curé de Mesnil-Jourdan, de concert avec son vicaire Bouillée, y accrut les désordres. Condamnés à mort par le parlement de Rouen. Picard mourut avant l'exécution. Bouillée fut brûlé vif, 368.
Saint-Luc, beau-frère du comte de Brissac, entre à Paris par la porte Saint-Honoré, et en confie la garde à Favas, habile capitaine, 158.
Saint-Maur-des-Fossés, près Paris. Les Parisiennes y faisaient de fréquens pèlerinages, 345.
Saint-Pierre-aux-Bœufs, 307.
Saint-Pol (Comte de), envoyé par Henri IV aux Espagnols, pour leur dire qu'ils pouvaient sortir librement de Paris ; — exclamation du duc de Feria, lors de cette annonce, 163.
Saint-Quentin (Châsse de), 80.
Saint-Quentin, capitaine royaliste, condamné à être pendu, sauvé par Henri IV, 168.
Saint-Sébastien (Châsse de), 79.
Saint-Simon (M. de), cabale avec l'évêque de Limoges pour faire remplacer mademoiselle d'Hautefort auprès de Louis XIII, par mademoiselle de La Fayette, 171.
Sainte-Beuve, cousine du chevalier d'Aumale, assiste à une des processions de la Ligue, vêtue d'une toile très-transparente, et la gorge couverte d'une dentelle d'un tissu très-léger ; — paraît à Saint-Jean en Grève, ainsi vêtue, 128.
Sainte-Catherine. Monastère près Provins, 358.

Sainte-Geneviève (Abbaye de). Cause de sa réformation, 23. — Sa châsse, 267.

Saints et Saintes (Se vouer aux). Ce que c'est, 80.

Saturnales remplacées par la fête des fous, 47.

Savoie (Duc de), approuve le projet de l'assassinat de Henri IV, proposé par François Richard; — change ensuite d'avis et fait prendre et conduire à Paris ce conspirateur, jugé et puni comme criminel de lèze-majesté, 303, 304.

Sauvage de Fromonville, gentilhomme, pris dans le château de l'Isle-Adam, pendu sans pouvoir obtenir la permission de se confesser, 92.

Sauval, écrivain de la fin du règne de Louis XIV, prouve en parlant du couvre-feu, long-temps observé à Paris, que l'usage des clocheteurs des trépassés n'y existait plus depuis long-temps. Il doute même qu'il y ait existé, 320. — Ce qu'il dit de l'abbaye de Montmartre, 355.

Schomberg, mignon de Henri III, 157.

Secte religieuse à Paris (Nouvelle). Sort qu'elle éprouve, 16.

Seize (Les), reçoivent la veille de l'entrée du roi, des avis à ce sujet, qu'ils communiquent aux Espagnols; rumeur qui oblige le comte de Brissac à prendre les précautions nécessaires, 157. — Font quelques mouvemens, 165.

Seigneurs. Leurs rapines, violences et exécutions au 13ᵉ siècle, 10. — De la vieille cour sous Louis XIV. — Leurs plaisirs, 189. — Volent les passans sur le Pont-Neuf, 193, 194. —

Projet d'une nouvelle Saint-Barthélemi, leur est attribué par l'Estoile, 317.

Sentiment d'un Parisien sur les malheurs de la guerre civile, 60.

Serfs cruellement tyrannisés par les chanoines de Notre-Dame, 6.

Singe (Payer en monnaie de). Origine de ce proverbe, 22.

Sixte V, maltraité dans un sermon par Aubry, prédicateur ligueur, 145.

Sodomite, 173.

Soissons (Le comte de), découvre une conspiration contre Henri IV, et en empêche l'accomplissement, 301.

Songe affreux de Louis VII, 23.

Sorbonne (La), manifeste sa haine contre Henri III; — par qui composée, 139.

Sorcelleries prétendues de Henri de Valois, 151.

Sorciers, 219. — Leurs sabbats, 236.

Sorel (Agnès), à Paris; — sentimens des Parisiens sur cette maîtresse de Charles VII, 51.

Sourdiac (Marquis de), 194.

Spectacles des Parisiens (Anciens), 44.

Suisses. Sont appelés en France par Catherine de Médicis; — font avorter le projet des calvinistes qui voulaient chasser les Guises, et s'emparer du roi; — ils le ramènent à Meaux de Monceau en Brie, 101.

Suite de la Saint-Barthélemi, 120.

Sully (Eudes de), évêque de Paris, rend des ordonnances contre la fête des sous-diacres, 50.

Sully. Libelle contre lui, 252.

Superstition affreuse, 211, 240.

T

Talisman formé par l'astrologue Reguier, pour Catherine de Médicis, gravé dans le journal d'Henri IV, 227.

Tapissier de la rue du Temple, pendu et brûlé pour projet d'assassinat contre la personne d'Henri IV, 299.

Tardif, conseiller au Châtelet, arrêté chez lui par Hamilton, conduit au Châtelet par ce fanatique, et pendu sur-le-champ entre le président Brisson et le conseiller Larcher, 141.

Tavanne (Maréchal de), commandant l'armée catholique, gagne la bataille de Jarnac sur le prince de Condé, 102. — Un des exécuteurs de la Saint-Barthélemi, 108. — Excite le peuple au massacre, 110. — Ses cris féroces, *ibid*.

Taverny, homme de robe longue, massacré comme calviniste après une longue résistance, 112.

Tétigni (Comte de), massacré comme calviniste, 112.

Templiers. Cérémonies célébrées aux sabats des sorciers; — leur sont reprochées, 241. — Crus présidés par le diable, 243.

Tende (Comte de), commandant de province, se refuse à l'exécution des massacres de la Saint-Barthélemi; — est empoisonné, 118.

Térouane (Évêque de), 88, 89.

Théatins introduits en France par le cardinal Mazarin, outre les prédications, faisaient paraître en chaire des marionnettes qui représentaient quelques passages de l'écriture, 245, 246. — Les satires et le ridicule les contraignent d'abandonner ce genre de spectacle, 246.

Titladot (M. de), tué par un laquais, 188.

Tinsseau (M.), évêque de Nevers, est obligé de disperser les capucins de cette ville, 347.

Toiles volées, 72.

Tonnelier de la rue de l'Hirondelle, déjà accusé d'avoir tué la femme d'un horloger, et qui veut assassiner Henri IV; — ce prince ne veut point qu'il soit puni pour cette intention, mais seulement pour ses crimes précédens, 273.

Torquemada (Antoine), auteur espagnol, 239.

Trahison d'un religieux de Sainte-Geneviève, 170. — Château de Saint-Germain en Laye, pris par les Anglais par l'effet de cette trahison, *ibid*.

Trépassés (Clocheteur des), 319.

Troubles à Paris, suscités par la révolte des écoliers, 14.

Tuileries (Jardin des). Dans un conciliabule tenu aux Tuileries, le massacre des protestans est fixé au dimanche 24 août 1572, jour de la Saint-Barthélemi, 108. — Une dame y est fouettée par un laquais. — Sous Louis XIV on voyait à ses portes jusqu'à quatre à cinq mille laquais, qui juraient, criaient, rapportaient les fredaines de leurs maîtres et insultaient les passans, 187, 188, 189.

Tyran, nom donné par les ligueurs à Henri III, 150, 151.

Tyrannie des chanoines de Notre-Dame de Paris, 6.

U V W

Université de Paris payée d'ingratitude par les jacobins et les cordeliers, 330.

Usur (Charles), épicier, dit Jambe de bois. Cette jambe se casse en courant aux armes, 161, 162.

Vair (Du), conseiller au parlement, membre des assemblées tenues pour faciliter l'en-

trée d'Henri IV à Paris, 156.
Varade, jésuite, exhorte Barrière à assassiner Henri IV.
Vaudeville chanté par le peuple Parisien, 317.
Vaudois. Cérémonies célébrées aux sabbats des sorciers, leur sont reprochées ; — Plusieurs d'entre eux condamnés par l'inquisition établie dans la province d'Artois et brûlés, 244. — Crus présidés par le diable, 243.
Vauru (Arbre de), près la ville de Meaux-Vauru (les deux), le bâtard et Denis ; — coupables de cruautés atroces, 73. — Pendus à l'arbre qui portait leur nom, après la prise de cette ville par les Anglais, 76.
Veaux, moutons et cochons baptisés, 155, 156.
Verberie, bourg où se tenaient les sabats des sorciers, 236.
Vers satiriques du poète Saint-Amand sur les clocheteurs des Trépassés, 319.
Vicaire de Saint-André-des-Arts; encourage Barrière à l'assassinat de Henri IV, 272. — De Saint-Nicolas-des-Champs, emprisonné pour avoir dit publiquement, en tenant un couteau à la main : *J'espère de faire encore un coup de Saint-Clément*, 275.
Vieuxpont (Mlle de), 172.
Villars, gagne sept cents écus a Henri IV, 186.
Villeneuve Saint-Georges, village. Brigandages qu'y exercent quelques troupes de la Ligue, 155.
Villers, archevêque et comte de Vienne, 209.

Villequier (Marquise de), insultée par un laquais dans les Tuileries, 188.
Vitry (Jacques de), cardinal et légat, 10.
Vitry, s'empare de la porte Saint-Denis, du rempart et des Espagnols chargés de leur garde, 158.
Vitry et le duc de Guise courent les rues de la foire Saint-Germain, en y faisant dix mille insolences, dit l'Estoile, 185. — Capitaine des gardes, chargé, par Henri IV, de faire hâter les travaux du palais pour l'entrée de la reine, 309.
Vitry, village près Paris. Les habitants pendent, au défaut du bourreau, des voleurs qui avaient entrepris d'assassiner Henri IV, 275.
Voleurs et assassins surpris en embuscade, en attendant le roi, Henri IV, lorsqu'il passerait pour aller à Saint-Germain; — condamnés à être pendus et exécutés par les habitants de Vitry, près Paris, faute de bourreau, 275.
Watton, colonel. Omelette chaude mangée sur son ventre, 191.
Wincestre, cardinal, sacre Henri VI à Notre-Dame, 84.
Wincestre ou *Lincestre*, curé de Saint-Gervais, prédicateur de la Ligue, 140. — *Voyez* Lincestre, 149, 150, 151, 152. — Se range du parti d'Henri IV, quand la Ligue cesse de le payer; — ce prince lui donne et lui fait une pension, 152.

FIN DE LA TABLE.

www.ingramcontent.com/pod-product-compliance
Lightning Source LLC
Chambersburg PA
CBHW060937230426
43665CB00015B/1971